教育部人文社会科学研究项目"基于'学教评一致性'的本科教学质量影响机制与提升路径研究"（项目编号：19YJA880046）、国家高等教育质量常态监测数据中心（广州）2016年研究项目"基于'学教评一致性理论'的本科课程教学质量测评工具研发"基金资助

本科教学质量的影响机制与提升策略

牛　端◎著

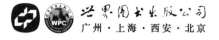

世界图书出版公司

广州·上海·西安·北京

图书在版编目（CIP）数据

本科教学质量的影响机制与提升策略 / 牛端著. —
广州：世界图书出版广东有限公司, 2022.10
　　ISBN 978-7-5192-8303-2

　　Ⅰ.①本⋯　Ⅱ.①牛⋯　Ⅲ.①本科—教育质量
—研究—中国 Ⅳ.①G649.21

中国版本图书馆CIP数据核字（2022）第180046号

书　　　名：本科教学质量的影响机制与提升策略
　　　　　　BENKE JIAOXUE ZHLIANG DE YINGXIANG JIZHI YU TISHENG CELÜE

著　　　者：牛　端
责任编辑：冯彦庄
装帧设计：米非米
出版发行：世界图书出版有限公司　世界图书出版广东有限公司
地　　　址：广州市海珠区新港西路大江冲 25 号
邮　　　编：510300
电　　　话：（020）34201967
网　　　址：http://www.gdst.com.cn/
邮　　　箱：wpc_gdst@163.com
经　　　销：新华书店
印　　　刷：广州市迪桦彩印有限公司
开　　　本：710 mm×1 000 mm　1/16
印　　　张：21.25
字　　　数：350 千字
版　　　次：2022 年 10 月第 1 版　　2022 年 10 月第 1 次印刷
国际书号：ISBN 978-7-5192-8303-2
定　　　价：65.00 元

前　言

　　学教评一致性原则，是指预期的学习成果、教学活动、评估任务三者保持一致，才能保障教育教学质量。2020 年我国高等教育毛入学率达到 54.4%，高等教育已进入普及化阶段。普及化阶段的高等教育，无论是普通高等学校、职业高等学校、成人高等学校，均需遵循学教评一致性原则，才能保障和提升高等教育质量。高校要实现人才培养目标，需要在学校、专业、课程三个层面上实现学教评一致性。其中，学校层面的学习成果和专业学习成果通过培养方案连结，专业学习成果和课程学习成果通过课程地图连结，以培养方案和课题地图为中介，学校层面的学习成果最终通过对应的课程或课程群去实现。

　　本书共有七章，分为四个部分：

　　第一部分"本科教学质量的影响机制"（第一章），介绍学教评一致性的理论基础，主要回答如下四个问题：如何界定本科教学质量？为什么学教评一致性是有效教学的基本原则？如何实现学教评一致性？学教评一致性的三个层面对本科教学质量有何影响？

　　第二部分"本科教学质量的提升策略"（第二至四章），分别论述如何在学校层面、专业层面和课程层面实现学教评一致性。其中，第二章主要回答三个问题：本科教学的重要学习成果是什么？如何测评本科学习成果？如何设计教学活动实现本科学习成果？第三章聚焦三个问题：如何确定专业层面学习成果？如何评估专业层面的学习成果？如何促进专业层面的学习成果的实现？第四章针对本科课程的核心学习成果（即知识理解、知识应用、专业素养），从评估任务、教学活动、学习策略三个方面论述如何促进课程层面的学习成果的实现。该章还阐述了体现一致性原则和以学习者为中心的教学大纲的要素，介绍了评估教学大纲以学习者为中心的程度的工具，供教师进行自评和持续改进。

第三部分"学教评一致性对教学质量影响的实证研究"（第五、六章），聚焦学教评一致性对教学效果的影响。其中，第五章通过调查 137 名高校教师和 2690 名大学生，研究结果表明本科课程教学的学教评一致性程度越高，学生在学习目标上的进步也就越大，学教评一致性程度可以解释学生在学习目标上进步程度变异的 27%。大学教师为课程确定的重要学习目标集中在三个方面：知识理解、知识应用和专业素养。针对特定的课程学习目标，通过回归分析能够识别出最能促进该目标实现的教学活动、教学策略和考核内容。第六章先介绍评估学教评一致性的三种模式，包括 Webb、SEC 和 Achieve 模式，进而尝试使用这三种模式评估三门本科课程的一致性。通过研究提出如下建议：本科课程教学大纲需重视课程标准和学习目标的撰写，课程需提高知识类别一致性、知识深度一致性和教学与评估的一致性等。

第四部分"学教评一致性的中国实践"（第七章），聚焦用学教评一致性原则分析中国本科教育的人才培养实践。该章围绕高等教育的四个根本问题，即为谁培养人、培养什么人、怎样培养人、培养质量如何，并结合学教评一致性的三个层面——学校、专业、课程进行分析。结果表明，我国本科教育在人才培养的实践中，始终牢牢把握教育的政治性和方向性问题，并遵循学教评一致性原则，使教育目的、教育活动、教育评估三者之间始终保持一致，有力地保障了我国本科教育教学的方向和质量。

学教评一致性的实质是更普遍的目标、活动、评估一致性原理在教育领域的具体应用。要想在任何事业上取得成功，个体或组织必须先明确成功标准和终极目标，制订并实施有效的计划、活动和策略，定时进行评估诊断以判断目标的实现程度、活动和策略的有效性。学教评一致性对教学质量的影响是笔者多年关注的主题，在课题研究过程中得到了中山大学的同事们和学生们的支持和帮助，在此要对他们致以特别感谢！

感谢国家高等教育质量常态监测数据中心（广州）2016 年高等教育质量研究项目的重点资助，该课题的目标是基于学教评一致性理论研发本科课程教学质量测评工具。本书正是该课题研究的拓展和深化，体现在系统梳理了本科教学质量的影响机制和提升路径，并开展了相应的实证研究。

非常感谢岭南师范学院原副校长黄崴教授、中山大学心理学系党委原副书记郑平老师在数据搜集上给予的热烈支持！正因为有了他们的帮助，本书的实证研究才能搜集到充分的数据。感谢笔者指导的学生梁云峰，本书第六章第二部分的数据来自他的毕业论文。

在成书过程中，作者参考了本领域国内外大量研究成果，特别是卡内基梅隆大学卓越教学与教育创新中心提供的教学资源（https://www.cmu.edu/teaching/）、美国学院和大学协会（AAC&U）发布的本科重要学习成果和VALUE评估量规、美国非营利组织个体发展与教育评估（IDEA）中心研制的IDEA评教工具、欧盟的调优教育结构（Tuning Educational Structures）倡议等，以及中国学生发展核心素养总框架、普通高等学校本科专业类教学质量国家标准、课程思政、促进德智体美劳全面发展的措施等方面的研究成果。在此对前辈和同行致以崇高的敬意，希望本书在某种程度做到了对上述工作的拓展。

牛 端

2021 年 12 月

目录 CONTENTS

附　录

第一部分
本科教学质量的影响机制

第一部分主要从学教评一致性视角探讨本科教学质量的影响机制，回答如下四个问题：其一，如何界定本科教学质量？其二，为什么学教评一致性是有效教学的基本原则？其三，如何实现学教评一致性？其四，学教评一致性的三个层面对本科教学质量有何影响？第一部分包括一章：

▶ **第一章　如何应用学教评一致性原则提升本科教学质量？**

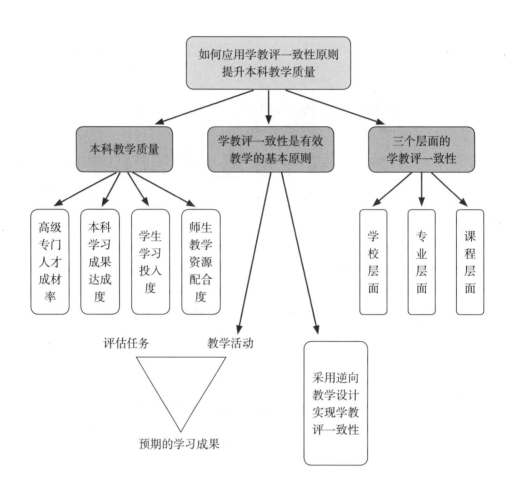

第一章

如何应用学教评一致性原则提升本科教学质量?

　　学教评一致性是有效教学的基本原则。早在 1949 年美国出版的《课程与教学的基本原理》中，拉尔夫·泰勒（Ralph W. Tyler）就开宗明义地指出，开发任何课程与教学计划必须回答如下四个基本问题：

　　（1）学校应力求实现什么教育目的（educational purposes）？

　　（2）提供什么教育经验（educational experiences）才可能实现这些目的？

　　（3）如何有效组织（organize）这些教育经验？

　　（4）如何确定（determine）教育目的正在得以实现？

　　上述四个问题蕴含着学教评一致性原则。其中，教育目的指预期的学习成果（简称"学"），教育经验及组织指教学活动（简称"教"），确定是否实现教育目的指测评，即评估任务（简称"评"）。显然，为了实现有价值的、可行的教育目的，学校必须为学生提供有效的教育经验，所谓有效，是指与教育目的一致，能迅速、愉快、透彻地实现教育目的的经验，此即"教与学的一致性"；经历系统的教育经验后，为确定教育目的是否达成，就需要用与教育目的一致、有效的测评来进行判断，此即"评与学的一致性"；当教育经验和测评均与教育目的一致时，亦即实现了"教与评的一致性"。教育经验必须与测评一致，否则学生有理由抱怨教育经历没有为他们参加评估做好准备。

　　在 2001 年出版的《布卢姆教育目标分类学：分类学视野下的学与教及其测评》中，安德森（Lorin W. Anderson）等在导论中即明确提出一致性（alignment）

问题。安德森等指出，教师长期以来一直在与教育、教学和学习问题做斗争，教师应该思考以下四个最重要的问题：

（1）在有限的学校和课堂时间里，什么内容值得学生学习？（学习问题）

（2）如何计划和实施教学才能使大部分学生在高层次上进行学习？（教学问题）

（3）如何选择或设计评估工具和程序才能提供学生学习情况的准确信息？（评估问题）

（4）如何确保目标、教学和评估彼此一致？（一致性问题）

不难发现，安德森等列出的四个问题与泰勒提出的四个问题在本质上是一致的，即有效教学必须遵循学教评一致性原则。相比而言，安德森等在学习目标的设计上更为具体，如将认知过程分为六个水平，更加强调高阶的认知过程，如分析、评价、创造等，强调评估任务与认知过程的一致性，提供了对每种认知过程的评估方法。但是，安德森也指出有一些问题仍有待解决，如在目标与教学的连接（linkage）上就需要进一步的研究，因为多数教师想知道何种教学才能有效实现某种特定目标，但是教学策略与学习成效之间的联系尚不够明确。这成为本书要探讨的问题之一。

在 2011 年出版的 *Teaching for Quality Learning at University*（4th ed）中，彼格斯和唐（Biggs and Tang）使用"建构性一致（constructive alignment）"来描述学教评一致性原理及其如何服务于高质量的大学教学。他们探讨了在课程、专业和学校层面一致性原理的应用。不同于布卢姆和安德森，彼格斯和唐将知识区分为陈述性知识和功能性知识两类，将学习成果按照复杂程度区分为前结构、单点结构、多点结构、相关结构和抽象拓展五个水平。虽然彼格斯和唐在书中探讨了实现陈述性知识和功能性知识预期学习成果的教学和评估策略，但是缺乏第一手实证研究。这也成为本书要探讨的问题之一。

由上述分析可知，学教评一致性是保障教学质量的基本原则。无论是普通本科高校，还是职业技能型高校，若要保障和提升教学质量，均需遵循学教评一致性原则。

第一节　如何界定本科教学质量？

一、从长期成效看，本科教学质量是指毕业生成为高级专门人才的成材率

《中华人民共和国高等教育法》明确指出："高等教育的任务是培养具有社会责任感、创新精神和实践能力的高级专门人才，发展科学技术文化，促进社会主义现代化建设。"由此，可将本科教学质量定义如下："高校在培养具有社会责任感、创新精神和实践能力的高级专门人才上的表现。"本科教学通过系统的课程计划，追求培养出足够多的高级专门人才，其中一部分毕业生成为行业积极变革的引领者。长期来看，高质量的本科教学必然反映为本科项目的声誉高和成为行业精英的校友多。

二、从短期成效看，本科教学质量是指本科层次学习成果的达成度

美国学院与大学协会（AAC&U）、光明基金会（Lumina Foundation）和美国公立大学系统（APUS）等组织均明确提出本科层次的学习成果要求。其中，APUS 提出，无论完成的是哪一个专业的培养计划，均期望本科毕业生能证明在以下六个学习领域的能力（成果）：应用性知识（applied learning），即证明能够用所知做什么；心智技能（intellectual skills），即对所学知识进行批判性和分析性思维的技能；专业知识（specialized knowledge），即独特领域的知识；广博的综合性知识（broad integrative knowledge），即包括广泛领域的所有学习；公民学习（civic learning），即能对本地、国家和全球范围的社会、环境和经济方面的挑战作出响应；数字信息素养（digital information literacy），即在数字世界中负责任、有效地获取、评估、组织和传播信息，以支持研究和解决现实世界中的问题。对于上述六个方面能力的评价，APUS 制定了具体的评价量规。对于学校层面的学习成果，APUS 规定本科毕业生要获得学位，除必须填写项目结束问卷

（End of Program）外，还需参加一项评价通用的学术能力的测试，可能是ETS（世界最大的私立非营利性教育考试和评估机构）编制的能力测验（EPP），包括三个领域：阅读 / 批判性思维、写作和数学，也可能是百富勒全球服务（Peregrine Global Services）设计的通识教育评价（PGE）。除了客观测量法，本科教学质量还可通过学生自我报告的学习收益进行评估。全美大学生学习投入调查（NSSE）调查了学生自我报告的四类学习收益：①实用的收益（practical gains，主要测量与工作相关的知识和技能、解决现实中复杂问题的技能等）；②个人与社会收益（personal and social gains，主要测量建立个人价值观和伦理规范等）；③通识教育收益（general education gains，主要测量口头和书面清晰有效表达等）；④学生满意度（测量对整体大学教育经历的评价、是否会再次选择就读该大学等）。

三、从培养过程看，本科教学质量体现为本科生的学习投入度

学习成果的达成需要高度的学习投入，学生学习投入的程度体现了本科教学质量。NSSE提出从四个方面评估本科生的学习投入度，为高校基于证据的改进提供诊断和行动信息。NSSE测量的学习投入指标：①学业挑战，包括高阶学习、反思与整合性学习、学习策略、量化推理；②与同伴一起学习，包括合作学习、与不同的人讨论；③与教师互动的体验，包括师生互动、有效的教学实践；④校园环境，包括互动质量和支持环境。

四、从投入保障看，本科教学质量体现为教师、学生和教学资源的配合度

学习成果的达成度、学生的学习投入度，均需要教师、学生和教学资源的密切配合。其中，教师因素包括教师的科研产出、教学技能、教学理念等；学生因素包括知识背景、能力水平、学习期望、能力信念等；教学资源包括设备设施、教育经费、教职员人数等。上述因素不仅单独会影响到本科教学质量，三者之间的互动和配合程度更会影响到学习成果的达成，如教师的教学内容和教学方式就应与学生的背景知识匹配，因为学生只能通过已知学习未知。

界定本科教学质量的四个视角之间的联系如图 1-1 所示。首先，本科教学质量需要一定的投入保障，体现为教师、学生和教学资源的配合度，这是本科教学质量的基础。其次，就培养质量的实现过程而言，教学质量依赖于高水平的学生投入，反映在高阶学习、合作学习、师生互动等方面。再次，从短期成效看，本科教学质量体现为本科层次的学习成果达成度，可以通过客观测量或主观调查进行评估。最后，本科教学质量的长期成效体现为本科项目为社会培养出的杰出人才数量和享有的社会声誉。

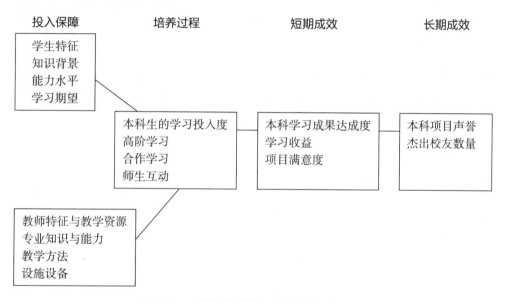

图 1-1　本科教学质量四个视角之间的联系

第二节　为什么说学教评一致性是有效教学的基本原则？

学教评一致性是有效教学应遵循的基本原则。借用 Biggs 和 Tang（2011）的界定，"学"是指预期的学习成果（intended learning outcomes, ILOs）或称学习目标（learning objectives），是在完成教学过程之后，期望学生能够理解什么（知识）、能够做什么（技能）、态度发生什么变化（态度）。"教"是指教学活动（teaching and learning activities, TLAs）。教和学实质是同一件事情的正反两面，如果教师用讲授来教，那么学生就用倾听来学；教师先演示而后让学生操作，那么学生就用观察和操作来学习。显然，要培养学生掌握技能就离不开大量的练习，要实现特定的、预期的学习成果，就必须采用能实现此目标的有效的教学活动，此即"学与教的一致性"。"评"是指评估任务（assessment tasks, ATs），即问题情境，透过学生对问题情境的应答，并基于特定学科内容的学习和认知模型，教师从学生的应答推测学生的认知和技能水平。评估任务必须与学习成果的要求一致，如果评估任务偏离学习成果的要求，那么学生即使在评估任务上表现优异，也不能得出教学已实现预期学习成果的结论。此即"学与评的一致性"。最后，评估任务应当与教学活动一致，如果教学与评估错位，就会引起学生抱怨。例如，测试问题要求学生应用牛顿定律解决力学问题，但是教学活动只是要求他们记住公式，那么学生就会抱怨教学活动没有为他们参加评估做好准备。当教学活动及评估任务均与预期学习成果的要求一致，那么也就自然实现了教学活动与评估任务的一致，此即"教与评的一致性"。由此可见，预期的学习成果在学教评一致性中处于核心地位，首先，必须科学制订预期的学习成果，而后教和学的活动与评估任务必须与学习成果的要求一致，最后才能有效实现学教评一致性。学、教、评三个要素任何两个要素之间的错位和不一致，都将导致教学的低效，甚至无效（见图1–2）。

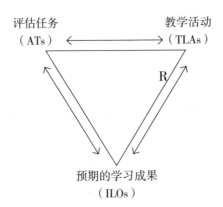

图1–2　学教评一致性三要素之间的关系

第三节　如何实现学教评一致性?

一致(aligning)是指清楚地表述了预期的学习成果(ILOs)之后,在课程结束时评估任务(ATs)和教学活动(TLAs)均应与学习成果保持一致。当学、教、评三个成分不一致时,学生有理由抱怨测验与课堂教学内容无关,或者教师可能感觉即使学生通过了课程考核,但是他们并没有真正掌握课程内容。由此可见,使学、教、评保持一致对保证教学质量具有重要意义。那么,如何实现学教评一致性? 推荐采用逆向教学设计(backward design),其步骤是:首先,确定重要的学习成果,即作为教学目标的关键理解(key understandings)和重要观念(big ideas);其次,确定搜集什么证据可以证明达到了深度理解(deep understanding),证据可以是实操任务、测验、非正式评估等;最后,设计教学的计划。很明显,逆向教学设计是一种从最终学习成果到教学计划的反向设计。推荐逆向教学设计是因为评估比课程更能决定学生学什么和怎么学,因此重视评估的逆向设计更有利于实现预期的学习成果。Ramsden(1992)发现,从学生的观点,评估总是决定了实际的课程,学生学习他们认为他们将被测试的内容。在设计教学计划前先设计评估任务将促使教师选择最能实现评估目标的教学策略,又因评估任务是根据预期学习成果而设计,因此教学活动最终保证了预期学习成果的实现。

McTighe 和 Wiggins(2011)提供的逆向教学设计模板(见附表 1-1),可用作实现学教评一致性的工具。McTighe 和 Wiggins 以驾驶员教育单元的设计为例(见表 1-1),说明了实现学教评一致性的过程。由表 1-1 可知,驾驶员教育的重要目标是"安全并负责任地驾驶",与目标一致的学习成果体现在获得、意义和迁移三个层面。其中,获得是指实现目标需要获得的知识和技能,如"合法、礼貌和防御性驾驶规则","给出信号 / 传达意图";意义是指实现目标需要学生理解什么和思考什么,如理解"防御性驾驶假定其他司机不专注,他们可能会做出突然或不明智的举动","停车或做出反应所需的时间非常短暂,因此要求持续的预判和专注",思考"如何成为一个有礼貌的防御性驾驶员";迁移是指若实现目标,学生将能独立地应用他们所学做什么,如"有礼貌地和防御性驾驶,安全驾驶，没有不必要的风险"。教学设计的第二阶段是设计评估任务，搜集学习成果是否实现的证据，如设计实操任务，观察学生是否"在真实条件下展示有熟练的、反应敏捷的和防御性驾驶"。最后是设计学习计划以实现预期的学习成果。为此，可通过直接教学和视频模拟教授知识和技能；在每次模拟和实际驾驶之后，通过讨论核心问题来提升反思和概括能力；通过实施学生自主程度不断提高的教学和形成性评估来促进防御性驾驶能力的迁移。

表 1-1　逆向教学设计：以驾驶员教育为例

第一阶段：期望的结果		
确定的目标	**迁移（Transfer）**	
	学生将能独立地应用他们所学做什么？ T1 有礼貌地和防御性驾驶，安全驾驶，没有不必要的风险。 T2 能够预见并应用安全和防御性驾驶知识，适应各种交通、道路和天气状况。 ［期望得到哪些长期的独立成就（成果）？］	
	意义（Meaning）	
①安全并负责任地驾驶 ②正确地处理道路情况 ③遵守交通信号、符号和道路标识 ④与道路的其他使用者恰当地沟通 ⑤将驾车风险降到最低 ⑥从经验中学习	理解： 学生将理解什么？ U1 防御性驾驶假定其他司机不专注，他们可能会做出突然或不明智的举动。 U2 停车或作出反应所需的时间非常短暂，因此要求持续的预判和专注。 U3 有效的驾驶员持续不断地适应各种交通、道路和天气状况。 （什么是你特别想让学生理解的？他们应当能做什么推论？）	核心问题： 学生将一直思考什么？ Q1 开车时我必须预期什么和做什么以降低意外的风险？ Q2 如何成为一个有礼貌的防御性驾驶员？ （有哪些发人深思的问题可以促进探究、意义建构和迁移？）
	获得（Acquisition）	
	学生将知道什么？ K1 他们所在地区的交通法规。 K2 合法、礼貌和防御性驾驶规则。 K3 对汽车特征、功能和维护要求（换机油等）的基本了解。 （学生应当知道并回忆哪些事实和基本概念？）	学生将擅长做什么？ S1 在不同交通、路面和天气状况下安全驾驶的步骤。 S2 给出信号／传达意图。 S3 对突发状况的快速反应。 S4 平行停车。 （学生应当能够使用哪些单独的技能和流程？）

（续上表）

第二阶段：测评证据		
目标类型	评估标准	
所有迁移目标 所有意义目标	·熟练的 ·有礼貌的 ·防御性的 ·预判良好 ·对不同路况反应敏捷	实操任务： 什么证据能够表明学生真正理解了所学知识? 在不同路况下，他们能将所学的个别的知识和技能迁移到真实（或模拟）情境，安全和有礼貌地驾驶。 ①任务：在父母或老师的监督下开车上下学，目的是在真实条件下展示熟练的、反应敏捷的和防御性驾驶。 ②任务：同任务①，但是在雨天。 ③任务：同任务①，但是在高峰期。 ④小册子：新手指南。为其他年轻驾驶员写一本关于安全有效驾驶注意事项的小册子。 ［如何通过复杂的实操表现证明学生的理解程度（意义建构和迁移）?］
所有意义目标 所有技能和迁移目标 知识和技能目标：简单的迁移	·驾驶技能熟练 ·有知识的（与驾驶相关的法律，交通标志和符号，基本的汽车部件等）	其他证据： 还可以通过什么方式证明学生已实现第一阶段的所定目标? ⑤根据礼貌和防御性驾驶的标准，自我评价在任务①~③的驾驶和停车水平，讨论需要做出的调整。 ⑥在模拟驾驶器和道路之外的地方，展示对个别技能的掌握程度以及整体流畅性。 ⑦在没有老师的提示的情况下，能够找出视频剪辑中驾驶员的驾驶错误。 ⑧对基本的汽车部件、功能和必要的维护的知识进行测验。 ⑨通过书面测验测量对交通法规的了解，通过路考作为达到第一阶段所有技能和迁移目标的指标。 （你将收集哪些其他证据来判断第一阶段的目标是否达到? 还可以搜集什么证据来确定第一阶段的目标是否已达成?）

（续上表）

	第三阶段：学习计划	
目标类型	你将使用什么前测去检查学生的先备知识（prior knowledge）、技能水平和可能的错误概念？ 使用问卷和模拟器对驾驶知识、技能、理解和态度进行前测。	监控进展： ·当学生在道路之外练习驾驶时，教练提供形成性评估和非正式的反馈。 ·寻找常见的误解和技能缺陷，包括： ①未能检查后视镜和外围视觉。 ②对变化的道路状况作出不准确的反应。 ③在并道和转弯时，未能准确感知其他车辆的速度。
迁移	学习活动： 学生将通过什么学习活动以成功实现学习迁移、意义理解、知识和技能的获得？	
	运用他们所学，先在道路之外，而后在道路上。所有教学是在一个自主程度不断提高的五水平体系下实施并进行形成性评估的。 ·技能介绍 ·技能可以在完整指导下完成 ·只有经过提示，才能正确完成技能 ·偶尔提示，也能正确完成技能 ·在没有任何提示的情况下，也能完成技能	
意义	理解道路状况和汽车状况。在每次模拟和实际驾驶之后，通过讨论核心问题来提升反思和概括能力。每次驾驶后都需进行书面自我评估。通过视频和驾驶教练示范专业驾驶，驾驶员要总结良好（与不良）驾驶。	
获得	学习驾驶的关键技能、交通规则和基本车辆事实。通过直接教学和视频模拟提供相关经验，包括如何处理湿滑道路、干燥的道路、黑暗、日光、高速公路、不同城市和国家等情况。对重要法律、交通法规的教学，使用模拟考试。 个别技能的发展和真实情境的练习： 检查车况　弯路　安全检查　行人过马路　控制和仪表　高速公路　启动、开车和停车　转弯　安全停车　倒车　反光镜　停车　信号　紧急停止　预判/提前计划　黑暗　安全使用高速交叉口　天气情况　后视镜　交通规则	

第四节 学教评一致性的三个层面对本科教学质量有何影响?

学教评一致性可以体现在学校（机构）、专业（院系）、课程（教师）三个层面，每个层面都存在学习成果、教学活动和评估任务的一致性问题（见图1-3）。在学校层面，每个学校都有自己的人才培养目标，且都希望办出自己的特色。学校层面的目标应转化为明确的学习成果（institutional level outcomes），即学生无论学习什么专业都应该达成的学习成果。例如，中山大学的人才培养目标是"德才兼备、领袖气质、家国情怀"，那么无论学生学的是什么专业，最后都应该达成这12个字的目标。但这个目标比较笼统抽象，因此，要实现培养目标，首先需要将它转化为明确的学习成果陈述，如将"领袖气质"界定为"对社会负责的领导力"就明确得多。美国学习成果评价研究所（national institute for learning outcomes assessment，NILOA）的调查显示，82%的教务长确认他们所在大学已为所有本科生确定了明确的学习成果，说明美国高校对学校层面的学习成果的表述非常普遍。学校层面共享的学习成果必须通过为学生提供系统的教育经历（educational experience）才能实现，主要体现在各专业的培养方案（programs）上。本科培养方案的课程构成通常包括四类：公共必修课（如思想政治、英语、体育类课程）、公共选修课（又称为通识教育课，涵盖自然科学、社会科学、人文艺术等各个领域）、专业必修课（如专业基础课和专业核心课）、专业选修课（又称为专业提升课）。此外，培养方案还包括对实践教学和学位论文的规定。很明显，高校可以通过对培养方案中公共课的设置和规范，作为实现学校层面学习成果的主要渠道。例如，开设"领导力"公共必修课，提升学生的领导力理论和技能，作为实现"领袖气质"培养目标的主要渠道。同时引导教师在专业课（courses）教学中，挖掘课程中蕴含的"对社会负责的领导力"教育资源，将领导力教育融入专业知识传授和能力培养之中，帮助塑造"为社会带来积极变革"的领导力理念。由此可见，高校可通过对各专业培养方案的规范和引导，特别是公共课的设置和规范（因为这是各专业共同的部分），作为实现学校层面学习成果的主渠道。

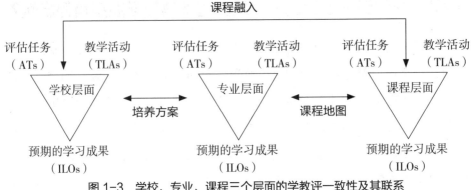

图 1-3　学校、专业、课程三个层面的学教评一致性及其联系

在专业层面，每个专业都需要明确陈述本专业的学位学习成果（program level outcomes），专业学习成果首先需要与学校层面的学习成果一致，其次需要突出本专业的学科和社会服务特色。NILOA 的调查发现，只有 50% 的美国高校教务长确认他们所有专业（programs）所确定的学习成果与大学层面共享的对学习成果的描述一致，说明专业层面学习成果与大学层面学习成果的一致性需要加强。专业与课程层面学习成果之间的联系主要通过课程地图（course mapping）实现。课程地图通常直观表现为一个两维的表格，维度一（第一列）是专业层面的学习成果，维度二（第一行）是组成该专业的课程，通常按教学顺序排列。表内的单元格则呈现与专业层面学习成果对应的课程学习成果、教学活动和评估方法（见附表 1-2）。课程地图主要关注"教什么（内容、涉及的专业领域和学习成果）、如何教（学习资源、学习机会）、何时教（时间表、课程顺序），以及评估方法，即确定学生是否达到预期学习成果的措施"（Harden，2001）。课程地图有助于确定课程学习成果在哪些方面与专业层面哪些学习成果一致，并提供了一种确定课程要素是否一致的方法，为设计和改进课程、教学和评估提供了背景（Holycross，2006）。

表 1-2 是研究生公共政策专业（项目）的课程地图样例，表格第一列陈述了专业层面的学习成果，包括描述政策制订中涉及的组织和官僚传扬等六项。表格的第一行为课程名称，包括公共政策等六门抽样课程及毕业设计，表格的第二行为每门课程包含的单元数量。表格的第二列包括与专业层面学习成果匹配的课程

学习成果、教学活动和评估方法。其中课程学习成果包含三个水平，分别是初级（记忆和理解）、高阶（应用和分析）和精通（评价和创造）。教学活动包括案例研究、小组作业、服务学习等，评价方式包括考试、作品展示、公共评论等。表格的最后一列是如何间接测量项目层面学习成果是否达成。表格中的其他单元格说明的是与专业学习成果对应的每门课程的学习成果水平、教学活动或评估方法。对学习成果水平、教学活动和评估方式的解释，可参考附表1-2的课程地图模板说明。

以专业层面的学习成果"运用知识和能力解决任何情况下的问题"为例，所有六门课程及毕业设计都匹配了该学习成果。其中，在初级（Introductory）水平上，微观经济学、公共财政和公共政策匹配该成果，这些课程通常采用基于案例的教学方法与评估方式。在高阶（Advanced）水平，有国际和全球政策、公共管理和数据分析这三门课程匹配该成果，它们分别采用课堂模拟、小组案例研究、网络和课堂讨论等教学方式，以及考试、论文、客户项目等评估方式。在精通（Mastery）水平上，则主要通过毕业设计来实现，对应的教学活动是每周与指导老师会面，评估方式是毕业论文口报告。除了直接的评估，该项目还设计了间接的测量方式，即雇主调查或校友焦点小组访谈，以判断专业层面的学习成果是否达成。

表1-2 公共政策专业（项目）课程地图

专业层面的学习成果	A. 课程名称	微观经济学	公共财政	公共政策	国际和全球政策	公共管理	数据分析	毕业设计	E. 间接测量
	A. 单元数	9	12	12	12	12	12	24	
描述政策制定中涉及的组织和官僚结构	B. 学习成果（I-初级，A-高阶，M-精通）		I	I	A	A	A	M	
	C. 教学活动		基于案例的政策备忘录	基于案例的政策备忘录、网络论坛讨论	课堂模拟和回应论文	小组案例研究、管理简报	网络论坛和课堂讨论	每周与指导老师会面	雇主调查、校友焦点小组访谈
	D. 评估方法		基于案例的政策备忘录	期末论文	期末考试	期中论文	客户项目	毕业论文和口头报告	
运用知识和能力解决任何情况下的问题	B. 学习成果（I-初级，A-高阶，M-精通）	I	I	I	A	A	A	M	
	C. 教学活动	案例研究分析、问题集	基于案例的政策备忘录、问题集	基于案例的备忘录	课堂模拟和回应论文	小组案例研究、管理简报	网络论坛和课堂讨论	每周与指导老师会面	雇主调查、校友焦点小组访谈
	D. 评估方法	案例研究分析、问题集	基于案例的政策备忘录、问题集	期末论文	期末考试	期中论文	客户项目	毕业论文和口头报告	

（续上表）

专业层面的学习成果	A. 课程名称	微观经济学	公共财政	公共政策	国际和全球政策	公共管理	数据分析	毕业设计	E. 间接测量
	A. 单元数	9	12	12	12	12	12	24	
制定符合道德规范的问题解决方案	B. 学习成果（I-初级，A-高阶，M-精通）	I	I	A	A		A	M	
	C. 教学活动	案例研究分析，问题集	基于案例的政策备忘录	基于案例的备忘录，网络论坛讨论	课堂模拟和回应论文		网络论坛和课堂讨论	每周与指导老师会面	雇主调查，校友焦点小组访谈
	D. 评估方法	期末考试	基于案例的政策备忘录	期末论文	期末考试		客户项目	毕业论文和口头报告	
制定实施新政策的策略	B. 学习成果（I-初级，A-高阶，M-精通）		I	I	A	A	A	M	
	C. 教学活动		基于案例的政策备忘录，问题集	基于案例的备忘录，网络论坛讨论	课堂模拟和回应论文	管理简报	网络论坛和课堂讨论	每周与指导老师会面	雇主调查，校友焦点小组访谈
	D. 评估方法		基于案例的政策备忘录	基于案例的备忘录，网络论坛讨论	期末考试	期中论文	客户项目	毕业论文和口头报告	

（续上表）

专业层面	A. 课程名称	微观经济学	公共财政	公共政策	国际和全球政策	公共管理	数据分析	毕业设计	E. 间接测量
专业层面的学习成果	A. 单元数	9	12	12	12	12	12	24	
	B. 学习成果（I-初级，A-高阶，M-精通）	I	I	A	A	A	M	M	
以口头和书面形式有效地沟通	C. 教学活动	案例研究分析	基于案例的政策备忘录	基于案例的备忘录，网络论坛讨论	课堂模拟，回应论文	管理简报	网络论坛和课堂讨论	每周与指导老师会面	雇主调查，校友焦点小组访谈
	D. 评估方法	案例研究分析	基于案例的政策备忘录	期末论文	回应论文，期末考试	期中论文	客户项目与展示	毕业论文和口头报告	
作为团队成员有效地工作	B. 学习成果（I-初级，A-高阶，M-精通）				I	I			
	C. 教学活动				课堂模拟	小组案例研究			雇主调查，校友焦点小组访谈
	D. 评估方法				课堂模拟	小组案例研究			

注：空白单元格表示该课程无相关内容。

  检查课程地图，可以帮助判断：①专业层面的每个学习成果是否都有充足的课程覆盖；②与专业层面每个学习成果匹配的课程，在内容、难度和教学顺序的安排上是否合理；③每门课的学习成果是否与专业层面的学习成果保持一致；④每门课的课程成果、教学活动和评估方法是否一致；⑤是否设计了间接的测量方式以评估专业层面的学习成果。检查表 1-2 不难发现，每个专业层面的学习成果都有相应的课程成果与其匹配，每一门课程都匹配了专业层面不同的学习成果。此外，几乎每门课的教学活动和评估方法都是高度一致的，这体现了教和评的一致性。对于精通（M）水平的学习成果，其对应的课程计划是毕业设计，教学活动是每周与导师讨论，评估方式是毕业论文和口头报告，这体现了学习成果、教学和评估的一致性。总之，课程地图是一种有效的工具，有助于评判各门课程是否与专业层面的学习成果保持一致。

  在课程层面，教师首先需要能清晰地阐述课程预期的学习成果，并能为不同的学习成果选择适合的教学活动和评估任务。思考如下问题能帮助教师澄清学习成果："在课程结束时，学生应当能够理解什么或做什么？""如果学生真正理解或欣赏某课程内容，他们的行为会有何不同？"认知领域的学习目标的陈述通常是基于"知识—认知过程"分类表，其中，知识维度包括陈述性知识、概念性知识、程序性知识和元认知知识，认知过程维度包括记忆、理解、应用、分析、评价、创造，综合两个维度就形成了一个 4×6 的学习成果分类表。学习成果的陈述形式是"认知过程（动词）+知识类别（名词）"，例如"设计高效的项目工作流程"就属于"创造+程序性知识"。教师可参考附表 1-3 的布卢姆教育目标分类学修订版模型来确定认知领域的学习成果。确定了学习成果后，教师需要考虑哪些题目或评价活动适合测评记忆、理解、应用、分析、评价、创造层次的学习目标，学生在测评任务上（如多选题、论文、课题研究、报告等）的表现能否反映出他们达成特定学习成果。最后，教师需要考虑如何安排教学活动才能实现学习成果。常见的教学活动包括讲授、讨论、案例研究、写作、实验、小组作业、复习课、学生研究项目等。由于某些策略比其他策略更适合于实现特定的学习成果，教师需要为特定的学习成果选择最适宜的教学策略。

如何判断课程层面的学、教、评是否一致？教师可使用布卢姆分类表并通过四个步骤进行判断：①辨认教案中有助于依据分类表进行分析的要素；②关注相关的动词和名词；③在布卢姆分类表中标明预期学习成果，如成果 B2、成果 A4 等；④根据实际教学活动涉及的知识及其认知过程，在布卢姆分类表中标明教学活动，如对 B2 的教学、对 A4 的教学等；⑤根据教师布置的评估任务涉及的知识及其认知过程，在布卢姆分类表中标明测评，如对 B2 的测评、对 A4 的测评等；⑥检查单元格中的学习成果、教学活动和测评是否一致。由表 1-3 可知，对于预期学习成果 A4（分析事实性知识①）和 B2（理解概念性知识②），学、教、评三者是一致的，因为有与成果 B2 和成果 A4 一致的教学和测评。但是，对于预期成果 D5（评价元认知知识③），既缺乏与目标一致的教学，也缺乏与目标一致的测评。对于预期成果 C3（运用程序性知识④），虽然有与该目标一致的教学，但是缺乏相应的测评。

表 1-3　布卢姆分类表中的预期学习成果、教学活动和测评

知识维度	认知过程维度					
	1. 记忆	2. 理解	3. 运用	4. 分析	5. 评价	6. 创造
A. 事实性知识				成果 A4 对 A4 的教学 对 A4 的测评		
B. 概念性知识		成果 B2 对 B2 的教学 对 B2 的测评				
C. 程序性知识			成果 C3 对 C3 的教学			
D. 元认知知识					成果 D5	

---

① 事实性知识是指学生通晓一门学科或解决其中的问题所必须了解的基本要素。

② 概念性知识是指在一个更大体系内共同产生作用的基本要素之间的关系。

③ 元认知知识是指关于一般认知的知识，以及关于自我认知的意识和知识。

④ 程序性知识是指做某事的方法、探究的方法，以及使用技能、算法、技术和方法的准则。

由上述分析可知，课程层面的学教评一致性可以通过使用布卢姆分类表分别制作学习成果、教学活动和测评三个分类表，并观察其一致性进行判断。专业层面的学习成果能否实现可通过检查课程地图进行判断，特别是检查专业层面的每个学习成果是否都有充足的课程成果覆盖，这些课程的教学和测评能否保证该专业成果的实现。学校层面的学习成果能否实现，主要通过审查专业培养方案进行判断。为此，需要高校首先确定学校层面明确的学习成果。其次，检查各专业的学习成果是否与学校层面共享的学习成果一致，并提供相应的教学经验和测评保障。

那么，三个层面的学教评一致性是如何影响本科教学质量的呢？首先，课程层面的学教评一致性将影响课程预期学习成果的实现；专业层面的学教评一致性将影响专业学习成果的实现；专业学习成果与学校学习成果的一致性，将影响学校层面学习成果的实现。其次，从三者之间的联系看，学校和专业学习成果是通过培养方案连结起来的，专业和课程学习成果之间是通过课程地图连结起来的。以培养方案和课题地图为中介，学校层面的学习成果最终将融入相应课程（群）的学习成果之中。如图 1-3 所示，学校、专业和课程三个层面的学、教、评紧密联系，三者作为一个有机的整体，共同决定着本科学习成果的达成度，即本科教学质量。

本章小结

本章主要探讨学教评一致性对本科教学质量的影响机制。主要包括以下四方面内容：第一，本科教学质量可从高级专门人才成材率、本科学习成果达成度、本科生学习投入度，以及教师、学生和教学资源的配合度四个方面进行界定。第二，学教评一致性是有效教学的基本原则，学、教、评三个要素之间的不一致，将导致教学的低效甚至无效。第三，可通过逆向教学设计实现学教评一致性，即先确定预期学习成果，接着确定评估任务，最后确定教学活动，并使三者保持一致。第四，本科教学的学教评一致性体现在课程、专业和学校三个层面，课程与专业的学习成果通过课程地图连结起来，专业与学校学习成果通过培养方案连结起来。此外，在附表 1-1、1-2、1-3 中提供了提高学教评一致性的工具和模板，可供高校教师和管理人员参考。

第二部分
本科教学质量的提升策略

第二部分从学教评一致性视角探讨本科教学质量的提升策略，分别论述如何在学校、专业和课程三个层面实现学教评一致性。第二部分包括三章：

▶ 第二章　如何实现学校层面的学教评一致性？

▶ 第三章　如何实现专业层面的学教评一致性？

▶ 第四章　如何实现课程层面的学教评一致性？

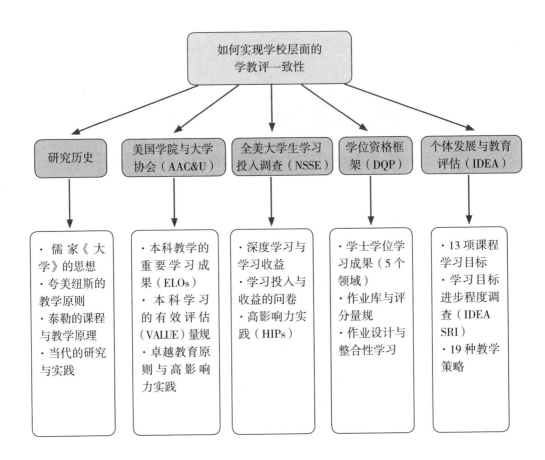

第二章

如何实现学校层面的学教评一致性？

　　学校层面的学教评一致性包括学校层面的学习成果、教学活动和评估任务，以及三者之间的一致性。对于大学层面的学教评一致性，中国的儒家学者、西方的近代教育学之父夸美纽斯（Johann Amos Comenius）、现代课程理论之父泰勒等在其著述中均有涉及，特别是泰勒较为详尽地论述了如何确定教育目标、如何选择和组织学习经验、如何评估学习效果，以及如何保持三者的一致性的基本原理，为实现学校层面的学教评一致性提供了思路和指导。

　　大学的宗旨是什么？有"儒家圣经"之称的《大学》开篇云："大学之道，在明明德，在亲民，在止于至善。"即大学的宗旨在于弘扬光明正大的品德，在于使人弃旧图新，在于使人达到最完善的境界。那么，如何达到大学的境界呢？《大学》指明的路径是"格致诚正修齐治平"，即物格而后知至，知至而后意诚，意诚而后心正，心正而后身修，身修而后家齐，家齐而后国治，国治而后天下平。要实现至善和天下平的目标，修身是最为根本的。如何修身？《中庸》第二十章阐明："好学近乎知，力行近乎仁，知耻近乎勇。知斯三者，则知所以修身……则知所以治天下国家矣。"

　　夸美纽斯在《大教学论》中阐明，学校（包括大学）存在的宗旨即是"把一切事物教给一切人，以便使全体青年男女，都能迅捷（quickly）、愉快（pleasantly）、透彻地（thoroughly）成长为精通科学（learned in the sciences）、道德纯正（pure in morals）、信仰虔诚（trained to Piety）的人"。博学（广泛的智慧）是夸美纽斯教育思想的核心，那么如何达到博学？在大学阶段，夸美纽斯强调教授应提供各类著作的提要，学生应广泛阅读各类作者的著作。在教学方面，他强调在阅读针对特定问题的文献后最好展开公开讨论和辩论；在评价方面，他推荐采用公开的问答和案例分析考核的形式。

不难发现，儒家和夸美纽斯的共同点是：无论最终目的如何，均需通过格物成为博学的人，通过修身成为具有美德的人。在对博学和美德的追求上，二者是一致的。

泰勒的"课程与教学的基本原理"指出，学校（包括大学）力求达到的教育目标有三个来源：对学习者本身的研究、对校外的社会生活的研究和学科专家对教育目标的建议，基于此三个来源形成初步目标。在经过哲学（如价值观）和学习心理学（如目标可行性）的筛选后，再形成准确的教育目标。教育目标以期望学生发生的改变来陈述。教育目标包括两个维度：一个维度是学科内容，另一个维度是行为方面，即期望学生对学科内容做出的行为。泰勒识别出四种常见的目标类型：培养思维技能（包括归纳、演绎、逻辑论证等）、获取信息（增长知识和理解）、培养社会态度（促进利他和亲社会行为的反应倾向）、培养兴趣。在确定教育目标之后，就需要选择和组织学习经验去实现目标。学习经验是指学习者与环境中他能作出反应的外部条件之间的相互作用，学习经验通过学生的主动行为而发生。泰勒强调学习经验必须能为学习者提供行为实践的机会，并使学习者从行为实践中获得满意感。选择的学习经验必须以彼此强化的方式组织，才能产生从根本上改变行为的累积效应。学习经验的组织包括：垂直关系（如同一科目不同年级的组织）和水平关系（同一年级不同科目的组织），有效组织学习经验需要遵循三个标准：连续性（指主要课程要素在垂直方向上的重复出现）、序列性（强调后续的经验超越之前的经验，涉及的内容更广、更深）和整合性（指在水平方向上组织学习经验，使学生得到统一的观点，并使他的行为与之一致）。学习经验可以组织为单元、课程或项目。判断学习经验是否真正实现了教育目标必然要求对学习者进行评价。因为教育目标的实质是预期的学习者的行为改变，所以至少需要两次评价学习前与学习后才能判断行为改变是否发生。教育评价的证据包括纸笔测验（文字题）、观察（社会适应、习惯、操作技能）、访谈（态度、兴趣、欣赏）、问卷（兴趣、态度）、实际的作品（绘画、写作）、档案记录（兴趣）。此外，为了评估学习效果的持久性，还需要对毕业生做跟踪研究。（见图2-1）

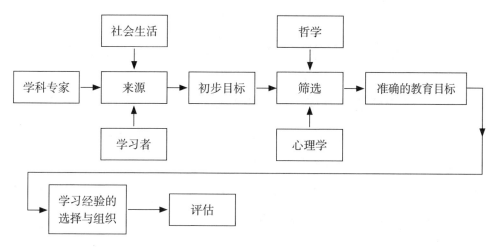

图2-1　泰勒"课程与教学的基本原理"示意图（Ornstein & Hunkins, 2018）

　　虽然泰勒提供了实现学教评一致性的原理和思路，但是并未针对大学层面的学教评一致性进行具体的论述。美国学院和大学协会（AAC&U）2008年发布报告《新世纪的大学学习》，识别出雇主期望的大学重要的学习成果，并提供了评估方法。2000年首次实施的美国大学生学习投入调查（NSSE）聚焦于为院校改进提供诊断性与可付诸行动的信息，NSSE提出了深度学习、学习收益等学习成果指标，采用问卷调查判断学习成果达成度。2013年升级的NSSE 2.0提出了影响本科教育质量的六项高影响力教育实践（HIPs）。美国光明基金会2014年提出了"学位资格框架（DQP）"，阐明副学士、学士和硕士三个层级的大学学位对毕业生学习成果（知识和技能）的要求。DQP特别强调作业和整合性学习在评估和培养学习成果中的重要作用。1975年成立的个体发展与教育评估（IDEA）中心[①]，其学生评教系统（SRI）旨在为提高高校教学质量和学生学习提供建设性反馈。IDEA评教系统确定了13项课程学习目标，这些目标与DQP、NSSE、

[①]　引自 https://www.ideaedu.org.

AAC&U 确定的学习成果框架具有高度一致性。IDEA 采用问卷调查学生在学习目标上的进步程度，提出了 19 项促进学习目标实现的教学策略。因此，IDEA 的学生评教问卷（诊断反馈版）实际上整合了学、教、评三个要素。

第一节　AAC&U 界定的本科学习成果、评估方法与教学路径

一、大学重要的学习成果有哪些？

鉴于学生在大学里的成功不能仅仅依据入学率、坚持率和学位获得率这类指标，而应聚焦于学生是否真正获得了他们在生活、工作和公民身份所需的学习，2008 年，美国学院和大学协会（AAC&U）发布报告《新世纪的大学学习》，阐明对所有学生都很重要，应当在整个教育经历和学生的专业领域中得到培养和发展的重要学习成果。该列表来自与数百学院和大学就学生学习所需目标多年的对话、对商界一系列建议和报告的分析，以及对工程、商业、护理和教师教育的认证要求的分析。

重要学习成果
（the Essential Learning Outcomes, ELOs）

从入学开始到教育层次的不断提高，直至大学的学习中，学生应当通过获得如下学习成果为 21 世纪的挑战做好准备：

人类文化与物理和自然世界的知识

• 科学与数学（sciences and maths）

• 社会科学（social sciences）

• 人文学科（the humanities）

• 历史（history）

• 语言和艺术（languages and arts）

通过学习各学科知识，专注于当代和持久的重大问题。

智力与实践技能

- 探究与分析（inquiry and analysis）

- 批判性与创造性思维（critical and creative thinking）

- 书面与口头沟通（written and oral communication）

- 定量素养（quantitative literacy）

- 信息素养（information literacy）

- 团队合作与问题解决（teamwork and problem solving）

通过贯穿课程的广泛练习培养，其中问题、项目与表现标准的挑战性逐渐增加。

————————————————————————————————

个人与社会责任

- 本地与全球的公民知识参与（civic knowledge and engagement—local and global）

- 跨文化知识与能力（intercultural knowledge and competence）

- 道德推理与行动（ethical reasoning and action）

- 终身学习的基础和技能（foundations and skills for lifelong learning）

通过积极参与多元化社区和现实世界的挑战而扎根。

————————————————————————————————

综合性学习

- 贯穿通识和专业学习的综合和高级成就

通过将知识、技能和责任感应用于新的情境和复杂问题来证明。

AAC&U 和彼得·D. 哈特研究协会（Peter D. Hart Research Associates）2007年发布了报告《大学应如何培养学生在当今的全球经济中取得成功？》，识别出雇主认为高等教育机构最需要重视的领域：①科学和技术；②不同群体中的团队合作技能；③将知识应用于真实情境；④批判性思维与分析推理技能；⑤书面与口头沟通技能；⑥全球性问题。

希望高校更加强调重要学习成果的雇主百分比

人类文化与物理和自然世界的知识

- 科学与技术（科技的概念和新发展）　　　　　　　82%
- 跨文化知识（全球问题和发展及其对未来的影响）★　72%
- 美国在世界的角色　　　　　　　　　　　　　　60%
- 文化价值观与传统（美国／全球）★　　　　　　　53%

智力与实践技能

- 不同群体中的团队合作技能★　　　　　　　　　　76%
- 批判性思维与分析推理技能　　　　　　　　　　　73%
- 书面与口头沟通　　　　　　　　　　　　　　　73%
- 信息素养（搜索、组织和评估来自多个来源的信息的能力）　70%
- 创造与创新（创造性思维和创新能力）　　　　　　70%
- 复杂问题解决　　　　　　　　　　　　　　　　64%
- 量化推理（处理数字和理解统计数据）　　　　　　60%

个人与社会责任

- 不同群体中的团队合作技能★　　　　　　　　　　76%
- 跨文化知识（全球问题和发展及其对未来的影响）★　72%
- 道德与价值观（正直和道德感）　　　　　　　　　56%
- 文化价值观与传统（美国／全球）★　　　　　　　53%

综合性学习

- 将知识应用于真实情境（通过实习或其他实践经验将知识
  和技能应用于真实情境的能力）　　　　　　　　　73%

注：带★的项目分别出现在不同的学习成果类别中，表示它们同时适用于这些类别。

二、如何评估大学重要的学习成果？

AAC&U 和彼得·D.哈特研究协会 2008 年发布的报告《大学应如何评估和提高学生的学习？》中显示，建议大学把评估资源投入到以下评估类型的雇主百分比如下：

（1）实习或基于社区的学习（50%）：教师评估的实习或基于社区的学习经验。

（2）论文测验（35%）：测量学生问题解决、写作和分析思维能力的论文测试。

（3）电子档案袋（32%）：学生作品的电子档案，包括关键技能领域的成就实例和教师对其的评估。

（4）高级项目（31%）：教师评估的综合高级项目，展示了学生在专业和高级解决问题、写作和分析推理方面的技能深度。

（5）学校层面计分的论文测试（8%）：显示一所大学在提高学生的批判性思维能力方面与其他大学相比表现如何的测试。

（6）多选题测试（5%）：对一般内容知识的多选题测试。

很明显，很少雇主认为对一般内容知识的多选题测试在确保学生成绩方面非常有效。相反，雇主们最有信心的评估，是那些能够证明毕业生有能力将他们的大学学习应用于复杂的、真实世界的挑战的评估，以及整合了问题解决、写作和分析能力的项目或测试。而对问题解决、写作和分析推理等技能的评估则需要开发相应的工具。

为指导对本科教育重要学习成果的评估，AAC&U 于 2009 年发布了对本科教育学习的有效评估（简称"VALUE"）量规。VALUE 评估量规由代表美国各地学院和大学的教师专家团队开发，开发过程考察了许多现有的校园评估标准和每项学习成果的相关文件，并整合了教师的额外反馈。评分细则阐明了每项学习成果的基本标准，使用行为表现描述越来越复杂的成就水平。VALUE 评估量规旨在用于学校层面对学生学习的评估和讨论，而非评分。所有 16 个 VALUE 评估量规阐明的核心期望能够而且应当被转换成各个高校、学科，甚至课程自己的语言。VALUE 评估量规的作用是将所有本科层次的学习置于一个基本的期望框架内，以便通过对学生成功的通用对话和理解，在全国范围内共享学习的证据。自 2009 年 VALUE 发布以来，该评估标准已成为美国和国际高校广泛参考和使用的评估形式。此外，VALUE 评估量规还被批准用于满足由自愿问责制（VSA）确定的国家问责标准，并被用于所有区域的和一些专业的自我研究报告和认证审查。

VALUE 包括 16 个评估量规：探究与分析、批判性思维、创造性思维、书面交流、口头交流、定量素养、信息素养、阅读、团队合作、问题解决、本地与全球的公民参与、跨文化知识和能力、道德推理与行动、全球学习、终身学习的基础和技能，以及综合性学习。对比这 16 个量规与重要学习成果（ELOs）列表，不难发现 VALUE 评估量规主要集中在智力与实践技能、个人与社会责任和综合性学习三个方面。重要学习成果中的"批判性思维与创造性思维""书面与口头沟通""团队合作与问题解决"均包括两项有区分的内容，因此被拆分为两个独立的评估量规。此外，VALUE 还包括对阅读的评估量规，该技能是重要学习成果没有明确列出的。但是阅读能力极为重要，NSSE 在其调查设计的概念框架中指出："研究表明，学业成绩与大学生的阅读时间有关，学术性阅读和娱乐性阅读不仅影响特定课程的成绩，而且还能提高整体的阅读理解能力。阅读对大学生写作技能产生积极影响。读书多的学生更有可能参与志愿工作。"因此，VALUE 量规把阅读包括进来是有理据的。最后，VALUE 评估量规还包括了"全球学习"，全球学习是指对复杂的、相互依存的全球系统和遗产及其对人们的生活和地球的可持续性的影响的批判性分析和参与。通过全球学习，学生应该成为知识渊博、思想开放和负责任的人，关注差异的多样性；寻求了解他们的行为如何影响当地和全球社区；以合作和公正的方式解决世界上最紧迫和持久的问题。由此可见，全球学习涉及本科重要学习成果的四个类别（即知识、智力技能、责任、综合性学习），体现了全球高等教育共享的"培养有责任感、博学、能解决复杂和真实问题的世界公民"的共同教育愿景。

以阅读为例，完整的 VALUE 评估量规包括定义、框架语言、术语表、不同熟练程度的行为表现描述。VALUE 的其他 15 个评估量规见附录 2-1。

阅读的 VALUE 评估量规

定义

阅读是通过与书面语言的互动和参与，同时提取意义和建构意义的过程。

框架语言

借用斐德罗的话，文本并不解释，也不回答关于它们自己的问题。它们必须被定位、接近、解码、理解、分析、解释和讨论，特别是在大学课堂上用于学习的复杂学术文本。从历史上看，大学教授不认为阅读教学是必需的，而是将其视为一种基本技能，一种学生可能需要补救的技能。他们假定学生进入大学时已具有阅读能力，并把缺乏阅读能力的责任推给中小学教师。

高等教育中缺乏阅读教学的情况必须、能够而且将会改变，本评估量规即为这种改变指明了方向。为什么要改变？因为从高中过渡到大学，即使是那些能力最强、最有经验的读者，也没有学会理解专业和学术文本所需的知识和方法——更不用说那些能力不强或经验不足的读者了。此外，读者在本科教育期间和之后，由于遇到文本的挑战，他们的阅读表现会自然成熟和发展。本评估量规提供了一些初步的步骤，以找到测量本科生在这一连续体上进步的方法。我们制定这个评估量规的目的是支持和促进本科生的阅读教学，使他们对文本的关注程度越来越高，并像"理解者"那样进行阅读。

当超越本科教育经历时，读者应当被激励去接近文本，并以一种反思性的好奇心和将所读文本应用于生活各方面的能力回应文本。本评估量规为评价学生与文本的关系发展以及他们在课程作业所要求读的文本上的相对成功提供了框架。本评估量规的使用者可能会发现，单元格的边界是可渗透的，而且量规的标准在一定程度上是相互关联的。

术语表

以下定义仅用于澄清本评估量规中使用的术语和概念。

·分析：识别和使用文本特征以更深入地理解文本含义的过程。[可能包括对体裁、语言、语气、陈述目的、显性或隐性逻辑（包括推理缺陷）和历史背景的评估，因为它们有助于理解文本的意义。]

·理解：读者从字面上和比喻上"理解"文本的程度。有成就和经验丰富的读者将从能够"理解"文本语言所提供的意义，转变为能够"理解"文本的言外之意、它引发的问题以及人们可能提出的反驳意见。

·认识论视角：读者在特定学科的专业学习中发展出的知识框架（例如，论文、教科书章节、文学作品、期刊文章、实验室报告、资助计划、讲座、博客、网页或文献综述）。这种知识的深度和广度，为学生在任何学科或领域内将遇到的文本，进行独立和自我调节的反应奠定了基础。

·体裁：一种特殊的"文本"，由一套学科惯例或通过参与学术对话而习得的共识来定义。体裁决定了文本的内容、结构、对文本的期望、可以用它们做什么、如何使用它们。

·解释：根据文本和上下文信息，以特定方式确定或诠释文本或部分文本的意义。

·解释策略：从不同视角采取有目的的方法，其中包括提出澄清性的问题、了解文本的写作背景、将反事实（counterfactual）形象化并加以考虑（提出挑战文本假设或主张的问题。例如，如果内战没有发生，我们的国家会是什么样子？如果哈姆雷特杀了国王，哈姆雷特会有什么不同？）。

·多种视角：考虑基于文本的意义如何因观点不同而不同。

·要素（parts）：主题、标题、上下文中的词汇含义、文本结构、重要观点以及这些观点之间的关系。

·与文本的关系：读者对特定文本或一组文本的系列期望和意图。

• 有意识地寻找关系：一种积极的、高度自觉的思维品质，与探究和研究密切相关。

• 剖析文本：辨别文本要素的重要性或抽象程度，并将大小片段视为整个意义的一部分（与上述"分析"相比）。

• 元认知：元认知应用于阅读，是指意识（awareness）、审慎（deliberateness）和反思（reflexivity），定义了读者必须控制的活动和策略，以便有效地阅读不同类型的文本。例如，从实验室报告到十四行诗，从数学文本到历史叙述，或者从资助申请到绘画小说。熟练的读者能够考虑任何此类文本所反映的精神气质，知道在使用或回应一个文本时，存在一种精神气质并且应当被考虑。

鼓励评估人员将任何未达到基准水平表现的工作样本赋值为 0。

不同熟练程度的行为表现描述

	顶点水平 4	里程碑目标 3	里程碑目标 2	基准水平 1
理解	认识到文本对课内任务以外或作者的明确信息以外的背景、观点或问题可能产生的影响（如可能认识到更广泛的问题在起作用，或可能对作者的信息和陈述提出挑战）	利用文本、一般背景知识和（或）作者背景的具体知识，对作者的信息和态度做出更复杂的推断	评估文本特征（如句子和段落结构或语气）如何影响作者的信息；对文本的背景和目的做出基本推断	恰当地理解词汇以解释或总结文本传达的信息
体裁	能够识别流派内和流派间的文本，根据特定文本的一般细微差别，监测和调整阅读策略和期望	阐明体裁之间的区别及其特征惯例	对各种体裁的阅读经验进行反思，实验性地、有意识地进行阅读和逆向阅读	将隐性的体裁知识以富有成效（即使没有反思）的方式运用到各种课堂阅读作业中

（续上表）

	顶点水平 4	里程碑目标 3	里程碑目标 2	基准水平 1
与文本的关系（在语境中理解文本的意义）	评估文本在不同学科内和跨学科的学术意义和现实意义，根据它们的贡献和影响来评估	使用学术背景下的文本发展学科知识基础，并提出和探索重要的问题	以构建专题知识和世界知识的意图和期望来参与文本	在作业的背景下处理文本，目的是找到正确的答案，学习事实和概念，以获得学分
分析（与部分和整体文本的互动）	评价将观点、文本结构或其他文本特征联系起来的策略，目的是在文本和学科内及文本和学科间建立知识体系或提升洞察力	识别观点、文本结构或其他文本特征之间的关系，以评价它们如何支持对整个文本的高级理解	认识到文本各部分或各方面之间的关系，如有效或无效的论证或文学特征，并考虑它们如何有助于对整个文本的基本理解。	根据需要识别文本的各个方面（如内容、结构或观点之间的关系），以回答指定任务中提出的问题
解释（将文本作为意义蓝图来理解）	提供证据证明自己不仅能使用适当的认识论视角进行阅读，而且还能将阅读作为学科内外或读者社区内外的持续对话的一部分	阐明对多种阅读方式的理解，以及对特定学科或特定读者群体的解释策略范围的理解	证明自己能够有目的地阅读，根据阅读目的选择解释策略	能够确定阅读的目的，依靠外部权威（如教师）来澄清任务
读者的声音（参与关于文本的学术对话）	以独立的理智和道德倾向讨论文本，以推进或维持学科对话	详细阐述文本（通过解释或提问）以深化或加强正在进行的讨论	在结构化的对话中（如在课堂上）讨论文本，以促进对文本基本、共享的理解	以保留作者意思并将其与作业联系起来的方式对文本进行评论

注：表中第一行里的数字代表阅读水平，数字越大代表水平越高。

三、如何设计有效的大学教育经验？

有效的大学教育经验是指基于实证研究、能促进大学重要学习成果（ELOs）实现的教育实践，这类实践通常被称为高影响力实践（HIPs）。其中，"人类文化与物理和自然世界的知识"主要通过专注于当代和持久的重大问题得到扩展和贯通；"智力与实践技能"通过贯穿于课程的、挑战程度不断增加的广泛练习而掌握；"个人与社会责任"通过积极参与多元化社区和现实世界的挑战而扎根；"综合性学习"则通过将知识、技能和责任感应用于新的情境和复杂问题来证明。

通过高影响力实践（HIPs）实现重要学习成果（ELOs）

培养对人类文化与物理和自然世界的广博知识

·共同的智力经验（探索历史、文化、科学和社会中的"大问题"）

·本科生科研

·学习共同体（与"大问题"相关的多门课程）

·多样性、公民和全球学习

·顶点课程（capstone courses）

加强智力和实践技能

·第一年的研讨会和经验

·写作强化课程（跨课程）

·技能强化课程（定量推理、口头沟通、跨课程的信息素养）

·合作性作业和项目

·本科生科研

·实习

强化个人和社会责任

·共同的智力经验（探索历史、文化、科学和社会中的"大问题"）

·多样性、公民和全球学习

·伦理强化课程

·合作性作业和项目

·服务学习和基于社区的学习

践行综合性和应用性学习

·学习共同体（与"大问题"相关的多门课程）

·本科生科研

·服务学习和基于社区的学习

·实习

·顶点项目和顶峰体验（culminating experiences）

表中的各高影响力实践名称含义如下：

（1）共同的智力经验：旧的"核心"课程理念已经发展成各种现代形式，例如一组必修的公共课程或垂直组织的通识教育课程，包括高级综合研究和（或）需要参与学习共同体。这些课程通常将广泛的主题（如技术与社会、全球相互依存等）与为学生提供的各种课程和课外的选择结合起来。

（2）本科生科研：许多大学现在为所有学科的学生提供研究经验。然而，本科生科研在科学学科中的应用最为突出。在科学基金会和研究界的大力支持下，科学家们正在重塑他们的课程，将关键概念和问题与学生尽早并积极地参与到系统调查和研究联系起来。目标是让学生参与活跃且有争议的问题、实证观察、前沿技术，体验回答重要问题所带来的兴奋感。

（3）学习共同体：学习共同体的主要目标是鼓励跨课程的学习整合，并让学生参与到课堂之外的"大问题"中。学生作为一个小组学习两门或更多的相关联的课程，并与彼此以及他们的教授密切合作。许多学习共同体通过不同学科的视角探索共同的话题和（或）共同的阅读材料。有的共同体有意识地把"文科"和"专业课程"联系起来，其他的则以服务学习为特色。

（4）多样性、公民和全球学习：许多大学现在强调提供课程和计划以帮助学生探索不同的文化、生活经历和世界观。这些研究通常探索"棘手的差异"，例如种族、民族和性别不平等，或全球范围内为人权、自由和权力而持续的斗争。通常，跨文化研究通过社区中的体验式学习和（或）海外学习而得到加强。

（5）顶点课程、顶点项目和顶峰体验：无论是被称为"高级顶点"还是其他名称，这些顶峰经验都要求即将结束大学生涯的学生创建一个整合和应用他们所学知识的项目。该项目可能是研究论文、表演、"最佳作品"档案袋或艺术品展览。顶点课程既可以在系的项目中提供，也可以越来越多地在通识教育中提供。

（6）第一年的研讨会和经验：许多学校现在将第一年的研讨会或其他项目纳入课程，定期将小组学生与教职员聚在一起。高品质的第一年经验非常重视批判性探究、经常写作、信息素养、协作学习和其他培养学生智力和实践能力的技能。第一年的研讨会也可以让学生参与学术领域的前沿问题和教师自己的研究。

（7）写作强化课程：这些课程强调在各层级教学和跨课程中的写作，包括毕业论文，鼓励学生为不同学科的不同读者创作和修改各种形式的写作。这种跨课程的重复实践使学生在定量推理、口头沟通、信息素养和伦理探究等领域做出相应努力。

（8）合作性作业和项目：合作学习结合了两个关键目标，即：①学习与同伴一起工作和解决问题；②学习通过认真倾听他人的见解加深自己的理解，尤其倾听是那些背景和生活经历不同的人的见解。合作的范围从课程内的学习小组到基于团队的作业和写作，再到合作项目和研究。

（9）实习：实习是另一种越来越普遍的体验式学习形式。其想法是为学生提供工作环境中的直接经验——通常与他们的职业兴趣相关——并让他们受益于该领域专业人士的监督和指导。如果实习是为了获得课程学分，学生需完成教师核准的项目或论文。

（10）服务学习和基于社区的学习：与社区伙伴合作实施实地"体验式学习"通常是这些课程必需的组成部分。其理念是让学生直接体验他们在课程中研究的问题，并不断努力分析和解决社区中的问题。这些课程的一个关键要素是学生有机会在现实环境中应用他们所学的知识，并在课堂环境中反思他们的服务体验。这些项目塑造这样一种理念，即回馈社区是一项重要的大学教育成果，与社区伙伴合作是对公民、职业和生活的良好准备。

除了高影响力教育实践，AAC&U（2008）还提出了卓越教育的七条原则，这些原则强调专业教育与通识教育、教育者和社会的紧密合作，以实现大学重要学习成果；强调教会学生如何整合和应用他们的学习——跨越多层次的学校教育和不同的研究领域；强调将学校教育的重点从积累课程学分转变为培养真实的能力。AAC&U 呼吁教育者必须帮助大学生成为"有意识的学习者"，经由不断提高的学习水平和多样化的学术课程，专注于实现重要的学习成果，以满足现实世界对工作、公民身份和生活的要求。

卓越教育的原则

原则 1：目标远大——让卓越具有包容性

将重要学习成果作为整个教育经验的框架，将学校、大学、工作和生活联系起来。

原则 2：给学生一个指南

将每个学生的学习计划聚焦到实现重要学习成果上，并评估其进展。

原则 3：教授探究和创新的技能

让所有学生沉浸在分析、发现、问题解决和沟通中，从入学开始，并在大学里不断进步。

原则 4：探讨"大问题"

通过课程教授当代和持久的、影响深远的问题，包括以下方面：科学和社会、文化和价值观、全球相互依存、经济变化、人类的尊严和自由。

原则 5：将知识与选择和行动联系起来

通过对现实世界问题的参与和指导性学习，为学生成为公民和参加工作做好准备。

原则 6：促进公民、跨文化和道德学习

在每个研究领域强调个人和社会责任。

原则 7：评估学生将学习应用于解决复杂问题的能力

使用评估来深化学习，建立一种共同目标和持续改进的文化。

第二节　NSSE 界定的本科学习成果、评估方法与教学路径

一、大学重要的学习成果有哪些？

NSSE 提出的大学学习成果指标包括深度学习（deep learning）、通识教育收益（general education gains）、个人和社会收益（personal and social gains）、实用收益（practical gains）。其中，深度学习是指超越信息记忆并专注于与信息的潜在含义联系起来的教育过程。深度学习包括多种学习方法，如将新知识与现有知识或实际问题相结合，在考虑他人观点的同时反思自己的观点。与深度学习相反，浅层学习只追求信息记忆、通过考试、得到分数等目标。NSSE 的深度学习成分包括：高阶学习，要求学生投入复杂的认知任务，而不仅仅是对事实的记忆，从而促进学生取得高水平的成就。高阶学习体现为学生的课程作业在多大程度上强调了应用、分析、判断和综合等具有挑战性的认知任务。反思性与综合性学习，要求学生建立起与课程材料的个人联系，在他们的学习与周围世界之间建立联系，重新审视自己的信念并从他人的视角考虑问题和观点。实证研究表明，学生受益于深度学习带来的更高的学业成就。深度学习可以提高学生的在学率，帮助他们更快地整合和迁移信息。除了在大学取得成功，反思性和综合性学习的习惯可以帮助个体成为终身学习者、合格的专业人士和负责任的公民。通识教育收益是指大学经历对学生在写作、演讲、博学、批判性思维和分析性思维发展上的贡献。个人和社会收益是指大学经历对学生在价值观、理解自我和他人、有效自学、社区贡献等方面发展上的贡献。实用收益是指大学经历对学生在获得与工作相关的知识和技能、团队合作、使用信息技术、解决复杂的现实问题等方面的发展上的贡献。

二、如何评估大学重要的学习成果？

采用自我报告方式，NSSE 问卷设计了 11 道题目测量深度学习（高阶学习 4 题，反思性与综合性学习 7 题）和 10 道测量大学教育收益的题目（测量实用收

益 4 题，测量个人和社会收益 3 题，测量通识教育收益 3 题）。

NSSE 测量深度学习的题项

高阶学习：在本学年中，你的课程在多大程度上强调了以下内容？

（非常多；相当多；一些；极少）

①将事实、理论或方法应用于实际问题或新的情境。

②通过检查组成部分深入分析观点、经验或推理过程。

③评价观点、决策或信息来源。

④从各种信息形成或新的观点或理解。

反思性与综合性学习：在本学年中，你做以下事项的频率如何？

（经常；时常；有时；从不）

①在完成作业时，将不同课程的观点结合在一起。

②将学习与社会问题联系起来。

③在课堂讨论或作业中包含不同的观点（政治、宗教、种族、性别等）。

④检查自己对某个主题或问题的看法的优缺点。

⑤通过想象他人如何看待问题，尝试更好地理解他人的观点。

⑥学到的东西改变了你理解问题或概念的方式。

⑦将课程观点与你之前的经验和知识联系起来。

NSSE 测量大学教育收益的题项

实用收益：你在本校的经验在多大程度上有助于你在以下领域的知识、技能和个人发展？

（非常多；相当多；一些；很少）

①获得与职业或工作相关的知识和技能。

②与他人有效合作。

③分析数字与统计信息。

④解决复杂的现实问题。

个人和社会收益：你在本校的经验在多大程度上有助于你在以下领域的知识、技能和个人发展？

（非常多；相当多；一些；很少）

①发展或澄清个人价值观和道德准则。

②理解其他背景的人（经济、种族、政治、学校、民族等）。

③成为有见识的、主动的公民。

通识教育收益：你在本校的经验在多大程度上有助于你在以下领域的知识、技能和个人发展？

（非常多；相当多；一些；很少）

①清晰、有效地写作。

②清晰、有效地演讲。

③批判性与分析性思维。

来源：NSSE Survey Instruments.http://nsse.indiana.edu/nsse/survey-instrument/index.html

三、如何设计有效的大学教育经验？

NSSE 2.0 通过文献综述识别出六项高影响力实践，分别是服务学习、学习共同体、与教师一起研究、实习或现场经验、海外学习、高级顶峰经验。Kuh（2008）发现，大学生参与高影响力实践对深度学习、学生在学率（student retention）和学生报告的在各种学习成果上的进步都有积极的影响（见表 2-1）。由表 2-1 可知，服务学习对所有年级学生的学习成果均有积极的正向影响，学习共同体仅对大一新生有积极的影响，海外学习、学生—教师研究、高级顶峰经验则对高年级学生有积极影响。概括来讲，高影响力实践有几个共同点：需要大量的时间和精力；提供课堂之外的学习机会；需要与教师和学生进行有意义的互动；鼓励与不同的人进行互动；提供频繁且有意义的反馈。学生生命可能因参与这些实践而发生改变。

表2-1 选择的高影响力实践与深度学习和自我报告的收益的关系

高影响力实践	大一学生				高年级学生			
	深度学习	通识教育收益	个人收益	实用收益	深度学习	通识教育收益	个人收益	实用收益
学习共同体	+++	++	++	++				
服务学习	+++	++	+++	++	++	+++	+++	++
海外学习					++	+	++	
学生—教师研究					+++	++	++	++
高级顶峰经验					++	++	+++	++

注：+ 代表 $p<0.001$，++ 代表 $p<0.001$ 且非标准 $B>0.10$，+++ 代表 $p<0.001$ 且非标准 $B>0.30$。

来源：Kuh G D, 2008. High-Impact Educational Practices: What They are, Who Has Access to Them, and Why They Matter.

（1）学习共同体（LC）。学习共同体通常被定义为由共同目标或主题联系起来的一群学生。大多数学习共同体包括 30~100 名学生，较小的学习共同体只包括 8~15 名学生。学习共同体学生参加由教职员设计的与预期结果一致的课程和课外活动。这些项目通常被安置在特殊的住宿设施中，以营造一个生活学习环境。

学习共同体为大学生提供了通过探究发展智力和创造力的机会。学生通过积极的学习环境体验他们的教育，包括研究、更多的教师指导和互动，以及课堂内外更多的实践经验。与教授简单地告诉学生他们需要知道什么的学习环境相比，这些类型的学习体验能够使学生更深入地学习和保留更多的知识。学习共同体项目有助于减少学生流失。例如，参加学习共同体的学生报告，他们与大学和教师有更强的连结感，对自己作为团队成员的工作能力有更强的感觉，感觉自己比同伴能够更好地接受指导，认为自己是知识的共同创造者和研究的合作者，对撰写研究论文感觉更适应，在学习过程得到更多的形成性反馈。合作学习有助于发展批判性思维和问题解决技能，以及保持较低的留校察看率。

（2）服务学习。服务学习通常被定义为一种有意识地将社区服务与课堂学习联系起来的教育方法，服务学习为学生提供参与社区的独特机会。服务学习建立了社区和课堂学习之间的联系，并与传统的非服务课程以及其他社区服务和志愿活动区分开来。许多实证研究表明，服务学习项目有助于实现各种个人和学业成果。例如，Astin 等（2000）的大规模纵贯研究发现：参与服务学习与多项指标呈正相关，包括平均积分点（GPA）、写作技能、批判性思维技能、承诺积极行动、促进种族理解、选择服务职业，大学毕业后计划参加服务。其他研究表明，参与服务学习也与公民的认知收益相关。研究还发现本科期间参与服务学习可以大幅促进学生的生活技能发展。

为什么服务学习会对多种学习成果有如此积极的影响？原因可能在于服务学习促进了学生对知识和技能的综合运用，使学生发现所学知识和技能的社会价值，增强了学习动机和投入。服务学习指向社区问题解决，通常要求团队合作，有助于激活学生的公民意识和社会责任感，提升团队合作技能。服务学习使学生能够得到知识应用的真实和即时的反馈，促进学生的反思和改进。

（3）海外学习或称出国留学，是指本科生在校期间通过交换生项目等到国外高校进行一段时间的学习。研究表明，海外学习对学生的深度学习、通识教育收益和个人收益产生了积极的促进作用，原因可能在于海外学习要求学生在课堂之外与同伴一起工作，在不熟悉的情境下检验他们所学的内容，从而促进"将理论或概念应用于实际问题或新的情境"。海外学习帮助学生探索不同的文化、生活经历和世界观，探索"困难的差异"，如种族、民族和性别不平等，从而促进学生"在课堂讨论或书面作业中包含不同的观点（不同种族、宗教、性别、政治信仰等）"。海外学习使学生意识到自己的价值观和信仰，发展评估事件和行动的能力，并正确地看待它们，从而促进学生"发展或澄清个人价值观和道德准则""理解其他背景的人"。此外，海外学习使学生更好地了解自己与他人乃至更大的世界的关系，获得思考工具和道德基础，可以为改善人类状况而自信地行动，从而"成为有见识的、主动的公民"。

（4）学生—教师研究。学生—教师研究也称"与教师一起研究"或"本科生科研（undergraduate research）"。美国本科生科研理事会将"本科生科研"定义为"由本科生进行的对学科做出原创性贡献的探究或调查"。本科生科研包括科学探究、创造性活动和学术成就。根据美国本科生科研会议,"其重要前提是在学生和教师之间形成合作计划——通常是一位导师和一位新兴学者"。Healy和Jenkins（2009）通过综述指出,研究和探究的要素包括了解该学科的当前研究、提高研究技能和技术、开展研究和探究,并进行研讨。虽然在许多课程的常规作业中都能找到本科生科研的要素,但作为一种高影响力实践,NSSE将"本科生科研"定义为在正规的课程或专业要求之外与教师一起完成。

研究表明,参与本科生科研可为学生带来一系列智力、学术、专业和个人益处。在大学早期接触研究也与较高的在学率有关。Kardash（2000）发现有本科生科研经历的学生报告了在具体研究技能方面的提高,例如,观察和收集数据、理解控制的重要性、解释数据、口头交流研究项目的结果以及独立思考。更重要的是,这些自我评价得到了学生研究导师的验证。Lopatto（2004）论述了参加暑期研究项目的本科生报告的学习收益,包括增加了对研究过程、科学问题和实验室技术的理解,以及在个人发展上的收益,例如,容忍阻碍和独立工作。Seymour等（2003）报告,参与研究经历会带来以下收获:增加个人和职业自信;发展与教师导师和同伴的专业合作;应用知识和技能的收益;增加对科学和研究的知识和理解;增强了沟通技能;在理解、澄清和完善未来职业和毕业后计划方面的收获。

（5）高级顶峰经验。Cuseo（1998）将"高级顶峰经验"定义为一个学习机会,目标是整合和结束本科经验、为学生提供机会反思大学经历的意义、帮助学生向大学后的生活过渡。高级顶峰经验包括各种活动,最突出的是顶峰课程（capstone courses）、高级项目或学位论文（senior project or thesis）以及综合考试（comprehensive examinations）。高级顶峰课程通常由一位教师教授,目的是激发对具体学科的深度理解,同时经常带学生走出课堂。大四学生的顶峰作品通常会公开展示,作为演示、展览或海报展示的一部分。对教师来说,评估高级顶峰课程中的作品是在系的水平上评估学生学习的一种综合方式。完成学位论文为学生提供了使用学术方式深入地撰写他们领域中的当前问题的机会（通常是第一次)。此外,撰写论文使学生能从教师或同伴那里获得一对一的反馈。与教师指导的研究项目相结合,撰写毕业论文已被证明能够提高学生的研究能力和批判性思维技能(Lopatto,2003)。期末综合考试可以是传统的测验(tests),也可以是被评分的小组项目。例如,在印第安纳大学凯利商学院,学生注册综合核心(Integrative Core),这是一个由四节课组成的模块,以最终的案例分析考试的"通过仪式"而告终,在案例研究中,小组学生分析和解决一个真实案例的问题。综合考试的特征之一是它是静态的,与许多其他高级顶峰经验的表现形式不同,综合考试缺乏顶峰项目或学生毕业论文中所代表的自我指导和个人指导。

为什么高级顶峰经验对学习成果有积极的影响?无论是顶峰课程、高级项目或学位论文,均为高年级学生提供了综合运用知识和技能解决真实问题的机会。研究表明,参加高级顶峰经验的学生更可能与其他学生合作,与教师互动,将学校视为学习和提供支持的地方,并参与高阶学习(Kuh, 2008;NSSE, 2011),因此,高级顶峰经验对实现本科学习成果具有积极的影响。

对高校来说,提供参与各种高影响力实践经验的机会很重要,但教师在营造重视参与高影响力实践的氛围方面也很重要。为了测量高影响力实践,NSSE 会问学生如下问题:

在你毕业前,你已经做了或打算做以下哪一项?

(已完成或进行中;计划做;不打算做;还没决定)

·参加学习共同体或其他一些正式的项目,在这些项目中,学生小组一起学习两门或多门课程。

·参加短期实习、带薪实习、实地经验、学生教学或临床实习。

·参加国外学习项目。

·与教师合作开展研究项目。

·完成一个最终的高级体验(顶点课程、高级项目或学位论文、综合考试、作品集等)。

·在学生组织或团体中担任正式的领导角色。

·你在本校修读课程中,大约有多少课程包含基于社区的项目(服务学习)?

第三节　DQP 界定的本科学习成果、评估方法与教学路径

一、DQP 如何界定大学学习成果？

为了阐明不同层次的大学学位的学习成果，美国光明基金会 2014 年提出了"学位资格框架（DQP）"。DQP 是一个以学习为中心的框架，说明大学毕业生应该知道什么和能够做什么，以获得副学士、学士或硕士学位。DQP 识别出 5 个领域的学习成果，分别是专业知识、广泛而综合的知识、智力技能、应用与合作学习、公民与全球学习，以及 3 个层次的学位——副学士、学士或硕士，而后按照不同层级学位对熟练程度（proficiencies）要求的不同，界定三个层次学位对学习成果的明确要求，以期为高等教育和学生就业提供清晰的路径。熟练程度（proficiency）是指满足学位授予要求所需掌握的知识、理解和技能水平。DQP 使用"熟练程度"而非"能力（competency）"，是因为 DQP 关注作为整体的学位和贯穿越来越高的学位水平的连续学习。"能力"描述的是在通向学位资格熟练程度的道路上，在具体的学习经历中（如在课程中）所达到的形成性成就目标。

由于 DQP 区分不同层次学位学习成果的依据是对熟练程度的要求，因此了解 DQP 解释熟练程度的准则非常重要。DQP 提出了以下八条准则：

（1）针对每个学位层级，熟练程度是累积的。因此，在副学士学位层级上所确定的能力，也是对四年制学士学位课程前两年指定的作业的描述。反过来，专为硕士学位制定的成果也包含副学士和学士学位的成果。DQP 的每一部分都展示了从一个学位层级到下一个学位层级的渐进式挑战和成就累积式原则。

（2）学生可以通过多种途径，在他们学业道路上的任何时候达到这些熟练程度。正如学习是累积的，很少遵循严格的顺序一样，学习的证据也是累积的，并反映出项目和个体差异。

（3）陈述中经常包含的展示熟练程度的方式是作为例证提供的。当它们表示表现的范围时，隐含的展示形式（如论文、口头报告或项目）是提示而非穷尽的。

（4）这些熟练程度是通过主动动词展示的，这些动词标明学生应该做什么

来展示熟练程度。这些主动动词随着 DQP 学位阶梯的升高，被刻意塑造成不同的复杂程度。DQP 避免使用诸如"欣赏"、"了解"和"能力"等名词，因为这些词不能通过具体的作业来证明。

（5）熟练程度的陈述并没有规定学生必须在多大程度上证明熟练，它们的目的是要求证明学习成果已经实现。尽管教师应该发现 DQP 在评价学生表现方面很有用，但质量标准仍是根据教师向学生明确说明的标准来判断的。

（6）通过不同研究领域的教师对 DQP 的使用，来自特定学科、职业领域、机构或协会的例证正在出现。

（7）高等教育机构将以不同的方式和不同重视程度来处理 DQP 包含的五个广泛的学习领域。然而，纳入和整合这五个学习领域应当代表了广泛共享的课程目标。

（8）对熟练程度的描述常常包括未知、探究、部分结论和未解决的挑战。这种调查和意外事件在所有研究领域都很常见，它们不仅适用于研究，也适用于创作、技术设计、解释和项目。

以下是所有的学习成果，将它们按五个学习类别和学位层级进行分组。鼓励各高校在采用 DQP 以满足其特殊需要时使用。此外，DQP 也鼓励高校列出他们希望包括的其他领域的学习成果，如宗教、艺术、技术、科学等。

（1）专业知识（specialized knowledge，简称"SK"）：这个类别陈述任何专业或主要研究领域的学生在该专业上应该展示的内容。调优（Tuning）努力描绘具体领域的学习成果，这对描述特定专业的学生为获得学位应展示的概念、知识领域和成就是很有必要的。（见表 2-2）

表2-2 专业知识（SK）对不同学位层级的学生的要求

学位层级	专业知识（SK）上的要求
副学士	1.1 使用领域相关的术语，描述研究领域的范围、核心理论和实践，并对至少一个相关领域进行类似的描述。 1.2 将研究领域常见的工具、技术和方法应用于选定的问题。 1.3 产生与研究领域相适应的基本无误的产品、重建、数据、展览或表现。
学士	2.1 使用研究领域的工具、技术、方法和专业术语，来定义和解释该领域的结构、风格和实践。 2.2 通过收集、整理和重构想法、概念、设计和技术，调查研究领域内一个熟悉但复杂的问题。 2.3 提出、澄清和评估一个连接研究领域和另一个领域的复杂挑战，使用这些领域的理论、工具、方法和学术成果，独立或合作完成一个调查性、创造性或实践性的工作，来阐明这一挑战。 2.4 借鉴研究领域的当前研究、学术成果和技术，构建一个总结性的项目、论文、表现或应用。
硕士	3.1 阐明研究领域的主要理论、研究方法和探究方法和实践流派，阐明其来源并说明其应用以及与相关研究领域的关系。 3.2 评估研究领域的主要人物和组织的贡献，描述其主要方法和实践，并通过项目、论文、展览或表现进行说明。 3.3 阐明研究领域实践中的重大挑战，说明其前沿性，并通过一个超越传统界限的项目，探索理论、知识和实践的局限性。

（2）广泛而综合的知识（broad and integrative knowledge）：这一类别要求所有三个学位水平的学生巩固来自不同的广泛研究领域（如人文、艺术、科学和社会科学）的学习，发现和探索连接这些重要学习领域的概念和问题。（见表2-3）

表2-3 广泛而综合的知识（BI）对不同学位层级的学生的要求

学位层级	广泛而综合的知识（BI）上的要求
副学士	1.1 描述如何在每个核心研究领域推进、检验和修订现有的知识或实践，如科学、社会科学、人文和艺术领域的学科和跨学科课程。 1.2 描述与所研究的每个核心领域相关的关键争议或问题，向更广泛的社会解释争议或问题的重要性，并展示如何使用核心领域的概念来解决选择的争议或问题。 1.3 在执行分析、实践或创造性任务时，使用每个核心研究领域公认的方法，包括收集和评估证据。 1.4 描述和评估至少两个研究领域如何定义、解决和解释科学、艺术、社会、人类服务、经济生活或技术中的问题对社会的重要性。
学士	2.1 描述和评估至少两个研究领域如何定义、解决和解释科学、艺术、社会、人类服务、经济生活或技术中的问题对社会的重要性。解释这些领域的探究方法如何能应对挑战，并提出利用这些领域解决问题的方法。 2.2 利用至少两个核心研究领域的特定理论、工具和方法，完成一项调查性、创造性或实践性的工作。 2.3 定义并确定一个对主要研究领域重要的问题，证明该挑战或问题在更广泛的社会背景下的重要性，解释如何利用主要研究领域和一个或多个核心研究领域的方法来解决该问题，并开发一个同时借鉴主要和核心领域的方法。
硕士	3.1 与其他主要的探究和实践领域相比，阐明本研究领域是如何发展的。 3.2 借鉴其他研究领域的观点和方法，设计和执行一项应用性、调查性或创造性的工作，并评估包含这些观点和方法带来的优势和挑战。 3.3 根据社会或全球背景下的挑战和趋势，阐明并捍卫主要研究领域工作的重要性和影响。

（3）智力技能（intellectual skills，简称"IS"）：这一类别包括传统和非传统的认知技能：分析探究、使用信息资源、了解不同的观点、道德推理、定量技能和沟通技能。自始至终，DQP都强调学生应该从不同的参考点（如文化、技术、政治）来面对和解释思想和论点。（见表2-4）

表2-4　智力技能（IS）对不同学位层级的学生的要求

智力技能（IS）	学位层级	智力技能（IS）上的要求
分析探究	副学士	1.1 在选定的研究领域中识别和确定一个问题，并区分解决该问题的思想、概念、理论或实际方法的要素。
	学士	2.1 对所选研究领域和至少一个其他领域中的复杂问题的理论和方法进行区分和评价。
	硕士	3.1 在进行论文或项目时，对研究领域前沿的主要思想、技术或方法进行分解、修改和重新表述。
使用信息资源	副学士	1.2 识别、分类、评价和引用多种信息资源，以便在一个专门的研究领域或艺术和科学的一般主题方面，创建项目、论文或表现。
	学士	2.2 在项目、论文或表现中搜索、评价、整合并适当引用不同媒体或不同语言的多种信息资源。 2.3 通过独立或合作的探究产生信息，并在项目、论文或表现中使用这些信息。
	硕士	3.2 提供证据（通过论文、项目、笔记本、电脑文件或目录），证明通过扩展、评估或完善信息库而对研究领域内的信息库做出了贡献。
考虑不同的观点	副学士	1.3 描述来自不同文化视角的知识如何影响对政治、社会、艺术和全球关系中突出问题的解释。 1.4 描述、解释和评价他（她）对文化、社会、政治、艺术或全球关系中选定问题的观点的来源，并将该观点与其他观点进行比较。
	学士	2.4 构建一个书面项目、实验报告、展览、表演或社区服务设计，表达另一种文化、政治或技术愿景，并解释该愿景与当前现实的不同之处。 2.5 从至少两种政治、文化、历史或技术因素的角度提出研究领域内的争议或问题，探索和评估对争议或问题的竞争性观点，并以口头或书面形式对该问题进行合理分析，表明考虑了竞争性观点。
	硕士	3.3 通过项目、论文或表演，从不同的时间点或不同的文化、语言、政治秩序或技术背景的视角来调查研究领域的核心问题，并解释这种观点如何产生背离当前规范、主流文化假设或技术的结果。

（续上表）

智力技能（IS）	学位层级	智力技能（IS）上的要求
道德推理	副学士	1.5 描述政治、经济、医疗保健、技术或艺术等领域突出问题中存在的伦理问题，技术或艺术中的突出问题，并说明伦理原则或框架如何有助于解决这些问题的决策。
	学士	2.6 分析一项最新发现、科学争论或技术实践中对受影响者的利益和危害的竞争性主张，阐明利益和危害的紧张关系中固有的伦理困境，并（a）根据伦理原则对这种紧张关系达成明确的调和，或（b）解释为什么不能实现这种调和。 2.7 识别并详述至少一个突出的社会或文化问题中存在的关键伦理问题，阐明至少两种不同的伦理观点如何影响有关这些问题的决策，并制定和辩护一种方法以有效解决该伦理问题。
	硕士	3.4 通过项目、论文或表演提出并调查相关的道德观点，阐明并挑战研究领域内的传统、假设或流行惯例。 3.5 将特别受道德推理影响的人类活动和判断从不太受道德推理影响的活动和判断中区分开来。
定量技能	副学士	1.6 准确解释与政治、经济、健康相关或技术主题的定量信息，并解释这些信息中是如何使用计算和符号运算的。 1.7 创建并解释图表或其他对趋势、关系或状态变化的视觉描绘。
	学士	2.8 将口头问题转化为数学算法，以便使用公认的数学推理符号系统构建有效的论证，并在论文、项目或多媒体演示中呈现由此产生的对公共信息的计算、估计、风险分析或定量评估。 2.9 对于最初以非量化术语描述的问题，适当时构建数学表达方式。
	硕士	3.6 使用适当的逻辑、数学或统计方法来处理一个主要领域的主题或问题，该领域大部分不是基于定量的。 或 3.7 在以定量为基础的研究领域，阐明并进行定量方法、概念和理论的多种适当应用。 3.8 识别、选择和辩护适合社会科学或应用科学某一问题的数学模型。

（续上表）

智力技能（IS）	学位层级	智力技能（IS）上的要求
沟通技能	副学士	1.8 撰写和呈现有说服力的、连贯的和基本无错误的写作，以便与一般和专业读者进行交流。 1.9 通过讨论展示有效的互动交流技能，即通过积极的倾听和建设性的回应，以及通过向一般和专业听众进行结构化的口头报告。 1.10 就一项实际任务的行动计划与同伴进行协商，并以口头或书面形式交流协商结果。
	学士	2.10 以书面和至少一种其他媒介，向一般和特定受众就问题或技术问题和流程提供持续、连贯的论证、叙述或解释。 2.11 对研究领域的信息、条件、技术或实践进行调查，并大量使用非母语资源。 2.12 与一个或多个合作者进行协商，以促进口头辩论或阐明解决社会、个人或道德困境的方法。
	硕士	3.9 基于总结自己或合作者的工作，以两种或多种媒体或语言，向一般和专业观众创作持久、连贯的论证或解释。

（4）应用与合作学习（applied and collaborative learning，简称"AC"）：这个类别强调学生能用他们所知道的做什么。学生被要求通过解决学术探究、工作和课堂以外其他环境中的意想不到的问题来证明他们的学习。此类别包括涉及个人和小组努力的研究和创造性活动，并可能包括对应用专业知识至关重要的实践技能。（见表2-5）

表2-5 应用与合作学习（AC）对不同学位层级的学生的要求

学位层级	应用与合作学习（AC）上的要求
副学士	1.1 以书面形式描述至少一个案例，说明在学术环境中获得的知识和技能可以应用于实地的挑战，并评估从应用中获得的学习。 1.2 根据课堂以外的学习，分析研究领域中至少一个重要的概念或方法。 1.3 在正式的学术研究之外，就实地场所中的问题查找、收集和组织证据，并提供回答问题的替代方法。 1.4 展示出对应用专业知识至关重要的实践技能。
学士	2.1 准备并展示一个项目、论文、展览、表演或其他适当的演示，将在工作、社区或研究活动中获得的知识或技能与在一个或多个研究领域中获得的

（续上表）

学位层级	应用与合作学习（AC）上的要求
学士	知识联系起来，解释这些要素是如何组织化的，并使用适当的引用来说明产品与该领域文献的关系。 2.2 协商小组研究的策略，记录该策略以便其他人理解，实施策略并交流结果。 2.3 为科学、技术、经济、商业、健康、教育或传播情境下的分析或案例研究，撰写设计、评论或例证性应用。 2.4 完成一个实质性的项目，该项目评估学生研究领域中的一个重要问题，包括对课外学习对研究或执行项目中使用的实践技能的影响的分析性叙述。
硕士	3.1 创作一个项目、论文、展览、表演或其他适当的演示，反映出在实习、工作、社区或研究活动中获得的知识与从课程的不同部分的至少两个研究领域获得的知识和技能的整合。阐明这两种知识来源对结果的影响方式。 3.2 在课外环境中设计并实施一个项目，该项目需要将所学领域中获得的高级知识应用于实际挑战，以书面形式或其他媒介表达从这一经历中获得的见解，并评估（适当引用）适用于该挑战的方法、学术辩论或专业表现的标准。

（5）公民与全球学习（civic and global learning，简称"CG"）：这一类别承认高等教育对民主和全球社会肩负的责任。学生必须通过参与和回应地方、国家和全球层面的公民、社会、环境和经济挑战，来展示他们对知识和技能的整合。（见表2-6）

表2-6　公民与全球学习（CG）对不同学位层级的学生的要求

学位层级	公民与全球学习（CG）上的要求
副学士	1.1 描述自己的公民和文化背景，包括其起源和发展、假设和倾向。 1.2 就选定的民主价值或实践，描述历史和当代的不同立场，并就涉及一种或多种这些价值或实践的具体问题提出自己的立场。 1.3 通过口头或书面叙述，提供参与社区项目的证据，指出遇到的公民问题和从这一经历中获得的个人见解。 1.4 识别一个跨越国家、大陆或文化的经济、环境或公共卫生挑战，提出挑战的证据，并对挑战表明立场。
学士	2.1 解释代表不同文化、经济和地域利益，在一个有争议的公共问题上的不同立场，根据这些利益和来自新闻和学术界的证据评价该问题。 2.2 对某一公共问题陈述立场并证明其合理性，将该立场与公众或政策环境中的其他观点联系起来。

（续上表）

学位层级	公民与全球学习（CG）上的要求
在学士水平，学生	2.3 与他人合作研制并实施解决公民问题的方法，评估该过程的优势和劣势，并在适用的情况下描述结果。 2.4 识别影响国家、大陆或文化的重大问题，通过表格和图提供该挑战的量化证据，并评价非政府组织或政府间合作倡议在解决该问题方面的活动。
在硕士水平，学生	3.1 在考虑到学术研究和出版的或电子发布的立场以及相关利益集团的表述的情况下，评估并提出在研究领域中具有重要意义的公共政策问题的立场。 3.2 向非政府组织提出正式建议，无论是真实的还是假设的，以解决学生认为没有得到充分解决的研究领域中的全球挑战。 3.3 为研究领域中因相互竞争的国家利益而复杂化的问题，提出解决途径。

（6）学校特定的领域（institution-specific areas）：使用 DQP 框架的高校可以使用这个面板来列出和定义他们希望包括的其他学习领域，如宗教、艺术、技术、科学等。

二、如何评估 DQP 学习成果？

1. 特别关注 DQP 中的行为动词

DQP 用"行为动词"描述每个学位层级的熟练程度，这些动词描述了每个层级的学生实际能做什么。这些描述能够指导教师设计作业并为评估奠定基础。DQP 熟练程度（proficiencies）陈述提出了具体的示范，旨在激发每个学位层级学生的表现——考题、研究论文、课堂项目或艺术表演。因此，教师在设计作业以涉及特定的 DQP 熟练程度时，可以从描述熟练程度的一个或多个动词和说明熟练程度的任务开始。然后应该是确定在跨课程和实地学习中，如何预设、提高或测试特定的熟练程度。此步骤将帮助教师恰当地布置作业以确定课程中的学生成就。

2. 精心设计作业提示

DQP 背景下的作业提示应为学生提供有关高质量的回答应该是什么样的详细信息。这意味着教师需要仔细考虑合适答案的具体特征并编写作业提示，以便学生对被问的问题有足够的信息。因此，一个好的作业应当确定：①要做的中心任务；②学生应该如何广泛地着手任务并报告结果；③回答应该多广泛或基于证据。将所有三个要素结合起来会产生类似以下的内容："通过一篇 [长度为 Z] 的书面文章，将 [论点 X] 与 [论点 Y] 进行实质性比较，文章至少举三个例子以说明两个论点的重要区别。"这一基本方法可用于几乎所有研究领域内，将一项或多项 DQP 熟练程度与明确的内容知识相结合来设计作业。例如，与 DQP 学士水平"应用学习、全球学习"能力要求一致的作业为："假设开发了一种新形式的绝对清洁能源，其副作用是地球的自转速度将从每天 24 小时减慢到 26 小时。在转换发生之前，必须提交环境影响声明并进行广泛审查。概述此类声明的章与分章。"

3. 建立 DQP 作业库

为了使用学位资格框架（DQP）推进校园工作，美国国家学习成果评估研究所（NILOA）提供了一个与 DQP 成果相关、高质量、同行评审的在线作业库（assignment library），目的是对学生学习成果进行真实性评估。与主流评估模型是对中等学生表现的抽样不同，DQP 要求所有毕业生都达到所描述的熟练程度。使这种情况发生的最佳场所是作业，即教师在他们教授的课程中定期布置的任务、项目和论文。由于这个原因，DQP 作者强调作业作为学生展示 DQP 中阐明的技能和熟练程度的工具的重要性。DQP 在线作业库的目标和成果包括：①创建一个由教师生成、同行评审的 DQP 熟练程度作业的交互式在线作业库——作业可以随着时间的推移进行审查、使用、调整、评论和改进；②通过构建同行协作和审核网络，围绕这项工作建立专家判断共同体；③开发有助于设计作业的资源——包括模板、指南、现有研究的集合以及与其他作业集合的链接——并使这些资源易于在线访问；④强化 DQP 的评估愿景，即教师主要负责评估学生表现。作业可在网站 www.degreeprofile.org/assignment-library 上获得。这个交互式作业库将基于并进一步刺激已经在进行的机构努力，以对课堂带来积极改变的方式让基层教师参与进来。

在线作业库按照三个维度对作业进行归类：①学科和作业特征，包括艺术与人文、商业、顶峰项目、论文、考试、通识教育、小组项目、健康科学、导论课程、图书馆、在线课程、档案袋（作品集）、演示、反思、顺序/脚手架 ① 作业、社会科学、STEM、VALUE 量规；②学位层级，包括副学士、学士、硕士；③ DQP 专长，包括分析探究、应用与合作学习、广泛而综合的知识、公民和全球学习、沟通技能、考虑不同的观点、道德推理、智力技能、定量技能、专业知识、使用信息资源。教师可根据这些分类查询所需的作业设计。例如，教师若对培养和评估"分析性研究"能力的作业感兴趣，可通过查询 DQP Proficiencies 类别下 Analytic Inquiry 所包含的一组作业，相关作业（Correlation Assignment）就是其中的一种作业。该作业是为发展精神病理学课程设计，计划对以下领域进行评估：解释、应用/分析、假设和沟通。它可用于任何社会科学或科学课程，这些课程要求学生根据有限的文献综述提出一个简单的假设，并使用给定的数据检验该假设。例如，它可以用于社会学、政治学、犯罪学、商业或经济学课程。（研究两变量相关的作业见附录 2-2）

4. 选择或开发适宜的评分量规（rubrics）

如果教师对学生回答质量的判断存在严重不一致，即使是设计最周密的作业，也可能无法支持对 DQP 技能的评估。教师可通过开发"评分量规"来解决这个问题，即根据多个维度追踪学生作业表现的详细评分指南。评分量规（这里的维度只是举例，而非真的只局限于这三个维度）应当表现为作业设计的镜像。例如，如果作业要求"至少用三个例子"回答，则相应的量规将反映这个要求，给确实包含三个例子的回答以满分并给包含例子较少的回答部分的分数。评分量规第二个维度应当使评分者能够根据论证的清晰度和证据支持，对答案中的两个论点的任何论证比较进行评估。评分量规的维度可能提供评估书面论文的组成部分的指标，如是否符合要求的长度、它的分析是否精密和相关、使用的语言是否符合学术话语的标准。可在 AAC&U 的 VALUE（对本科教育学习的有效评估）网页上找到教师开发的学士学位水平上的有效量规的例子。

---

① 脚手架（scaffolding）是指对学习和问题解决的支持。支持可以是线索、提醒、鼓励、将问题分解为步骤、提供例子或其他能让学生作为学习者独立成长的东西。

5. 开发 DQP 作业的条件保障

创设与 DQP 熟练程度一致的作业，需假设教师对教和学的过程有集体所有权，在创作中成长，因为它要求教师比通常情况下更加系统和有意识，需要大量的计划和注意，以确保在整个课程序列中的设计有适当的熟练程度。同时，应仔细编写作业，以引发适当的学生反应类型并评估其充分性。大规模实施这种方法需要高校进行两项策略性投资：其一，为全体教职员提供由内而外审查整个教学过程的机会——从优先考虑学生和他们所学的内容开始。其二，开发可靠且可访问的记录保存系统，用于发布、保存和处理有关学习的数据。该系统的结构以熟练程度为分析单位，而非课程。

三、如何实现 DQP 学习成果？

1. 作业是实现 DQP 学习成果的重要途径

DQP 通过阐明五个学习领域以及与它们相关的熟练程度（无论研究领域如何），为三个高等教育学位提供了架构。然而，学习最常通过研究领域内的课程进行，教师通常根据其领域的标准评估学生的学习成果。因此，无论学习是在正式的学术项目的内部还是外部进行的，DQP 认为熟练程度的验证与学习领域相关。DQP 鼓励各机构定义适合其提供的学位的学习成果，而不管学科如何。调优鼓励不同机构的教师在各自的学科内相互合作，以及与雇主合作，以界定获取该学科学位不同阶段的适合的成果。因此，从更广泛的意义来讲，调优和 DQP 是澄清和评估学生应该知道什么和做什么以便有资格获得通用意义上学位和特定研究领域的学位的相同努力的一部分。特定领域的内容为 DQP 提出的更广泛的熟练程度提供了重要的情境。通过澄清特定研究领域和跨领域的预期学习成果和熟练程度，以及鼓励采用促进主动学习的教学法，调优和 DQP 都要求教师设计能使学生展示其能力和熟练程度的作业。在 DQP 和调优背景下，作业不仅是评估学生能力和熟练程度的重要工具，而且是教学活动的重要组成部分。

2.DQP 倡导整合性学习

DQP 阐明了五个领域的学习成果。其中，智力技能应该在整个教育经历中得到练习，并在专业和广泛的学习、公民和全球学习、应用和合作学习中以及高校特别重视的领域中得到证明。图 2-1 表明如何将 DQP 用于作业设计和评估学生在学位层级上的熟练程度和成就。可以对矩阵进行微调，使其与本校的学位追求更紧密地保持一致。为了完成矩阵，教师应该确定学生在何处以及如何练习关键的智力技能，并参与到应用性学习任务和作业中去。

智力技能	学位层级的专长				
	专业知识	广泛而综合的知识	应用与合作学习	公民与全球学习	学校特定的领域
分析探究					
信息资源使用					
考虑不同的观点					
道德推理					
定量熟练度					
沟通流畅度					
项目特定的智力与实践技能					

图 2-2　DQP 作为整合性学习的提示

第四节　IDEA 界定的本科学习成果、评估方法与教学路径

成立于 1975 年的 IDEA（Individual Development and Educational Assessment，个体发展与教育评估）中心，其学生评教（SRI）系统旨在为提升高校教学质量和学生学习提供建设性反馈。IDEA 调查学生对课堂学习经验的评价，包括学习方法、学习收益、努力程度、学习兴趣等。IDEA 调查确定了 13 项课程学习目标（Dan Li and Stephen L. Benton，etc.，2015），这些目标与 DQP、NSSE、AAC&U 等组织确定的学习成果具有一致性，IDEA 还调查了课程教学策略、教学活动和考核方式，因此，IDEA 的评教问卷（诊断反馈版）实际上整合了学、教、评三个要素。

一、IDEA 如何界定课程学习成果?

虽然高影响力教育实践对实现本科学习成果有重要影响,但是第一课堂的课程学习无疑是实现本科学习成果的主要途径。IDEA 学生评教系统提出的 13 项课程学习目标可视为本科学习成果。这些学习目标与高等教育认证标准〔如美国高等教育委员会(HLC)、新英格兰院校协会(NEASC)等〕,以及专业高等教育组织(如 DQP、AAC&U 等)提出的本科学习成果保持一致。IDEA 学习目标与学习领域、AAC&U、DQP 阐明的学习成果的对应关系见表 2-7 至表 2-9。

表 2-7 将 IDEA 学习目标与认知、情感与心理动作(与心理过程特别是情感相关的运动或肌肉活动)三个领域的学习目标进行了对应,这种对应只能说是粗略的对应,因为从本质上讲,学习是认知、情感和心理动作的综合体,任何一个学习目标的实现都需要三者的密切配合。例如,"提高创新能力"既需要认知领域的创造,也需要情感领域的动机,以及心理动作去执行。因此,表 2-7 中二者的对应关系只能说是粗略、有侧重的对应。

表 2-7 IDEA 学习目标与学习领域的对应

IDEA 学习目标	学习领域		
	认知[①]	情感[②]	心理动作[③]
1. 对本科目的知识有基本的理解(如事实性知识、方法、原理、原则、理论)	×		
2. 增加对不同视角、全球意识或其他文化的知识和理解	×	×	
3. 学会将课程材料应用于提高思维能力、问题解决能力和决策能力	×		
4. 形成与本课程最相关的领域的专业人员所需的特定的技能、能力和视角		×	×
5. 作为团队成员,掌握与他人合作的技能		×	
6. 提高创新能力(如发明、设计、写作、艺术、音乐、戏剧表演等)			×

IDEA 学习目标	学习领域		
	认知	情感	心理动作
7. 获得对智力/文化活动（如音乐、科学、文学等）更广泛的理解和鉴赏力	×	×	
8. 提高口头或书面自我表达的技能	×	×	×
9. 学会如何找到、评价与使用资源以深入探索一个问题	×		
10. 提高道德推理或道德决策能力（即对人类行为的是与非的推理或决策）	×	×	
11. 学会分析与批判性的评价思想、论据和观点	×	×	
12. 学会将知识和技能应用于帮助他人或社会公益	×	×	
13. 学会用适当的方法搜集、分析和解释数字信息	×		

注：
①认知包括：创造、评价、分析、应用、理解、记忆；
②情感包括：价值观、欣赏、动机、态度；
③心理动作包括：技能——根据速度、精确度、程序、技术和完成度来测量。

由表 2-8 可知，AAC&U 学习成果均能找到与 IDEA 学习目标的对应，说明二者具有高度的一致性。表 2-8 最后一列中之所以会出现"不适用"，是因为 IDEA 的学习目标是针对具体课程设置的，除了包括通过特定课程教学而发展出的通用学习成果外，还包括该门课程专门的知识与技能目标。而 AAC&U 主要包括的是通用学习成果，与具体的课程没有必然的、直接的关联，因此，AAC&U 学习成果中没有与 IDEA 学习目标 1 和 4 对应的内容（这两个目标均与特定课程有关）。

表 2-8　AAC&U 学习成果与 IDEA 学习目标的对应

AAC&U 类　别	AAC&U 学习成果	IDEA 目标序号	IDEA 学习目标
个人与社会责任	跨文化知识与能力	2	增加对不同视角、全球意识或其他文化的知识和理解

（续上表）

AAC&U 类　别	AAC&U 学习成果	IDEA 目标序号	IDEA 学习目标
	公民知识与参与 本地与全球 本地与全球	12	学会将知识和技能应用于帮助他人或社会公益
		2	增加对不同视角、全球意识或其他文化的知识和理解
	终身学习的基础 和技能	9	学会如何找到、评价与使用资源以深入探索一个问题
	道德推理与行动	10	提高道德推理或道德决策能力（即对人类行为的是与非的推理或决策）
综合性与应 用性学习	贯穿通识和专业学习 的综合和高级成就	3	学会将课程材料应用于提高思维能力、问题解决能力和决策能力
		6	提高创新能力（如发明、设计、写作、艺术、音乐、戏剧表演等）
人类文化的 知识	对人文学科、历史、 语言和艺术的学习	7	获得对智力/文化活动（如音乐、科学、文学等）更广泛的理解和鉴赏力
智力与实践 技能	团队合作与问题解决	5	作为团队成员，掌握与他人合作的技能
	书面与口头沟通	8	提高口头或书面自我表达的技能
	信息素养	9	学会如何找到、评价与使用资源以深入探索一个问题
智力与实践 技能	探究与分析	9	学会如何找到、评价与使用资源以深入探索一个问题
	探究与分析	11	学会分析与批判性的评价思想、论据和观点
	批判性与创造性 思维	11	学会分析与批判性的评价思想、论据和观点
	定量素养	13	学会用适当的方法搜集、分析和解释数字信息
不适用	不适用	1	对本科目的知识有基本的理解（如事实性知识、方法、原理、原则、理论）
	不适用	4	形成与本课程最相关的领域的专业人员所需的特定的技能、能力和视角

由表 2-9 可知，DQP 学习成果与 IDEA 学习目标有着全方位的、高度一致的对应，甚至包括了专业知识的对应，这是因为 DQP 的学习成果涵盖了专业知识。不难发现，IDEA 对专业知识方面的学习目标界定得更为详细和明确，包括知识理解、技能掌握与创新。

表 2-9 DQP 学习成果与 IDEA 学习目标的对应

DQP 熟练程度类别	DQP 学习成果	IDEA 目标序号	IDEA 学习目标
智力技能	考虑不同的观点	2	增加对不同视角、全球意识或其他文化的知识和理解
	沟通技能	8	提高口头或书面自我表达的技能
	使用信息资源	9	学会如何找到、评价与使用资源以深入探索一个问题
智力技能	道德推理	10	提高道德推理或道德决策能力（即对人类行为的是与非的推理或决策）
	分析探究	11	学会分析与批判性的评价思想、论据和观点
	定量技能	13	学会用适当的方法搜集、分析和解释数字信息
应用与合作学习	应用与合作学习	3	学会将课程材料应用于提高思维能力、问题解决能力和决策能力
	应用与合作学习	5	作为团队成员，掌握与他人合作的技能
广泛与综合的知识	广泛与综合的知识	7	获得对智力/文化活动（如音乐、科学、文学等）更广泛的理解和鉴赏力
公民与全球学习	公民与全球学习	12	学会将知识和技能应用于帮助他人或社会公益
	公民与全球学习	2	增加对不同视角、全球意识或其他文化的知识和理解
专业知识	专业知识	1	对本科目的知识有基本的理解（如事实性知识、方法、原理、原则、理论）
	专业知识	4	形成与本课程最相关的领域的专业人员所需的特定的技能、能力和视角
	专业知识	6	提高创新能力（如发明、设计、写作、艺术、音乐、戏剧表演等）

二、IDEA 如何评估课程学习成果是否实现?

由于每门课程的具体目标各不相同,不可能一门课程实现 13 个 IDEA 学习目标。因此,IDEA 教师信息表要求任课教师确定不超过 3 ~ 5 个该课程的重要或极其重要的目标。课程学习成果是否达成主要通过调查学生在课程重要目标上的进步程度进行判断。(见表 2-10)因为 IDEA 学习目标与 DQP 和 AAC&U 学习成果之间保持高度的一致,而且 IDEA 评教系统针对的是具体课程,测量学生修读具体课程后在每个学习目标上的进步程度,因此 IDEA 评教系统建立了具体课程与本科通用学习目标之间的连接,使得判断特定课程在实现特定学习目标上的贡献成为可能。虽然 IDEA 评教系统的最初目的是评估个别教师的教学有效性,但 IDEA 强调具体的学习目标,这使 IDEA 成为评估专业或课程群(programs or groups of courses)非常有用的工具。在整合跨课程的数据时,问题的重点从"我做得如何以及我可以做些什么来改进?"变为"我们在支持学生学习方面做得如何以及我们可以做些什么来改进?"。

表 2-10 IDEA 评教工具对课程学习目标实现程度的测量

指导语:通过修读本课程,你在以下学习目标上的进步程度如何?

(无明显进步;略微的进步;中等的进步;实质的进步;非凡的进步)

学习目标
1. 对本科目的知识有基本的理解(如事实性知识、方法、原理、原则、理论)
2. 增加对不同视角、全球意识或其他文化的知识和理解
3. 学会将课程材料应用于提高思维能力、问题解决能力和决策能力
4. 形成与本课程最相关的领域的专业人员所需的特定的技能、能力和视角
5. 作为团队成员,掌握与他人合作的技能
6. 提高创新能力(如发明、设计、写作、艺术、音乐、戏剧表演等)
7. 获得对智力/文化活动(如音乐、科学、文学等)更广泛的理解和鉴赏力
8. 提高口头或书面自我表达的技能
9. 学会如何找到、评价与使用资源以深入探索一个问题
10. 提高道德推理或道德决策能力(即对人类行为的是与非的推理或决策)

（续上表）

学习目标
11.学会分析与批判性的评价思想、论据和观点
12.学会将知识和技能应用于帮助他人或社会公益
13.学会用适当的方法搜集、分析和解释数字信息

三、IDEA 倡导什么教学策略？

IDEA 评教问卷识别出 19 种有效的教学策略，学生在 IDEA 评教工具中对他们观察到的教学方法进行评分（见表 2-11）。这些教学方法体现了当今大学教学理念的最佳实践，是实现本科课程学习目标的重要教学路径。IDEA 倡导的 19 项教学策略与教学理念的最佳实践、本科教育良好实践原则、基于大脑的学习原则之间的对应关系见表 2-12 至表 2-14。

表 2-11　IDEA 评教工具对课程教学策略的测量

指导语：在这门课程的教学中，该教师使用以下教学策略的频次如何？

（几乎从不；偶尔；有时；经常；几乎总是）

教学策略
1.帮助学生解答他们自己的问题
2.帮助学生从多种视角解释课程内容（如不同的文化、宗教信仰、性别、政治观点）
3.鼓励学生反思并自我评估他们学到了什么
4.说明课程内容的重要性和意义
5.组建小组以促进学习
6.解释清楚每个主题如何与课程相符
7.为学生的学业表现提供有意义的反馈
8.激励学生付出超过大部分课程所要求的努力
9.鼓励学生使用多种资源（如互联网、图书馆、外部专家等）以加深理解
10.清晰而简明地解释课程材料
11.将课程材料与现实生活联系起来
12.为学生在课外应用课程内容创造机会

（续上表）

教学策略
13. 介绍关于学科的富启发性的观点
14. 让学生参与实践项目，如研究、案例研究，或真实的活动
15. 鼓励学生设定并实现对他们具有真正挑战性的目标
16. 让学生与背景和观点不同的人分享他们的想法和经验
17. 让学生相互帮助以理解观点或概念
18. 布置需要创造性思维的项目、测验或作业
19. 鼓励课外的师生互动（如办公室会见、电话、电子邮件等）

由表 2-12 可知，教学理念的最佳实践包括主动学习、以学习者为中心的学习、协作 / 合作学习、促进批判性思维。其中，主动学习和以学习者为中心的教学在具体的教学策略上几乎完全重叠，说明以学习者为中心的教学的主要目的就是促进主动学习。此外，在 19 项教学策略中有 7 项策略没有找到与教学理念最佳实践的对应，分别是：4、6、7、10、11、13、19。这可能是因为表 2-12 中只列举了主要的教学理念，比较强调主动学习、合作学习、批判性思维培养，而忽视了其他一些有效实践。

表 2-12　教学理念的最佳实践与 IDEA 教学策略的对应

教学理念的最佳实践	策略序号	IDEA 教学策略
主动学习	1	帮助学生解答他们自己的问题
	3	鼓励学生反思并自我评估他们学到了什么
	9	鼓励学生使用多种资源（如互联网、图书馆、外部专家等）以加深理解
	12	为学生在课外应用课程内容创造机会
	14	让学生参与实践项目，例如研究、案例研究，或真实的活动
	18	布置需要创造性思维的项目、测验或作业

（续上表）

教学理念的最佳实践	策略序号	IDEA 教学策略
以学习者为中心的教学	1	帮助学生解答他们自己的问题
	3	鼓励学生反思并自我评估他们学到了什么
	9	鼓励学生使用多种资源（如互联网、图书馆、外部专家等）以加深理解
	12	为学生在课外应用课程内容创造机会
	14	让学生参与实践项目，例如研究、案例研究，或真实的活动
	15	鼓励学生设定并实现对他们具有真正挑战性的目标
	18	布置需要创造性思维的项目、测验或作业
协作 / 合作学习	2	帮助学生从多种视角解释课程内容
协作 / 合作学习	5	组建小组以促进学习
	16	让学生与背景和观点不同的人分享他们的想法和经验
	17	让学生相互帮助以理解观点或概念
促进批判性思维	1	帮助学生解答他们自己的问题
	2	帮助学生从多种视角解释课程内容
	3	鼓励学生反思并自我评估他们学到了什么
	8	激励学生付出超过大部分课程所要求的努力
	12	为学生在课外应用课程内容创造机会
	14	让学生参与实践项目，例如研究、案例研究，或真实的活动
	18	布置需要创造性思维的项目、测验或作业

表 2-13 列出了本科教育良好实践的 7 项原则，除了强调主动学习、合作学习的原则之外，其他原则还强调：师生联系、及时的反馈、传达高期望、尊重不同的才能和学习方式。有一项原则"强调学习时间"所对应的教学策略，因其对学生在任何学习目标上的进步不具预测力，而被后续的 IDEA 问卷删除。此外，

有6项教学策略没有找到与7项原则的对应，分别是：4、6、8、10、11、13，这些策略多与课程的直接教学有关。

表2-13 本科教育良好实践原则与IDEA教学策略的对应

本科教育良好实践原则	策略序号	IDEA教学策略
1.鼓励学生和教师之间的联系	19	鼓励课外的师生互动
2.培养学生之间的互惠与合作	2	帮助学生从多种视角解释课程内容
	5	组建小组以促进学习
	16	让学生与背景和观点不同的人分享他们的想法和经验
2.培养学生之间的互惠与合作	17	让学生相互帮助以理解观点或概念
3.鼓励主动学习	1	帮助学生解答他们自己的问题
	3	鼓励学生反思并自我评估他们学到了什么
	9	鼓励学生使用多种资源（如互联网、图书馆、外部专家等）以加深理解
	12	为学生在课外应用课程内容创造机会
	14	让学生参与实践项目，例如研究，案例研究，或真实的活动
	18	布置需要创造性思维的项目、测验或作业
4.给予及时的反馈	7	为学生的学业表现提供有意义的反馈
5.强调学习时间		*
6.传达高期望	15	鼓励学生设定并实现对他们具有真正挑战性的目标
7.尊重不同的才能和学习方式	1	帮助学生解答他们自己的问题
	3	鼓励学生反思并自我评估他们学到了什么
	9	鼓励学生使用多种资源（如互联网、图书馆、外部专家等）以加深理解

＊以前的版本包括题目"以鼓励学生保持在工作状态的方式安排课程作业（课堂活动、测试、项目）"，后因该策略不能有效预测学生在任何一项学习目标上的进步而被删除。

从表2-14可以观察到绝大部分教学策略都与基于大脑的学习原则相一致。19项教学策略中仅有4项策略，分别是1、5、8、18没有归类到基于大脑的学习原则中。总体而言，IDEA提出的19项教学策略与教学理念的最佳实践、本科教育良好实践原则，以及基于大脑的学习原则均保持了较好的一致性。

表2-14　基于大脑的学习原则与IDEA教学策略的对应

基于大脑的学习原则	策略序号	IDEA教学策略
学习就是建立联系	6	解释清楚每个主题如何与课程相符
	2	帮助学生从多种视角解释课程内容（如不同的文化、宗教信仰、性别、政治观点）
	11	将课程材料与现实生活联系起来
	16	让学生与背景和观点不同的人分享他们的想法和经验
经常的复习能增加提取路径	3	鼓励学生反思并自我评估他们学到了什么
	7	为学生的学业表现提供有意义的反馈
重复的原则："不使用它就失去它"	9	鼓励学生使用多种资源（如互联网、图书馆、外部专家等）以加深理解
	12	为学生在课外应用课程内容创造机会
	14	让学生参与实践项目，例如研究、案例研究，或真实的活动
	17	让学生相互帮助以理解观点或概念
积极的情绪氛围能刺激大脑	2	帮助学生从多种视角解释课程内容
	15	鼓励学生设定并实现对他们具有真正挑战性的目标
	16	让学生与背景和观点不同的人分享他们的想法和经验
	17	让学生相互帮助以理解观点或概念
	19	鼓励课外的师生互动

（续上表）

基于大脑的学习原则	策略序号	IDEA 教学策略
主动、真实的学习经历能激活多个大脑系统	12	为学生在课外应用课程内容创造机会
	14	让学生参与实践项目，例如研究、案例研究，或真实的活动
身体运动可能有助于思考和记忆	14	让学生参与实践项目，例如研究、案例研究，或真实的活动
缺乏清晰度会造成压力，从而抑制学习	10	清晰而简明的解释课程材料
	6	解释清楚每个主题如何与课程相符
与学生建立个人联系可以创造积极的情绪，从而促进学习	19	鼓励课外的师生互动（如办公室会见、电话、电子邮件等）
大脑在它遇到的感觉海洋中寻找意义	6	解释清楚每个主题如何与课程相符
	4	说明课程内容的重要性和意义
	2	帮助学生从多种视角解释课程内容
当信息组织良好时，就更容易记忆	6	解释清楚每个主题如何与课程相符
	4	说明课程内容的重要性和意义
	10	清晰而简明的解释课程材料
大脑需要了解"全局"	6	解释清楚每个主题如何与课程相符
		确定相关的学习目标有助于创建"全局"*
一起被激活的神经元连接在一起	13	介绍关于学科的富启发性的观点
	14	让学生参与实践项目，例如研究、案例研究，或真实的活动

* 2016 年版 IDEA 学生问卷中无此题。

本章小结

本章主要探讨了如何在学校层面实现学教评一致性。为此，需要回答三个问题：本科教育的重要学习成果是什么？如何测评学习成果是否达成？如何设计教学活动或策略以实现本科学习成果？在简要回顾儒家的大学教育理想、夸美纽斯的教学原则以及泰勒的课程与教学的基本原理之后，主要介绍了AAC&U、NSSE、DQP 和 IDEA 界定的本科学习成果、评估方法与实现路径。其中，AAC&U 通过广泛的调查提出了本科教学重要学习成果，开发了对本科学习的评估量规，提出了实现学习成果的高影响力教学实践和卓越教学的原则。NSSE 主要从本科生学习投入的视角提出了本科教学学习成果指标，NSSE 采用自我报告问卷调查学生在这些指标上的收益或行为表现，NSSE 提出了促进学习成果实现的 6 项高影响力教育实践。DQP 明确了副学士、学士和硕士学位层级所需的学习成果，主要采用作业和评分量规测评学习成果是否达成，强调整合性学习和作业是实现学习成果的主要途径。IDEA 评教系统提出了 13 项本科课程学习目标（成果），这些目标与 AAC&U、DQP、NSSE 等专业组织提出的学习成果框架均有很好的对应。IDEA 通过学生自评在学习目标上的进步程度来判断课程学习目标是否实现，它提出了实现学习目标的 19 项教学策略，这些策略与最佳教学实践和学习原则具有高度一致性，提供了实现学习目标的路径。

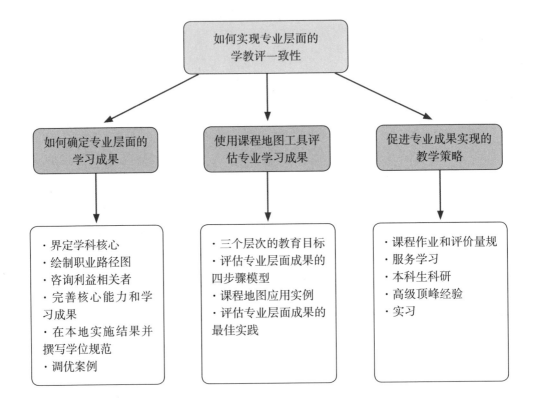

第三章

如何实现专业层面的学教评一致性？

第一节　如何确定专业层面的学习成果？

本书第二章介绍了学位资格框架（DQP），阐述了各专业通用的学校层面的学习成果要求。DQP识别出3个学位层级（副学士、学士或硕士）在5个领域（专业知识、广泛而综合的知识、智力技能、应用与合作学习、公民与全球学习）上对熟练程度（proficiencies）的不同要求。虽然DQP刻画了不同学位层级对熟练程度的一般要求，然而，学习最常发生在专业（研究领域）内的课程，教师通常根据其领域的标准评估学生的学习成果。因此，DQP认为熟练程度的验证将与学习领域相关。不管学科如何，DQP鼓励各机构界定适合其提供的学位的学习成果，DQP倡导采用调优（Tuning）过程来完成。欧洲的Tuning项目选择"Tuning"这个名称是为了反映这样一种理念，即大学不寻求其学位课程的整齐划一，或任何形式的标准的、指定的或不可更改的欧洲课程，而只是寻求参考点（points of reference）、趋同点和共识。Tuning项目绝不试图限制学术和学科专家的独立性，或破坏地方和国家学术权威。由此来看，Tuning是一个寻求对各专业的学位学习成果达成共识的过程，可翻译为"调谐""调优"或"协调一致"，因为中欧Tuning联合项目的成果《优化教学过程的理论与探索》将Tuning翻译为"调优"，所以本书采用这个翻译。

调优是一个教师驱动的过程，目的是让学生、教师、家庭、雇主和其他利益相关者明白，在完成特定的学科或专业项目后，学生知道、理解和能做什么。从更广泛的意义来讲，调优和 DQP 是澄清和评估学生应该知道什么和做什么以便有资格获得通用意义上的学位和特定研究领域（专业）的学位的相同努力的一部分。特定领域的内容为 DQP 提出的更广泛的熟练程度提供了重要的情境。调优将学术共同体团结在一起，这是接受和更好地表达 DQP 所需的。反过来，DQP 为研究领域提供了定向点（orientation points）。正如很难想象没有应用学习的化学、音乐或护理项目一样，我们不应批准一个漠视公民学习的商业、历史或土木工程项目。不同学科的调优和 DQP 联系的重点和权重可能不同，但它们都应该存在。

调优的核心包括五个独立的过程，每个过程都有自己的组成要素，工作小组通过这些要素确定在特定学科中获得特定学位的学生知道什么、理解什么和能做什么。该序列作为一种灵活的、可重组的、相互促进的方法，描述毕业生在从一个学位过渡到另一个学位或从教育过渡到劳动力时所具备的学习成果。这五个主要过程是：①界定学科核心；②绘制职业路径图；③咨询利益相关者；④完善核心能力和学习成果；⑤在本地实施调优并撰写学位规范（IEBC，2012）。

图 3-1 代表了典型的调优倡议的基本模型，该模型以界定学科核心来启动工作，其假设是在召集教师专家时，他们最初的共同点将构成学科的基本学习。在工作组规划职业路径时，界定学科核心有助于激发灵感。定义学科核心可以为向其他利益相关者提出问题的过程提供信息，而这些问题反过来又会为修订提供信息。修订后的学科核心将成为本地实施的基础，各系根据自身的特殊情况和背景，以独特的方式将文档内化。基本模型的五个过程中的每一个都可以以不同的方式重复，以实现最符合院系的目的。工作小组可以考虑将界定核心、绘制职业路径或咨询利益相关者作为可能的起点。

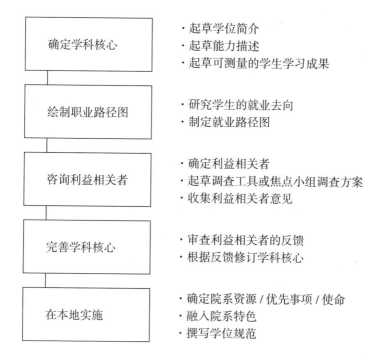

确定学科核心	·起草学位简介 ·起草能力描述 ·起草可测量的学生学习成果
绘制职业路径图	·研究学生的就业去向 ·制定就业路径图
咨询利益相关者	·确定利益相关者 ·起草调查工具或焦点小组调查方案 ·收集利益相关者意见
完善学科核心	·审查利益相关者的反馈 ·根据反馈修订学科核心
在本地实施	·确定院系资源 / 优先事项 / 使命 ·融入院系特色 ·撰写学位规范

图 3-1　调优倡议的基本模型

附录 3-1 中的图描述了开展调优工作的基本模型及其变式。此外，工作组也可以同时参与多个过程。理想情况下，咨询利益相关者将是一个持续的活动，工作组成员同时与本系同事保持持续的交流。同样，当工作组合作界定学科核心时，职业路径数据可以由单独的工作组成员收集。然而，这些过程的确切结构取决于参与调优的院系的特定需求。这个基本模型（及其任何变式）可以作为调优指南。教师可能会发现各种不同的策略来增强这个过程，这些策略可能没有被明确地确定为上述五个过程的一部分，但调优适应此类探索。

在理想情况下，调优过程会产生三种不同类型的文件，可以在各种情境下使用，以阐明和解释给定学科的性质、获得学位的期望、学位持有者的就业方向，以及该学科在特定的学习计划中的独特表现。调优产生的文件包括：

（1）学科核心：描述学科的性质和核心概念，确定不同学位水平上构成学科的学习，说明学生如何展示他们的学习；

（2）职业路径图：描述学科学习计划可能支持的就业方向的文件，可以为咨询利益相关者的过程提供信息；

（3）学位规范：描述学科在特定学习计划（专业）中的特定表现。

欧洲从 2000 年开始实施调优，2005 年调优传到拉丁美洲，2009 年传到美国，2012 年中国与欧盟启动了调优 EU-China 项目，在三个学科领域（工商管理、土木工程、比较教育）开展了调优试点工作。调优迄今在欧洲已实施超过 20 年，产生了与三十多个学科和专业领域有关的文件，可从 Tuning Europe 网站（http://www.unideusto.org/tuningeu/）下载。此外，院系还可从 Tuning Academy 网站（http://tuningacademy.org/reference-points）找到相关学科参考点[①] 文件。这些文件可作为定义学科核心的起点或灵感。

以下按照调优涉及的五个主要过程以及调优产生的三类重要文件，说明如何使用调优过程（基本模型及其变式见附录 3-1）确定专业学习成果（IEBC，2012）。

一、界定学科核心

界定一门学科的核心（discipline core）即是阐明构成该领域每个学位级别的实质性学习的知识和能力体系。这一过程涉及四种类型的描述信息。前两种是学科概况和学科介绍中涉及的核心概念模板。后两种共同发挥作用：一组界定每个学位级别能力的能力说明，以及包含在众多能力下的学习成果说明。这两者都源自核心概念。

1. 学科概况（Discipline Profile）

对该领域的总体描述、其重点领域，以及这些领域的方法范围，即传统的子领域（如计量史学、社会心理学）和新兴的子领域（如并行编程）。它将学生的学习置于情境之中。

在调优工作小组内讨论学科或专业的本质，可以确保存在共同的理解。通常，这些讨论使该领域专家所主张的想法和理想变得明确。工作小组可以考虑以

---

① 参考点指对特定学科所需能力和学习成果的共识，包括通用能力和学科特定能力。

下几类问题：

（1）学科领域：该学科的重点是什么？该学科解决哪些问题？

（2）从事该学科："做"这门学科都需要什么？该学科使用什么方法？

（3）学科教学：该学科的哪些部分是在教育的早期阶段开设的？学科的哪些部分是在教育的晚期阶段开设的？

（4）使用学科训练：如何以及在什么情况下（职业的、公立的、私营的等）使用该学科？该学科的培训使个人能够做什么？

这些问题鼓励人们考虑特定学科或专业领域近年来是如何变化的，这种变化是学科或领域适应技术、政治和经济变革而导致的内部发展的结果。学生能够极大地从对学科性质的明确陈述中受益，因为这可以帮助他们理解他们学习过程的轨迹，向雇主解释他们为职业带来的知识、技能和想法，并回答家长的提问："你能用所学学科做什么？"为此，学科概况包含在学位说明中，作为有关特定机构提供的学位项目的背景信息。

2. 核心概念模板（Core Concepts Template）

与学科概况（含学科目的、结构、子领域、演变和应用）中的一般陈述不同，核心概念是具体而重要的知识和技能，如果没有这些知识和技能，该学科将不能称为其概况所描述的学科。这些核心概念先于能力和学习成果。教师们会说："这是一个研究领域，没有它，这个领域就不是我们要讨论的领域。"例如，传递现象（针对化学工程）、灌溉设计（针对农业）或小型合奏表演（音乐）。参考点模板（reference point template）的构建和共识是调优序列中的阶段，在此阶段，教师就他们领域中的核心概念及其变式达成协议。它可以从对一个列表的头脑风暴开始，然后工作组成员对列表进行权衡和评估。在这一阶段，与同事、专业人士和学术团体、应届毕业生和该领域的雇主进行外部咨询被证明是有帮助的：

（1）对同事、专业人士和学术团体来说，在学科方面，毕业生应该知道、理解和能做什么？

（2）对应届毕业生来说，就学科而言，你认为毕业后在你的工作或学术生活中，什么是最重要和最有用的？

（3）对雇主来说，在学科方面，你希望毕业生知道、理解和能做什么？

来自不同群体的意见可能会发生冲突。调优工作小组的解决方式是对这些重要的技能和知识进行分类，确定优先顺序，并生成一个完整的模板。

3. 能力（Competencies）

能力是掌握程度的基准（掌握程度的范围是从新手到专家），学习成果是分离的行为，它们共同表明已经达到了基准。两者都可以是针对学科的或是通用的。调优从具体学科开始。以音乐学科为例，能力类别——全部来自该学科的参考点模板——将包括：

（1）综合的音乐技巧分析（应用音乐形式和结构的知识）；

（2）流利掌握历史文学和剧目文献；

（3）表演技术娴熟；

（4）创作原创或衍生作品；

（5）书面和电子乐谱的开发和使用。

当然，还有其他能力类别。这些都是学习成果的领域。在每一类能力之下，调优过程最终描述了一种或多种能够证明能力的学生行为。这些描述就是学习成果。例如，在"音乐技巧分析"下，可能包括"准确的听写"的学习成果。在历史和剧目文献中，一个学习成果可能包括关于音乐信息来源知识，另一个学习成果是关于整合文化背景以解释音乐形式的差异。学习成果还可能是全音作曲或即兴演奏。这些学习成果与能力领域本身一样，是针对特定学科的。

4. 学习成果陈述（Learning Outcome Statements）

如果说能力是以教师为中心的对构成学科或专业领域的复杂知识领域的陈述，那么学习成果就是以学生为中心的陈述，以可评估的方式明确说明学生应该能够做什么以证明他或她已经实现了能力陈述中描述的学习。学生和教师从使用主动动词和明确性程度的学习成果中受益。学习成果陈述告诉学生期望什么，并使教师能够开发最有效的工具来评估学生在独特课程上的成功。但请谨记，调优界定的是项目水平上的成果，比课程上平上的成果更具概括性。一个好的学习成果陈述应符合 SMART 原则：

（1）以学生为中心（Student-Centered）：陈述应让学生清楚他们需要知道什么或做什么才能成功获得学位。虽然能力陈述似乎清楚地说明了我们希望学生学习什么，但它们通常综合了各种知识和技能要素，因此有必要将能力陈述转化为更为具体的领域或知识项目。

（2）可测量的（Measurable）：陈述应有助于明确评估方式。如果学习成果陈述撰写良好，那么很容易想象一种评估方法。此处的可评估是指广泛的方法，包括形成性和总结性，教师用来测量学生的学习，范围从正式的考试和论文到非正式的课堂活动。

（3）行动导向的（Action-Oriented）：陈述应使用强动词（strong verbs）。强动词有助于学生理解在学习过程中对他们的期望，因为强动词告诉学生他们应该能够利用构成学科核心的知识和技能来做什么。布卢姆的分类学提供了描述了对学习内容参与程度不同的动词。但是请注意，分类学中难度不断增加的"台阶"并不对应于不断升高的学位层级。学生每年都要学习分类法的各个层次，当学生从一个学位发展到下一个更高的学位，他们所学的材料就更加复杂。

（4）结果导向的（Results-Driven）：陈述应针对学生学习过程的最终结果或完成学位时的成果。调优努力为学生界定作为学习的结果他们应该能够做什么，因此学习成果陈述应当确认这些收益。

（5）针对特定学位水平（Tailored to Specific Degree Levels）：应根据成果是否适合副学士、学士或硕士学位水平来调整陈述。教师对副学士毕业生的期望并不像对学士或硕士毕业生的期望那么复杂。Lumina Foundation 的学位资格框架作为有用的资源，提供了按照学位层级提高期望的范例。

使用布卢姆分类法的注意事项。如图 3-2 所示，布卢姆的分类法描述了一系列复杂程度不断增加的学习活动，但不应将其视为学生如何在每个学位层级上证明学习的地图。各层次的学生，从幼儿到博士生，都参与到布卢姆分类法的每个水平的学习。正如简单的学习对象（如创作一幅拼贴画以传达家庭意味着什么）可以使布卢姆分类法中较高水平的活动没有那么复杂，复杂的学习内容（如理解弦理论）可以使布卢姆分类表中较低水平的活动更具挑战性。按照学位层级编写有效的学习成果，需要认识到认知活动和学习内容的复杂性。

创造（学生创造新产品或提出新观点）：
组装、编曲、构造、创造、设计、开发、制定、设法、计划、预测、提议、写作

评价（学生为立场辩护）：
评价、评论、争论、选择、辩护、评定、判断、评分、挑选、支持、分等、估价

分析（学生对不同的部分进行区分）：
评价、归类、分类、比较、对比、评论、辩论、图示、辨别、区分、分辨、检查、实验、提问、解决、测试

应用（学生能以新方式或在新情境中使用信息）：
应用、选择、演示、改编成剧本、使用、说明、解释、操作、练习、安排、展示、画图、解决、运用、写作

理解（学生能解释观点或概念）：
分类、描述、讨论、解释、表达、确认、定位、识别、报告、审查、重述、选择、讲述、转换、释义、总结

记忆（学生能回忆信息）：
界定、描绘、重现、标记、列出、记忆、命名、回忆、记录、叙述、重复、再现、列举、陈述

图 3-2　布卢姆分类法中的行为动词

虽然调优从具体学科开始，但是调优过程不可避免地与通用的学位资格相关联，无论从哪里开始以及在调优过程的哪一点，都会出现区分挑战和能力水平的问题。例如，对于护理专业学生了解并使用《医师手册》（PDR）的程度，副学士水平和学士水平肯定会有所不同。这种差异需要"逐步提高"精通程度和／或增加应用的复杂性（可参阅布卢姆分类表）。再如，在副学士水平，化学在很大程度上（尽管不是唯一）只在学科自身范围内考虑，而学士学位水平的能力则极为依赖将化学和其他至少一个领域的知识进行整合。对于分析性探究和定量技能，这两者都属于学位资格框架（DQP）的智力技能，但是学士学位水平要求的挑战程度要高于副学士学位水平。

二、绘制就业路径图

绘制就业路径图是为了确定正在调优的学科或专业领域面向毕业生的各种职业。绘制就业路径图为特定学科的毕业生提供了清晰的就业前景。有了这幅图，就可以在学生选择专业和完成学位时，为他们提供更有效的建议和职业规划。由此产生的职业地图能帮助学生做出选择并为未来制订计划。图3-3提供了一个就业路径图的例子，它是由美国德克萨斯调优计划中的一个土木工程小组制作的。它为学生提供了一个简单的图，显示通过攻读学位可从事的各种职业道路。学科小组不一定要制作这样的图，但这样的图对学生考虑自己的未来很有帮助。与咨询委员会、职业中心、校友会、专业协会和国家教育到劳动力数据系统协商可以提供关于职业道路的有价值的见解。将研究生项目纳入就业力的考虑范围也很重要。虽然研究生项目在技术上并不是雇主，但是它们的确经常是学生职业道路上的"下一步"。作为调优过程的一部分，最好将绘制就业路径图视为一个平行的过程，它可以为调优工作小组确定需要咨询的利益相关者名单提供信息。

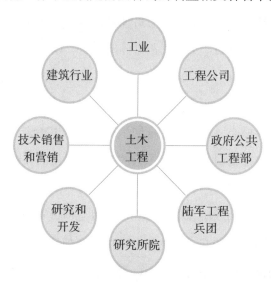

图3-3 来自德克萨斯土木工程调优小组的就业路径图

三、咨询利益相关者

理想情况下，咨询是调优中一项持续的、反复的活动。咨询不需要总是与利益相关者进行大规模的正式接触。向同事、院系主任、院长、教务长和／或省级办公室提供简单的更新信息，对维持一个支持调优倡议的环境大有帮助。参加调优工作小组的教师还可以在走廊与同事聊天，或在系会议上向同事咨询最新信息。他们可以通过在课前或课后提问来"咨询"学生。事实上，这种非正式咨询的频率，特别是与本院系的同事，是个别机构调优效果的预测指标。但是，并非所有利益相关者都能参与这种定期的磋商。校友和潜在雇主需要工作小组更系统的努力。将这些群体作为利益相关者进行咨询的理由是承认高等教育有多种目的。除了知识的生产和保存之外，高等教育还需考虑其公民使命，并重视对学生和其家庭而言重要的就业前景。

采用何种方式咨询？除了使用邮寄和电子调查问卷，还可以尝试使用焦点小组法，因为该方法能得到更深入、更实质的反馈和扩展的反应的机会。无论咨询的方法和时机是什么，调优工作小组都应设计一致的调查方案。在考虑被调优的学科或专业领域时，哪些信息会对工作组有帮助？这个问题的开放性表明咨询可以提供巨大的可能性。每个利益相关者群体都能就如下主题提供独特的见解，包括学科、毕业后学科的应用、不同利益群体的看法，以及未来成功所需的能力。

（1）同事。本院系的同事和调优工作小组没有代表的院系的同事，能够帮助确定学科或专业领域的重要能力，以及学位水平应该实现的具体学习成果。此外，一旦起草了学科核心，就可以征求同事的意见，以审查学科核心。这是获得大量教学人员认可并采纳调优核心工作组的结论和建议的关键。

（2）学生和校友。学生可以提供有价值的见解，包括如何看待该学科、主修特定学科或专业领域的动机、期望的职业，以及与该专业相关的学科。无论是否完成从教育到劳动力的转变，校友都可以提供深刻的见解，包括反思他们的教育经历和毕业后获得学位的经历。

（3）学生支持人员。每个校园都有学术顾问、职业顾问和研究生主任，他们致力于为学生提供建议，帮助他们完成学业和走好下一步，无论下一步是继续教育还是就业。通常，校园工作人员对招聘趋势、对毕业生进入劳动力市场的期望、对研究生项目的入学要求，以及其他可能影响学生进一步成功的因素，都有敏锐的意识。

（4）潜在雇主。雇主是指那些与高等教育机构定期互动的企业、政府和组织人员，他们的互动具有特定的学科重点。在大多数情况下，当使用"雇主"一词时，我们不是在谈论人力资源开发人员。一个交响乐团的音乐管理者出席大学音乐会和教师研讨会，并参与行业状况的小组讨论，这是一个可咨询的潜在雇主很好的例子。某材料工程实验室负责研究的副总裁，他为学院提供设备，并与学生讨论他们的创作以满足客户的需求，这是另一个潜在雇主的例子。

四、完善学科核心

调优过程的基本结果是对以下内容达成共识：①某领域的概况；②该领域最重要的概念和技能；③该领域的主要能力和学习成果列表。要达成这样一份共识声明，需要进行研究、收集、汇聚和起草，然后将报告全文提供给上述咨询小组，以及专业认证机构（如果适用）、学术团体、行业协会和相关学科的教师。欧洲化学"主题网络"的经验是一个特别值得借鉴的例子，在经过9年的调优工作后，化学工程师和化学技术专家在行业协会的支持下也加入了该网络。起初的调优报告变成了跨国学位规范，外部资源也促使其重新考虑学科核心。

在某些情况下，工作组推迟使用专业标准文件或认证标准，直到他们得到自己对学科核心的理解。有了草案后，这些小组将他们的学科概况、核心概念、能力和学习成果与专业标准或认证标准进行比较，并最终综合起来。对共识声明及补充文件的审核，特别是与没有参加学科调优工作组的机构的教师一起审核，也可以产生宝贵的意见，根据这些意见来修改所有组成部分——概况、参考点模板、能力和学习成果说明。寻求和回应这些意见也向同事表明，这个过程是开放和包容的。

五、在本地实施调优并撰写学位规范

在调优工作小组完成他们的学科核心工作后，院系里的教师采用类似的方法，在他们自己独特的课程中有意地对学科核心进行特殊的表达。调优小组和院系里教师实施工作背后的基本理念是，教师努力通过对话或探索，明确他们共同认为对特定机构的学科或专业领域内每个学位级别的学生学习至关重要的内容。这种描述在下述的"学位规格"中得到体现。在实施过程中需要牢记的是，每个院系都有自己独特的情况，这将影响到过程及其结果。（见图3-4）需要承认这种独特性，即"基于多样性和自主性调优教育结构和方案"。在地方层面应用调优结果充分体现了对"多样性和自主性"的尊重。

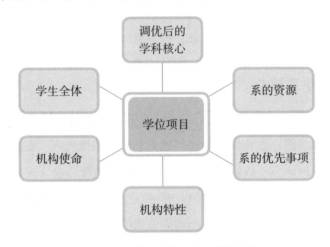

图 3-4　影响在本地实施调优的因素

需要注意的是，因为调优工作是确保任何完成特定学位的学生都具有相同的核心学习，所以将调优工作小组开发的能力和学习成果纳入本地工作非常重要。调优还力求机构的独特性和自主性。如果一个院系认为在学科核心之外还有其他重要的能力或学习成果，这些也应该包括在内。每个机构都有自己独特的因素，影响其提供的特定学习项目。如图3-4所示，调优后的学科核心只是因素之一。院系的资源，如师资力量、实验室空间、技术，甚至图书馆馆藏，都会影响机构的调优核心。同样，院系或更大机构确定的优先事项，如公民参与或服务学习、协作学习经验，或跨学科的方法，必然影响对调优的学科核心的具体表达。机构使命和学生群体也发挥着作用。

1.院系层面实施调优的方式

在调优的本地实施中，某系的教师将获得最终目标（调优后的学科核心），澄清或建立必要的结构，使学生达到其所代表的结果，该结构受上述各种独特特征的影响。例如，美国犹他州立大学的历史系开始围绕他们的高级顶点课程进行对话，努力为该课确定适当的成果，然后根据这些成果确定需要如何修订课程以使学生能达成这些成果。任何院系的特定讨论的形式都可能从类似的地方开始，但也不必然。同样，院系的具体情况将决定他们谈话的确切性质。如果一个院系不清楚从哪里开始，以下是一些可以考虑的起点：

（1）熟悉调优的目的。该院系可能需要熟悉调优后的学科核心。这个基础使该院系能够在共同理解的基础上集体工作。这种熟悉感的方式可能从简单的电子邮件通信到院系会议上的报告，再到教师论坛上对文件的讨论。

（2）确定课程体系中的能力和成果。由于调优后的学科核心陈述了被认为是学科或专业领域的共同定义，因此，大多数（如果不是全部）能力和／或学习成果将以某种形式出现在现有课程中。院系可能会发现检查其提供的课程以准确确定它们如何处理核心能力和成果很有用。例如，每项能力在何处被处理以及每个成果在何处被评估？该院系教师还可以确定其认为重要的更多的能力和／或成果，这样做有助于加强该项目的独特性。

（3）确定成果／能力水平。因为学生在大学第二年结束时知道和能做的事情与学生在第四年后知道和能做的事情不同，调优小组为各种能力中的成果指定了不同的级别。因此，各院系可能会研究现有课程如何通过将能力和学习成果匹配到大学课程计划中的课程来解决能力和成果的不同级别。实际上，这种对话可以检查大学课程计划中第二年的课程作业期望与第三年或第四年的课程作业的期望有什么不同。

（4）课程创新。该系的教师可能希望探索整合能力和／或成果的新方式。

可能做出的改变包括课程顺序、课程要求或作业类型。此外，可以考虑如何使专业和通识教育计划更有效地协同工作。光明基金会的学位资格框架（DQP）可以成为建立这些联系的宝贵资源。

（5）改善与学生的沟通。如果调优的好处之一是它向学生阐明他们所学内容的方式，那么院系可能希望讨论帮助学生获得这些信息以及阐明他们所知道的内容的方法。院系教师可以制订计划，让学生熟悉调优后的学科核心和学习路径，无论是通过课程改进还是改变现有的院系—学生沟通结构。

2. 撰写学位规范

学位规范（the Degree Specification）确定了调优后的学科核心在每个机构中的独特表现。但是，由于调优旨在界定核心概念而非使教育标准化，因此学位规范就是明确个性的地方。学位规范的格式在某种程度上是标准化的，但里面的内容应该是独特的。如果有十个不同的学士学位机构参与一个调优工作小组，那么就应当产生十个独特的学士水平的学位规范。学位规范要具有学位项目的五个特征：①目的，即关于学位方向总体目的的概括性说明；②特点，即对学位项目的描述，如同它在特定机构中的独特表达；③职业路径，即学科职业路径总结；④教育风格，即特定项目如何提供课程的描述；⑤项目能力和成果，即项目预期的能力和成果列表。（见图 3-5）

学位规范的主要受众是学生，因此它应该为学生提供所需的信息，让他们了解学位的总体情况、院系对学位的具体做法，以及对攻读学位者的期望。有了学位规范，毕业生也就能够阐明他们所知道、理解和可以做的事情。这使得潜在雇主成为次要受众。他们可受益于清楚了解学生作为潜在员工带给他们的知识和技能。一个写得好的学位规范可以使学生做出明智的专业选择，理解学位要求，了解他们的教育如何为他们的公民生活做好准备，并向潜在雇主交流他们知道、理解和可以做的事情。一个写得好的学位规范应该要做到让人几分钟即可读完，提供对特定学位的清晰的印象，以及必要时提供一些详细的信息。

机构名称和院系学位名称：_____	
目　的	该部分可用于提供与特定学位水平相关的系的理念的简明陈述，该部分可以从关于学位的性质和目的的更概括性说明开始。
特　点	该部分可以突出学位方向的特色，包括学科和特色学科领域、一般重点和特殊重点等。
职业路径	该部分确定学位项目毕业生的可能去向。
教育风格	该部分确定该院系的特定学习/教学方法，如讲座、小型探讨会和实验室，并描述该系使用的评估方法，如论述性测试、分析性论文、最终研究项目和综合考试。
项目能力和成果	该部分列出了由调优工作小组开发的按能力领域组织的项目水平的学习成果。除了由调优工作小组开发的能力外，它还应包括追加的能力及其相关的学习成果。

图 3-5　学位规范模板

六、调优案例

1. 调优—欧洲心理学学位项目的参考点

调优方法是基于对能力和学习成果的共识，为学位共同课程（common curricula）开发参考点（reference points），参考点包括通用能力和学科特定能力。调优追求"具有最大灵活性的一致"（harmonization with maximum flexibility），即不同大学的学位课程既与参考点兼容，但又不必和参考点完全相同。调优于2000年在欧洲推出，为高等教育机构和学科领域实施博洛尼亚进程提供了一种具体而动态的方法，调优与联合质量倡议（JQI）共同成为欧洲资格框架（EQF）的基石。EuroPsy（欧洲心理学证书）项目（1998-2009）的目标是为心理学从业者在基本水平上独立执业提供所需的标准，绘制教育和培训图，为欧洲心理学家的专业和职业培训发展更大的融合。因此，从一开始，EuroPsy既是大学培训项目，也是职业/专业培训项目。因为调优（Tuning）过程和EuroPsy项目存在很强的趋同性（convergence），体现在对能力的理解、对ECTS（获得能力所需的时间投入）的共识、强调终身学习、重视参考点，所以，调优—欧洲心理学项目（Tuning-EuroPsy）参考文档（详见附录3-2）是利用EuroPsy项目团队的经验及报告而开发的，主要包括五个部分：①心理学学科领域介绍；②毕业生就业路径；③能力；④学习成果；⑤教学、学习和评估方法。虽然该案例是心理学学位，但是其他学科学位在制订学位规范时亦可参考。

2. 中欧调优联合研究

2012年，中国教育部与欧共体联合启动了中欧调优联合研究（Tuning EU-China Study），该项目旨在：①加强欧盟和中国教育体系的兼容性（compatibility）；②加强基于结果的教育；③克服流动障碍；④建立公认的质量标准；⑤开发相互承认的工具。在具体实施时，项目选择了三个学科，分别是工商管理、土木工程和比较教育（窦现金，2014）。项目的重要任务之一是开发适合中国高等教育的通用能力和学科特定能力列表。这些清单由学科组准备，并与学科相关同事进行了讨论。根据调优方法，四个利益相关群体，即学者、毕业生、在校学生和雇主，对通用能力和学科特定能力与中国背景下相应学术领域的相关性进行了评估。在这个框架中，三个学科领域小组商定了一个包含33项通用能力的共同清单。此外，每个小组都制定了自己学科的特定能力清单。这些列表被转换成问卷，要求被咨询者根据自己的经验，对列出的每项能力在该专业工作中的重要性以及相应的大学学位在能力培养上的成就水平进行4点评分（见附录3-3，其他学科在设计咨询问卷时亦可参考）。作为一种控制机制，受访者还被要求对五个最重要的能力进行排名，包括通用能力和学科特定能力。通过分析能力重要性和培养成效评分，以及二者评分之间的差距，就能为完善学科核心和制订行动战略提供依据。

第二节　如何评估专业层面的学习成果？

上节介绍了如何使用调优过程开发学位层面的能力和学习成果，本节介绍如何使用课程地图（Course Mapping）评估专业层面的学习成果。本书第一章介绍过课程地图，它将专业（学位项目）层面学习成果与课程层面学习成果联系起来。课程地图通常表现为一个二维表格，维度一（第一列）是专业层面的学习成果，维度二（第一行）是组成该专业的课程，通常按教学顺序排列。表内的单元格则呈现与专业层面学习成果对应的课程学习成果、教学活动和评估方法（见附表1-2）。审查课程地图有助于判断专业层面的学习成果能否有效实现。例如，每一项成果是否有足够的课程覆盖？是否为学生提供足够的学习经验来发展该成果？该成果被发展的程度如何？达到初级、高阶还是精通水平？该成果在何处以及如何被评估？总之，课程地图有助于判断课程体系是否与专业学习成果一致，为设计和改进课程、教学和评估提供了有效的工具。下面以美国卡内基梅隆大学（CMU）卓越教学与教育创新中心（Eberly Center）的评估实践为例，介绍专业层面学习成果的评估操作。

一、三个层次的教育目标

卡内基梅隆大学卓越教学与教育创新中心首先区分了三个层次的教育目标：

（1）目标（Goals）：通常指大学、学院、项目或教师希望学生实现的目标（通常在较长的时间跨度内）的广泛陈述，通常出现在战略计划或大学目录、手册或网站的课程描述中。例如，CMU 2025战略计划对目标的陈述："为学生提供在当今相互联系的世界中越来越重要的知识和技能，包括人际、专业和视觉沟通技能；协作和团队合作，尤其是与多样化的他人；同情和关心他人的福祉；以及组织和领导能力。"

（2）专业成果（Program Outcomes）：专业成果是教师期望毕业生在完成他们的学位项目后应该能够做什么的陈述。这些陈述应该是具体的、可展示的（可测量的）和以学生为中心的。例如，CMU物理系的学位学习成果指出，毕业生应该能够通过以下方式解决复杂多样的问题：认识到与问题相关的普遍物理定律；将相关定律应用于问题；应用数学和计算技术，使用实验、计算和 / 或理论方法；评估解决方案的局限性。

（3）学习目标（Learning Objectives）：通常是课程水平的陈述，描述学生在课程结束时应该能够做或展示什么。这些陈述应具体、可展示（可测量）和以学生为中心。例如，学生应能应用能量、动量和角动量守恒的基本原理来解决微观、宏观和天体物理尺度上的实际问题。

二、专业（program）学习成果的评估模型

卡内基梅隆大学卓越教学与教育创新中心提出了一个四步骤（或层次）的专业学习成果评估模型①，对每个层次的审查有助于为高效的评估流程设计，确定需要采取的行动。

1. 步骤一：课程层面的学习目标（Course-level Learning Objectives）

学位项目的每门课程（至少是学位必修课程）都有教学大纲，包括了与每门课程对应的学生学习目标。目标应该是具体的、可证明的（可测量的）并以学习者为中心。明确阐述的学习目标能够有效促进学生的学习，因为它们有助于学生区分知识类型，确保学生练习正确的技能，确保课程难度适合学生的水平，在独立性和指导之间取得平衡，促进学习迁移。

2. 步骤二：项目水平的成果（Program-level Objectives）

学位项目有一张学位学习成果清单。项目层面通常有 3 ~ 7 个学习成果，阐明了毕业生在学位项目学习结束时，应该能够做什么或知道什么。与课程目标一样，项目层面的成果应该对学生公开，而且应该是具体、可展示的（可衡量的）和以学习者为中心的，如大学、学院、系或项目水平的战略计划，外部要求（如特定学科的认证标准）等。调查和其他数据（如校友或雇主调查、毕业生就业能力指标、同类学位项目比较）通常能为项目层面的成果制订提供信息。以下是心理学学位学习成果示例。

---

① Levels of Program. Assessment https://www.cmu.edu/teaching/assessment/assessprogram/levels/index.html

---

心理学学位学习成果

心理学知识的广度

·描述心理学中的多个领域（如社会、认知、临床、发展等），包括理论观点、研究成果及其应用。

·认识到相关学科（如遗传学、计算机科学等）的理论、研究和应用。

·解释心理学和相关研究领域中使用的各种实验范式。

·讨论主要研究领域的心理学史，包括科学革命、理论转变等对研究问题和研究方法选择等的影响。

·描述与做研究相关的伦理问题。

至少一个领域的知识深度

·综合主要研究领域的不同事实和理论。

·应用常用的研究方法、实验设计和分析技术来调查主要研究领域中的问题。

熟练掌握信息检索与交流

·使用心理学数据库，如 PsychLit。

·阅读和评论心理学文章。

·进行有效的口头报告。

·使用 APA 格式有效地写作。

熟练掌握行为调查与分析

·设计和开展心理学研究以解决研究问题。

·运用统计理论知识选择适当的分析。

·使用统计软件分析和解释数据。

---

3. **步骤三：课程地图（Curriculum Map）**

学位项目具有从课程学习目标到项目学习成果的矩阵格式的课程地图（见附表1-2）。

对教师来说，课程地图的过程有助于理解课程是如何排序并"组合"在一起的，并将重点从"我的课程"转移到"我们的学位项目"。课程地图还支持课程修订，因为该活动通常会揭示课程的优势、差距、必要和非必要的重叠以及需要（例如，学生是否有足够的练习以取得学习成果？）。

对学生来说，课程地图有助于理解：①每门课程如何为学位项目的特定知识或技能做出贡献；②如何策略性地选择选修课程，以进一步加强知识或技能或探索新的兴趣领域；③如何为档案袋或简历选择工作成果。

对学业导师来说，课程地图有助于：①将讨论聚焦于学生的学业和职业目标上，找到这些目标与课程的交叉点；②在不过度负荷的情况下，确定可以实现的额外的主修或辅修机会；③确定在何处以及如何能够转移学分（transfer credit）支持学生的和课程的目标。

对院长、院系或学位项目负责人来说，课程地图可以：①提供资源分配信息（财政、人力、技术、空间）；②确定潜在的增长或专业领域；③支持校长顾问委员会、特定学科认证或其他报告。

如何制作课程地图？以下提供了一个五步骤的制作流程。

制作课程地图的流程示例

1. 审查和修订教学大纲

为了支持课程地图的制作流程，学位课程的所有教师均需审查自己的教学大纲，确保大纲包含了有效阐明的学习目标、促进学生学习和技能发展（即指向目标实现）的针对性的教学策略，以及测量学生是否实现这些目标的评估。

2. 共享教学大纲

教师与领导课程地图制作的同事，通过电子邮件、Box（基于云的内容管理协作和文件共享工具）或其他方式共享教学大纲。

3. 按照顺序列出课程并插入项目成果

使用一种课程地图工具（基本型或增强型），负责制作课程地图的教师按照学生通常的学习顺序将课程插入课程地图的列中。接下来，将项目水平的学习成果插入课程地图的行中。

4.桌面制图（Desktop Mapping）

使用从学位项目任课教师那里收集到的教学大纲、负责制作课程地图的教师和教学／教师发展中心的同事，将课程信息（如目标、教学活动、评估）与学位项目的学习成果进行匹配，共同完成课程地图制作。如果教师与教学专家分开工作，那么二者就需要开会讨论他们的地图，形成最终的地图草图，供教师审查。

5.验证桌面制图

通过电子邮件、Google 电子表格或短会，学位项目的教师审查并修订地图以提高其准确性，促进完成该过程的问题：

· 您的课程学习目标是否已正确匹配到学位项目的学习成果？

· 您的教学活动是否已准确反映在地图中？

· 您的评估是否已经过最佳选择以测量学生实现项目学习成果的程度？

要求教师更正课程地图上的不准确之处。完成后，学位项目教师可以使用课程地图来支持持续的评估和反复的改进。

4. 步骤四：项目水平的评估（Program-level Assessment）

学位项目的课程地图（来自步骤三）指引评估以及教学和学习的迭代改进。

当课程地图过程被用于识别可用于评估一个或多个项目层面成果的课程评估（也称为嵌入式评估）时，它可以使评估更加高效。这些评估是学生表现的直接测量（如论文、项目、试题、表演、演示、艺术作品、顶点项目等）。课程地图过程还可以确定何处可以使用间接测量（如学生、毕业生和雇主调查或焦点小组、大学调查）来评估一个或多个学位成果。

学位项目的教师通常聚在一起审查和讨论项目的课程地图（由步骤三创建）。会议可持续一到几个小时，也可以是半天或全天的会议。下面是一个带有引导性问题的会议议程示例。

评估议程和引导性问题示例

（一天的会议）

上午：讨论课程顺序和活动，促进完成讨论的潜在问题

（1）课程设置的顺序和进阶

·课程顺序是否适当，使得学生能够从初级水平到精通水平不断发展？

·每项学习成果是否在课程体系的适当位置提出？

·是否存在任何缺口，以致项目成果没有得到充分的重视？

·是否存在任何不必要的重叠？

·初级知识、高阶知识和精通之间是否间隔了太长时间？

·课程体系的优势是什么（如项目学习成果在何处得到了彻底解决）？

·基于观察，应该采取什么措施来改进课程设置（和学生的学习）？

（2）教学活动／学生实践

·学生是否有足够的机会在各种情况下练习使用他们的知识和技能？

·他们是否从教师那里得到足够的关于他们表现的反馈？

·教师最常使用的教学策略是什么？

·教学策略是否与学科／领域一致？

·教学策略是否与雇主的需求一致？

·是否应该使用其他策略？

·是否使用了"高影响力"或"主动"教学实践（如公开评论、服务学习、研究机会、实习、最终或顶点经验、技能密集型课程——写作或基于问题的密集型课程）？

·在您的课程中，学生似乎最难掌握哪些概念或技能？

·基于观察，应该采取什么措施来改进课程？

下午：制订和实施评估计划

· 我们应该如何评估学生的学习以及我们的变化 / 改进的效果？

· 我们应该优先评估哪些成果，并定期进行评估？

· 我们是否可以使用已嵌入课程的评估来测量学生在项目水平上的表现？

· 我们如何确保使用相同的标准来测量相同的成果？

· 我们如何检验评分者信度？

· 我们的实施计划是什么？

· 我们的行动任务和下一步措施是什么？

三、课程地图应用实例

附表1–2提供的课程地图模板属增强型，专业层面成果与课程交叉的单元格内可插入学习成果目标、教学活动和评估方法，该地图提供的信息比较全面，包括了间接测量。在实践中，每个专业或 / 系可以根据实际需求，采用多种课程地图形式。课程地图通常由表格组成，这些表格包含位于行中的学习成果和位于列中的课程，反之亦可。在课程和学习成果相交的单元格中，如果课程涵盖特定学习成果，则会做一个标记。标记从最简单的符号（例如"×"）到描述性的单词或短语（如描述技能水平或说明相关的作业）皆可。空白单元格意味着特定课程可能存在信息缺失或学习成果缺口。以下是三个例子。

示例1：美国佛罗里达国际大学（FIU）护理与健康科学学院教师开发的课程地图。（见表3–1）这个例子是为了将专业学习成果与护理学学士学位的必修课程进行匹配。"×"表示课程涵盖特定学习成果。不难发现，该课程地图仅匹配了课程与专业学习成果，没有课程教学活动和评估信息。

表 3-1 护理学学士学位成果与必修课程的匹配

专业/学位项目学习成果		课 程						
		基本技能	客户评估	药理学	基础课	基础课—临床	病理生理学	护理研究
内容/学科知识	1. 当作为客户的个人、家庭和社区正经历实际的和潜在的环境压力,应用以往知识评估影响客户的社会心理、发展、文化和精神适应性因素		×			×		
	2. 应用护理程序,帮助作为客户的个人、家庭和社区在健康促进、维护、恢复、康复和/或帮助客户有尊严地面对死亡方面适应潜在和实际的环境压力	×	×	×	×	×	×	
	3. 将护理学和相关学科的研究成果应用于作为客户的个人、家庭和社区				×	×	×	×
批判性思维	1. 综合运用护理学和相关学科的科学知识,在整个生命期为客户提供健康—疾病连续体的护理		×	×	×	×	×	×
	2. 分析护理理论和其他学科的理论/概念,作为护理实践的基础							×
	3. 分析适用于个人、家庭和社区的护理和相关学科的研究成果							×
口头与书面沟通	1. 在接收、转换和传达信息方面表现出口头和书面技能	×	×	×	×	×	×	×

示例 2:专业学习成果与贯穿于项目作业/里程碑的评估措施的简单对应。(见表 3-2)此类课程地图虽然不够详细,但涵盖了重要信息,使教师能够快速规划项目中的评估,帮助跟踪需要收集和评估的作业。不难发现,该课程地图仅

匹配了评估方式与学位学习成果，没有课程成果和教学活动信息。

表 3-2　某博士项目的作业 / 课程地图

博士学位要求	学习成果 1	学习成果 2	学习成果 3	学习成果 4
课程作业（Coursework）		：		
博士资格预试（Pre-Qualifying Exam）		×	×	
综合考试（Comprehensive Exam）	×	×		×
博士论文 / 最终项目 （Dissertation/Final Project）	×	×	×	
答辩（Defense）	×	×	×	

示例 3：最常用的课程地图模板之一，它包括该专业的每门课程教授和 / 或评估的不同能力 / 技能水平的更详细和具体的信息。（见表 3-3）不难发现，该课程地图仅匹配了课程对应的学位成果水平，没有课程教学活动和评估方式信息。

对学位课程 ××× 的审核：

（1）入门（Introduced）：表示向学生介绍了特定成果；

（2）巩固（Reinforced）：表示成果得到加强，某些课程允许学生更多地练习；

（3）掌握（Mastered）：表示学生已经掌握了特定的成果；

（4）评估（Assessed）：表示已搜集、分析和评估证据以进行项目层面的评估。

表 3-3　对某学位项目的课程审核

能力 / 技能	课程						
	导论课程	方法课程	必修课 1	必修课 2	必修课 3	必修课 4	顶峰课程
内容 / 成果 1	入门		入门	巩固		巩固	掌握 / 评估
内容 / 成果 2		入门		巩固	入门	巩固	掌握 / 评估
内容 / 成果 3	入门		入门		巩固		掌握 / 评估

（续上表）

能力 / 技能	课　程						
	导论课程	方法课程	必修课1	必修课2	必修课3	必修课4	顶峰课程
批判性思维 / 成果 1		入门				巩固	
批判性思维 / 成果 2		入门		入门			掌握 / 评估
沟通 / 成果 1		入门		巩固			掌握 / 评估
沟通 / 成果 2			入门				掌握 / 评估
正直 / 价值观 成果 1	入门	巩固			巩固		掌握 / 评估
正直 / 价值观 成果 2		入门					
项目管理 / 成果 1		入门		巩固			掌握 / 评估
项目管理 / 成果 2				入门			掌握 / 评估

四、评估专业层面学习成果的最佳实践

评估专业层面成果的最佳实践具有如下几个特征：

（1）使用课程地图。使用课程地图评估专业层面的学习成果有诸多益处，包括允许教师仔细研读系 / 专业的总体课程设置；使课程计划对所有利益相关者透明；以清晰的方式连接所有成分，包括从课程到教学再到评估；发现课程体系中的缺口；确定专业成果的优势；提高整体的项目一致性；根据范围和顺序确定重叠的学习成果；允许跨学期和不同水平的评估、内容和方法的垂直一致；支持课程和项目之间在评估、内容和方法上的横向一致；说明课程排序对学生的潜在优势和劣势；作为学生有用的咨询工具，让他们大致了解对他们的期望以及课程排序背后的逻辑；加强教师之间的交流；增加学生获得专业层面成果的可能性；鼓励反思性实践。

（2）教师主导。评估过程由致力于促进教学和学习的教师领导。教师对这些过程的投入对他们的成功至关重要。

（3）支持和资源。院长、院系和项目的负责人通过将这些评估过程嵌入大学、学院或系层面的实践中，通过跟踪和改进，以及提供资源，来实现这些

过程。

（4）不同的时间点和方式。使用各种直接和间接的方式，在项目的不同阶段（早期、晚期）进行评估。

（5）对相同成果使用相同量规。教师同意并使用相同的量规或标准来评估相同的成果。

（6）持续。教师参与持续的评估周期——使用评估结果制订、改进教学和学习的策略。评估这些策略，一旦实施，判断其效果。

（7）透明和联结。课程地图向学生公开。教师在他们的课程中把课程和项目成果明确地联系起来，并解释其课程将如何帮助学生应用知识和技能。

第三节　如何促进专业层面的学习成果的实现？

专业层面的学习成果主要透过学位项目培养计划来实现。课程地图直观地展示了培养计划的内容，展示了专业成果与学位课程之间的联系。通过仔细审查课程地图，有助于判断每一项专业成果是否被足够的课程目标覆盖，实现该成果的教学方式是否适当，该项成果是否被评估、在何时被评估、评估方式是否适当。本书第二章介绍的实现本科通用学习成果的教育路径或措施仍然适用于每一个专业。专业层面的教育教学策略包括但不限于：

（1）课程作业和评价量规。课程作业是实现专业成果的重要教学活动，课程作业包括任务、项目和论文。教师不仅应布置作业，而且应精心设计评价量规，提示学生作业合格和优秀的标准，从而引导学生追求最佳的表现。

（2）服务学习。是指教师有意识地将课堂学习与社区服务联系起来的教育方法，服务学习为学生提供参与社区的独特机会。NSSE 的研究发现，服务学习策略能促进学生的深度学习和学习收益，无论是大学新生还是高年级学生，服务学习均能起到显著的正向影响。服务学习通过促进学生对知识和技能的综合运用，使学生发现所学知识和技能的社会价值，增强了学习动机和投入。

（3）"本科生科研"，也称"与教师一起研究"或"学生—教师研究"。它的重要前提是在学生和教师之间形成合作计划，目标是让学生参与活跃且有争议的问题、实证观察、前沿技术，体验回答重要问题所带来的兴奋感。研究表明，本科生参与科研可为学生带来一系列智力、学术、专业和个人益处。

（4）高级顶峰经验。高级顶峰经验的目标是整合和结束本科经验，为学生提供机会反思大学经历的意义，帮助学生向大学后的生活过渡。高级顶峰经验包括顶峰课程（capstone courses）、高级项目或学位论文，以及综合考试。高级顶峰经验为高年级学生提供了综合运用知识和技能解决真实问题的机会。研究表明，参加高级顶峰经验的学生更可能与其他学生合作，与教师互动，将学校视为学习和提供支持的地方，并参与高阶学习。

（5）实习。实习是一种体验式学习形式，旨在为学生提供工作环境中的直接经验，并让他们受益于该领域专业人士的监督和指导。

上述教学策略体现了当今大学教学理念，即主动学习、合作学习、以学习者为中心的教学，鼓励学生和教师之间的联系、将知识与选择和行动联系起来等。

本章小结

本章主要探讨如何在专业（学位项目）层面实现学教评一致性。聚焦于三个问题：如何确定专业层面学习成果？如何评估专业学习成果？如何促进专业层面学习成果的实现？对于第一个问题，介绍采用调优（Tuning）方法确定专业学习成果，该方法包括五个过程：界定学科核心；绘制职业路径图；咨询利益相关者；完善核心能力和学习成果；在本地实施调优并撰写学位规范。在实际操作时，各院系和学位项目可根据自身实际，采用附录3-1中调优的基本模型及其变式。对于第二个问题，推荐使用课程地图（Course Mapping）工具对专业成果进行评估，介绍了卡内基梅隆大学卓越教学与教育创新中心对专业层面进行评估的四步骤操作和最佳实践。对于第三个问题，第二章所介绍的学校层面的教育教学策略同样适用于专业层面，这些策略包括但不限于：课程作业和评价量规、服务学习、本科生科研、高级顶峰经验、实习等。

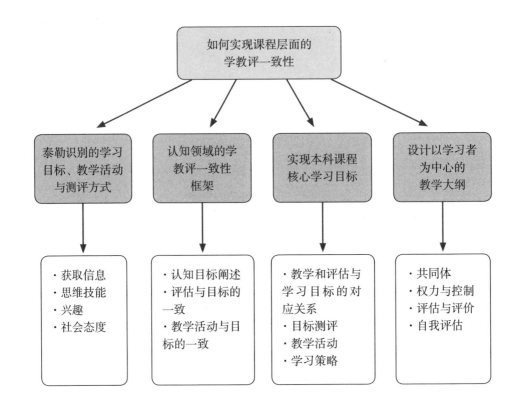

第四章

如何实现课程层面的学教评一致性？

第一节　泰勒识别的学习目标、教学活动与测评方式

在《课程与教学的基本原理》中，泰勒识别出四种常见的教学目标，包括获取信息、思维技能、兴趣、社会态度。要实现每一种目标，学习经验（教学活动）的设计必须遵循五个原则：其一，教学活动为学生提供了实践目标所隐含的行为的机会。例如，要培养学生的问题解决能力，则必须为学生提供练习问题解决的机会。该原则体现了教学活动必须与目标一致的原则。其二，教学活动必须使学生获得满足感。该原则与学习的强化原则一致，如果学生在练习目标隐含的行为时，体验的是痛苦和厌恶，则很难坚持下去。其三，教学活动应适合学生当前的成就和发展水平。该原则与夸美纽斯提出的教学定理一致，即"学生只能通过已知学习未知"，因此教学目标的内容和难度不能脱离学生实际，必须是切实可行的。其四，有多种教学活动能够用来实现相同的目标。这意味着教师可以创造性地设计多种教学活动，兼顾学生和自身的兴趣，以实现同一种目标。其五，相同的教学活动可以产生多种结果。提示教师可以比较不同教学活动的效率，并关注教学活动可能引起的期望之外的不良结果。对于教学效果（学习经验）的评估，泰勒认为评估的本质是确定课程和教学项目真正实现教育目标的程度。教学目标即预期的学生行为模式的改变，因此，至少需要两次评估才能判断行为改变是否发生，一次在教学计划的早期进行，另一次在晚些时候进行。为了估计教学

效果的持久性，还需要对毕业生做跟踪研究（做第三次评估）。判断行为是否真正发生预期的变化需要搜集证据（即评估方式），包括纸笔测验（评估知识、技能和能力）、观察（社会适应、习惯、操作技能）、访谈（态度、兴趣、欣赏）、问卷（兴趣、态度）、实际的作品（绘画、写作）、档案记录（兴趣）。对于每种目标，泰勒提出了教学活动和评估方式建议（见表4-1）。

表 4-1　泰勒提出的四种常见教学目标及教学活动与评估方式建议

课程目标	教学活动 / 学习经验建议	评估方式
1. 获取信息（理解和记忆）	1.1 通过问题解决任务获取信息 1.2 筛选出值得记忆的重要信息 1.3 以高强度和不同方式呈现信息 1.4 频繁在各种情境下使用重要信息 1.5 以多种方式组织信息 1.6 指导学生查询可靠的信息来源	纸笔测验
2. 思维技能（归纳与演绎思维，逻辑思维）	2.1 问题解决是培养思维技能的主要途径 2.2 问题解决应重点练习提出各种可能的假设 2.3 问题解决以概念结构为基础，即该领域的术语、基本假设和原则	纸笔测验 实际的作品
3. 兴趣	3.1 使学生能从活动中获得满足 3.2 使培养兴趣的活动与其他一些令人满意的经验联系起来	观察 访谈 问卷 档案记录
4. 社会态度（利他与亲社会行为）	4.1 改善和控制学校和社区环境，以促成所期望的态度，并提升二者的一致性 4.2 提供机会让学生以所期望的方式行动，并从中获得满足感 4.3 先加深社会情境的分析和理解，然后培养期望的态度	观察 访谈 问卷

来源：作者总结自 [美] 拉尔夫·泰勒的《课程与教学的基本原理》，北京：中国轻工业出版社，2021年版.

（1）获取信息。是指理解和记忆各种知识，包括术语、事实、概念、原理、理论、规律等。泰勒认为只有将信息视为功能性的，即有助于问题解决和引导实践，把信息获取作为目标才是有价值的。泰勒概括了信息学习过程中的五个缺陷：①没有真正理解的死记硬背；②由于缺乏理解而导致的快速遗忘；③信息缺乏恰当的组织；④信息记忆模糊和不精确；⑤不熟悉准确的、最新的信息来源。针对这些缺陷，泰勒提出了针对性的教学建议：①通过问题解决任务获取信息；②筛选出值得记忆的重要信息；③以高强度和不同方式呈现信息；④频繁在各种情境下使用重要信息；⑤以多种方式组织信息；⑥指导学生查询可靠的信息来源。对知识的理解和记忆主要通过纸笔测验评估。

（2）思维技能。思维技能是指将两种或多种观点联系起来进行深度加工的能力。其中，归纳思维旨在从特殊事实概括出一般原则，演绎思维旨在将一般原理应用于特殊情形，逻辑思维旨在基于事实和证据，通过推理和论证以得出理性的结论。显然，泰勒界定的思维技能是比记忆和理解更高水平的认知能力。很明显，要培养思维技能就必须为学生提供练习思维技能的机会。泰勒认为：①问题解决是培养思维技能的主要途径。问题解决包含六个步骤：觉察问题；分析问题；收集相关事实；对问题提出各种可能的解释或解决办法（即提出各种可能的假设）；检验假设；得出结论。②问题解决应重点练习提出各种可能的假设。③问题解决以概念结构为基础，即该领域的术语、基本假设和原则。思维技能可通过问题解决来评估，当问题以文字形式表述时，思维技能可通过纸笔测验来评估。

（3）兴趣。兴趣是激发个体完成特定任务的主观态度，它能带来快乐和满足。兴趣在很大程度上决定个体注意什么和做什么，决定个体成为什么样的人。培养兴趣的教学活动必须使学生能从活动中获得满足（如掌握了问题解决技能），或者使培养兴趣的活动与其他一些令人满意的经验联系起来（如与好朋友一起阅读）。前者符合强化原则，后者属于经典条件反射（将教学活动置于愉快的环境中）。学生的兴趣可通过观察、访谈、问卷、档案记录等方式来评估。

（4）社会态度。社会态度是指对特定对象、人、事物或事件的一系列情感、信念和行为。培养社会态度旨在促进利他和亲社会行为。社会态度的形成有四种主要方式：①对环境的同化（如接受了周围朋友的观点）；②特定经验的情感效应；③创伤经验；直接的理智分析（由认知而产生态度）。由于创伤经验很难控制，因此，培养社会态度主要透过三种方式：①改善和控制学校和社区环境，以促成所期望的态度，并提升二者的一致性；②提供机会让学生以所期望的方式行动，并从中获得满足感；③提供对社会情境的广泛分析（包括直接经验、文学或电影），先加深理解，然后培养期望的态度。可通过观察、访谈、问卷等方式评估学生的社会态度。

前文介绍了泰勒提出的学习经验设计必须遵循的五个原则，四种常见目标的教学活动与评估建议，这些原则和建议对实现课程层面的学教评一致性具有重要的指导意义。但是，学校教育的目标可以分为认知领域、情感领域和动作技能领域。就每个领域的目标而言，又可细分为由简单到复杂或由低水平到高水平的目标序列，对于每一个领域的每一个层次目标，都有与其一致的教学活动和评估方式。泰勒提出的四种目标及其教学活动和评估建议，更多具有示范和指导意义，就具体教学实践而言，还需要更加细致的教育目标分类。在教育目标分类学领域，最为经典、知名，使用最广泛的是布卢姆教育目标分类学（认知领域），虽然梅特费塞尔等、彼格斯和科利斯、马扎诺等也提出了不同的分类学，但是布卢姆的分类学相对而言与实践更相符，更易理解和操作，特别是在 2001 年经安德森等的修订后，就更为合理、易用。

第二节　认知领域的学教评一致性框架

学教评一致性是有效教学的基本规律，实现有效的课程教学需要：教师清晰地阐述学习目标，即在课程结束时期望学生获得的学习成果（如知识与技能）；教学活动必须能促进学习目标的实现，即教学与目标是一致的；学生测评必须能反映出学习目标的达成程度，即测评与目标是一致的；教学活动也应为学生参加测评做好准备，即教学与测评也是一致的。三个成分的不一致可能导致低效甚至无效的教学。当教学与目标不一致时，教学活动就不能促进目标的实现；当测评与目标不一致时，学生成绩就不能反映目标的达成程度；当教学与测评不一致时，学生会抱怨教学没有使他们练习或学会测评所需的知识和技能。学、教、评三个成分的不一致不仅会削弱学生的学习动机和学习效果,还可能使教师感觉即使学生通过了课程考核,但是他们并没有真正掌握课程内容。实现学教评一致性的核心是预期学习成果中对认知水平要求的"动词"(如记忆、理解、应用、分析、评价、创造),与教学活动引发学生认知水平的"动词",以及评估任务引发学生认知水平"动词",三个"动词"应保持一致。(见图4-1)

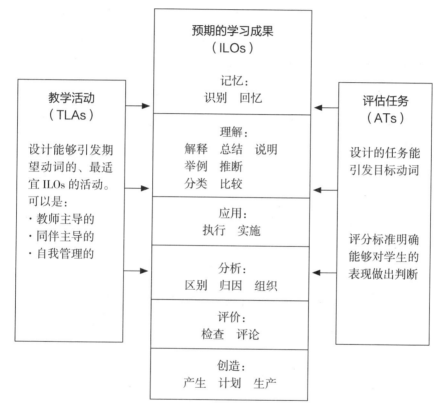

图 4-1 使预期的学习成果、教学活动和评估任务保持一致

注:本图系作者改编自 Biggs J. and Tang C. 的 *Teaching for quality learning at university*(4th Edition.UK: Open University Press).

一、如何清晰地阐述学习目标?

1. 阐述目标时应确定覆盖的知识类型

因为知识是学生学习和掌握的对象,准确地阐述学习目标需要老师了解知识的分类。知识可分为陈述性知识和程序性知识。其中，陈述性知识指"知道是什么"的知识，程序性知识指"知道如何做"某事的知识。当学习的知识类型不清晰或不明确时，学生就不知道他们应当发展什么类型的知识。当面临这种模糊时，学生自然会根据"更容易的"知识类型解释自己的学习目标，而这可能与教师的意图相当不同。布卢姆教育目标分类学修订版将知识类型更详细地分为四类，即事实性知识、概念性知识、程序性知识和元认知知识。（见表4-2）其中，事实性知识和概念性知识属于陈述性知识，元认知知识则既包括陈述性知识，也包括程序性知识。了解知识的分类有助于教师精准制订学习目标的学科知识类型。学习科学的研究发现，为了培养探究能力，学生必须：①具有深厚的事实性知识基础；②在概念框架的背景下理解事实和观点；③以促进提取和应用的方式组织知识。为此，教师必须深入教授一些主题，提供大量运用相同概念的例子，并提供坚实的事实性知识基础。此外，学习科学发现，元认知教学法能够帮助学生通过设定学习目标和监控实现目标的进展，学会控制自己的学习。因此，元认知技能的教学应该被整合到不同学科课程的教学中。由此可见，在制订学习目标时，教师应充分考虑四种知识类型，合理安排它们的比例。

表4-2　布卢姆教育目标分类学修订版的知识类型

主类别及其亚类		例　子
A. 事实性知识	A_A 术语知识	技术词汇、音乐符号
	A_B 具体细节和要素的知识	重要的自然资源、可靠的信息源
B. 概念性知识	B_A 分类和类别的知识	地质时期、企业产权形式
	B_B 原理和通则的知识	勾股定理、供求规律
	B_C 理论、模型和结构的知识	进化论、美国国会的组织构架
C. 程序性知识	C_A 具体学科的技能和算法的知识	水彩绘画的技能、整数除法的算法
	C_B 具体学科的技术和方法的知识	访谈技巧、科学方法
	C_C 确定何时使用适当程序的准则知识	确定何时运用牛顿第二定律的准则；判断使用某一方法估计企业成本是否可行的准则

（续上表）

主类别及其亚类		例　子
D.元认知知识	D_A 策略性知识	知道概述是获得教材中一课的结构的方法；使用启发法的知识
	D_B 关于认知任务的知识，包括适当的情境性知识和条件性知识	知道某教师实施的测验类型；知道不同任务对于认知要求的知识
	D_C 关于自我的知识	知道对文章进行评论是自己的长处而写作是自己的短处；知道自己的知识水平

来源：[美]洛林·W.安德森等著的《布卢姆教育目标分类学修订版：分类学视野下的学与教及其测评》。

2. 阐述目标时应厘清认知水平要求

当确定了学习目标的知识维度后，教师接着需要厘清对于不同的知识内容，学生应该分别掌握到什么程度，哪些内容要求记忆和理解，哪些内容要求应用、分析和评价，哪些内容要求达到创造水平。具体撰写时，教师应注意：

（1）学习目标应当以学生为中心

课程目标可参考："在课程结束时，学生应当能够_____。"

单元目标可参考："在本单元结束时，学生应当能够_____。"

（2）学习目标应当对任务进行分解并聚焦于具体的认知过程

许多学习活动（如写作或问题解决）实际上包含了许多成分或子技能的综合。要掌握这些复杂技能，学生必须练习并熟练掌握单个的子技能。例如，写一篇 APA 格式的实证论文，就包括引言、方法、结果、讨论、参考文献等若干部分，每一部分又包含若干成分和技能，教授学术论文写作的老师需要对这些子技能逐个加以训练。

（3）学习目标应当使用动词

由表 4–3 可知，从记忆到创造共有六个层次的认知水平，其复杂程度由低到高。每个认知水平上的主要动词又有若干同义词。当确定了知识维度和认知水平要求，就会生成"动词＋名词"格式的学习目标，其中动词代表认知水平，名词代表知识内容。例如，数学课的学习目标可能包括：陈述定理（暗示记住与回忆）；证明定理（暗示应用知识）；应用定理解决问题（暗示应用知识）；判定何时适用特定的定理（包括元认知决策技能）。附表 1-3 列出了认知水平（6 种）× 知识类别（4 种）共计 24 种可能的学习目标。

表 4-3　认知过程维度

类别与认知过程		同义词	定义及其例子
1. 记忆／回忆：从长时记忆中提取相关的知识	1.1 识别	辨认	在长时记忆中查找与呈现材料相吻合的知识
	1.2 回忆	提取	从长时记忆中提取相关知识
2. 理解：从口头、书面和图像等交流形式的教学信息中构建意义	2.1 解释	澄清　释义 描述　转化	将信息从一种表示形式（如数字的）转变为另一种表示形式（如文字的）
	2.2 举例	示例　实例化	找到概念和原理的具体例子或例证
	2.3 分类	归类　归入	确定某物某事属于一个类别（如概念或类别）
	2.4 总结	概括　归纳	概括总主题或要点
	2.5 推断	断定　外推 内推　预测	从呈现的信息中推断出合乎逻辑的结论
	2.6 比较	对比　对应 配对	发现两种观点、两个对象等之间的对应关系
	2.7 说明	建模	建构一个系统的因果关系
3. 应用：在给定的情景中执行或使用程序	3.1 执行	实行	将程序应用于熟悉的任务
	3.2 实施	使用，运用	将程序应用于不熟悉的任务
4. 分析：将材料分解为它的组成部分，确定部分之间的相互关系，以及各部分与总体结构或总目的之间的关系	4.1 区别	辨别　区分 聚焦　选择	区分呈现材料的相关与无关部分或重要与次要部分
	4.2 组织	发现连贯性 整合 概述　分解 构成	确定要素在一个结构中的合适位置或作用
	4.3 归因	解构	确定呈现材料背后的观点、倾向、价值或意图

（续上表）

类别与认知过程		同义词	定义及其例子
5. 评价：基于准则和标准做出判断	5.1 检查	协调　查明 监控　检验	发现一个过程或产品内部的矛盾和谬误；确定一个过程或产品是否具有内部一致性；查明程序实施的有效性
	5.2 评论	判断	发现一个产品与外部准则之间的矛盾；确定一个产品是否具有外部一致性；查明程序对一个给定问题的恰当性
6. 创造：将要素组成内在一致的整体或功能性整体；将要素重新组织成新的模型或结构	6.1 产生	假设	基于准则提出相异假设
	6.2 计划	设计	为完成某一任务设计程序
	6.3 生成	建构	生产一个产品

来源：[美]洛林·W.安德森等著的《布卢姆教育目标分类学修订版：分类学视野下的学与教及其测评》。

（4）将模糊的目标清晰化

学习目标应当是清晰的，便于评价学生是否已经掌握那项技能。在教学实践中存在一些模糊但经常使用的学习目标，如理解 X、获得应用 X 的知识、获得对 X 的欣赏。教师可通过回答如下问题以澄清学习目标：如果学生真正理解或欣赏 X，他们的行为会有何不同？如果学生能真正应用关于 X 的知识，他们的行为会有什么不同？

二、如何实现评估与目标的一致？

实现评估与目标一致的关键是评估任务引发的学生对特定内容的认知水平，与学习目标要求学生对特定内容掌握的认知水平是一致的。表 4-4 列出了适合每种认知水平的评估实例。不难发现，无论评估任务采取何种形式，其引发的学生认知水平与学习目标中界定的认知水平都是一致的。例如，要评估包含"创造"的学习目标，评估任务就会要求学生"制作、建造、设计或创造一些新东西"，具体的评估形式可以是研究计划、音乐作品、商业计划、原型设计等。

表4-4 评估任务与学习目标的对应

学习目标的类型	适合的评估实例
1. 记忆 · 回忆 · 再认 · 识别	要求回忆或再认术语、事实和概念的客观试题，例如： · 填空　　　· 多选题 · 匹配　　　· 分类
2. 理解 · 说明 · 举例说明 · 分类 · 概括/总结 · 推断/推论 · 比较 · 解释	有如下要求的论文、考试、问题集、课堂讨论，或概念图： · 概括或总结阅读材料、电影、演讲等的内容 · 比较或对比两个或多个理论、事件、过程 · 运用既定标准对案例、要素、事件等进行分类或归类 · 改写文章或演讲内容 · 为概念或原理找到或识别例证或实例
3. 应用 · 执行 · 实施	问题集/练习题、表演/表现、实验室、原型设计或者模拟等，要求： · 运用程序去解决或完成熟悉或不熟悉的任务 · 确定哪一个或哪些程序最适合于给定的任务
4. 分析 · 区分/区别 · 组织 · 归因	案例研究、评论、实验室、论文、课题研究、辩论或概念图等，要求学生： · 区分或选择相关与不相关的部分 · 确定要素是如何在一起有效运作的 · 在呈现的材料中，确定偏差、价值观或潜在的意图
5. 评价 · 核查 · 评论 · 评估	日志、日记、评论、问题集/练习题、产品评论、研究等，要求： · 按照既定准则或标准，对阅读材料、表演/表现，或者产品进行检验、监控、判断或评论
6. 创造 · 生成 · 计划 · 创作/制造 · 设计	要求制作、建立/建造、设计或创造一些新东西的活动，例如： · 研究计划　　· 音乐作品　　· 演出/表演 · 论文/短评　　· 商业计划　　· 网页设计 · 原型设计　　· 布景设计

来源：Align Assessments with Objectives. https://www.cmu.edu/teaching/designteach/design/assessments.html.

三、如何实现教学与目标的一致性

实现教学与目标一致的关键是教学活动引发的学生对特定内容的认知水平，与学习目标要求学生对特定内容掌握的认知水平是一致的。表4-5列出了常见的教学活动或策略及其使用目标。例如，讲授法主要能促进学生的理解和引发学生对学科的兴趣；讨论能培养学生的分析评价能力；案例研究和写作涉及许多高级认知技能，包括应用、分析、综合、评价等；独立的学生项目主要培养学生的创新能力。不难发现，几乎所有的教学策略都聚焦于理解及以上的高水平认知技能，而且一种教学策略可能会实现多种学习目标。

表4-5　教学策略与学习目标的对应

教学策略	适用的目标
讲　授	传递能够补充或增强阅读的信息；通过解释促进理解；回应学生的误解或困难；对新领域产生兴趣；激发阅读或其他作业的动机
讨　论	在科目/学科中练习思考和沟通；评估立场、论点或设计；捍卫自己的立场；识别问题、冲突和不一致；从学生那里得到反馈或获得关于学生的反馈；利用学生的专长和先备知识
案例研究	让学生主动参与学习；应用学科的分析方法；练习问题解决；练习高级认知技能（即应用、分析、综合、评估）；批判性思维；融合认知和情感维度（如果案例具有道德或有争议的维度）；培养协作技能；将知识与现实联系起来；提出论证和反驳
写　作	建立观点之间系统的联系；应用、分析、综合和评价；反思自己的想法；记录自己思维的发展；练习学科规范（如APA格式）；回应反馈和修改
实验室/工作室	培养学科与过程技能；获得即时反馈并作出回应；培养元认知技能（如知道自己的策略）；评估自己工作的结果或产品；接近真实的生活情境
小组作业	比较和对比观点；练习高级认知技能（即应用、分析、综合、评价）；培养元技能，如领导力、沟通、冲突解决；制订解决复杂问题和分配工作的策略和计划

（续上表）

教学策略	适用的目标
口头答问	练习问题解决；复习材料；检查学生的理解；识别和纠正错误观点；个性化教学；回答问题
公共评论	评价；练习给予建设性反馈；自我反思；为自己的工作设想辩护
服务学习	有时被称为基于社区的教学，重视学习经验的服务成分与学生的学习成果
独立的学生项目	深入探索感兴趣的领域；从头到尾构思、计划和执行一个研究或创意项目；独立工作；寻求该领域专家的指导

来源：Identify Appropriate Instructional Strategies. https://www.cmu.edu/teaching/designteach/design/instructionalstrategies/index.html.

第三节　实现本科课程核心学习目标

一、能够显著预测核心学习目标实现的教学活动、教学策略和测评重点

本书第二章介绍个体发展与教育评估（IDEA）中心确定了 13 项本科课程学习目标、19 项教学策略，第五章实证研究发现，高校教师确定的课程目标主要包括 3 项：①知识理解，即对本科目的知识有基本的理解（如事实性知识、方法、原理、原则、理论）；②知识应用，即学会将课程材料应用于提高思维能力、问题解决能力和决策能力；③专业素养，即形成与本课程最相关的领域的专业人员所需的特定的技能、能力和视角。高校课程常见的教学活动包括 10 种：讲授、案例研究、讨论、小组作业、复习/答疑课、公开评议、独立的学生项目、服务学习、学术论文写作、实验室/工作室，以学生在某特定课程上觉知到的各种教学活动的使用频次为自变量，以学生在该门课程教师设定的重要学习目标上的进步程度为因变量，回归分析发现，共有 4 种教学活动分别进入 3 个回归方程，即讲授能显著预测知识理解和专业素养，讨论能显著预测专业素养，案例研究能显著预测知识理解和知识应用，服务学习则对 3 种重要学习目标均有显著预测作用（见表 4-6，详见第五章第三节）。同理，仍是以学生在重要课程学习目标上

的进步程度为因变量，以学生觉知到的 19 种教学策略的使用频次为自变量，回归分析发现，有 6 种教学策略分别进入了 3 个方程。能够显著预测知识理解的教学策略包括：讲清楚课程逻辑、鼓励课外联系、介绍启发观点；能够显著预测知识应用的教学策略包括：介绍启发观点、解答学生问题、鼓励课外联系；能够显著预测专业素养的教学策略包括：让学生参与实践项目、讲清楚课程逻辑、鼓励自我反思。最后，当以课程测评强调记忆、理解还是高阶思维技能的程度为自变量时，回归分析发现，只有高阶思维进入回归方程，说明考核高阶思维而非记忆和理解，能显著预测学生在知识理解、知识应用和专业素养上的进步。

表 4-6　能够显著促进核心学习成果实现的教学活动、教学策略和测评重点

教学活动 / 教学策略 / 测评重点		课程学习目标		
		知识理解（理解专业概念、原理、方法、原则、理论）	知识应用（应用专业知识提高思维、问题解决和决策能力）	专业素养（专业技能、能力、视角）
教学活动	讲授	0.33^{***}	—	0.39^{***}
	讨论	—	—	0.25^{*}
	案例研究	0.31^{**}	0.44^{***}	—
	服务学习	0.28^{**}	0.29^{**}	0.39^{***}
教学策略	讲清楚章节如何与课程相符	0.40^{***}	—	0.32^{***}
	鼓励课外联系	0.31^{***}	0.22^{*}	—
	介绍具有启发意义的观点	0.26^{**}	0.55^{***}	—
	解答学生问题	—	0.23^{**}	—
	让学生参与实践项目	—	—	0.39^{***}
	鼓励自我反思	—	—	0.29^{**}
测评重点	高阶思维（包括应用、分析、评价、创新）	0.32^{**}	0.42^{***}	0.34^{**}

注：单元格的数值代表标准化回归系数，* 代表 $p<0.05$，** 代表 $p<0.01$，*** 代表 $p<0.001$。

二、如何测评课程核心学习目标？

由表4-6可知，高校教师确定的课程核心学习目标集中在知识理解（理解专业概念、原理、方法、原则、理论）、知识应用（应用专业知识提高思维、问题解决和决策能力）、专业素养（专业技能、能力、视角）方面，那么如何设计测评任务，评估这些学习成果是否实现呢？以下举几个真实的测评案例。

（1）案例评估目标：专业素养

评估背景：2020年中山大学心理学系研究生入学考试的心理学研究方法试卷中，有一道大题测查学生对心理学实验方法的掌握。

评估任务1：设计实验

请阅读下列摘要（Schwarz & Dennis Reike, 2019）。如果你是该研究的作者，你会怎样设计这两个实验。

当用手举起物体比较它们的重量时，较小的物体会被判断比具有相同重量的较大物体更重，此即经典的"大小—重量错觉"（Gregory, 2004）。众所周知，数值的增加与物理尺寸的增加密切相关，此即"数量—尺寸一致性效应"（Henik & Tzelgov, 1982）。本研究通过整合这两个经典效应来研究如下问题：如果较小的数字与较小的尺寸相关，而较小尺寸的物体看起来更重，那么相同重量和尺寸但是编号不同的物体（球），是否当编号较小时被判断为更重？我们设计了两个实验来测试此假设，以比较相同大小和重量的编号为1到9的球的重量，实验结果在很大程度上符合新的"数值—重量错觉"解释。

（说明：原题给出的是英文摘要，这里已翻译为中文。）

简要分析：实验心理学是心理学的核心课程，培养学生的实验思维、实验设计和实验实施能力是该门课程的重要学习目标。上述题目选自2019年《心理规律公告与评论（PBR）》期刊论文《数值—重量错觉》的摘要，而后要求学生通过实验的缘起和假设，反推出具体的实验设计，可以说评估任务设计得非常巧妙。该题目至少考核到如下能力：①被试对英文文献的阅读理解；②对心理学实

验设计要素的理解和掌握，包括被试、刺激与仪器、实验程序（包括实验任务、无关变量的控制、试验次数）；③高阶思维能力和专业素养，体现为要成功地解决该问题，学生不仅要理解实验设计包含的要素，而且必须像专业的实验心理学家一样，具有运用知识解决问题的高阶思维技能。

（2）案例评估目标：知识应用能力

评估背景：作者于2021年秋季学期为本科生开设的教育心理学课程设计了一个作业，主要评估学生运用课程核心概念和原理设计微型课程的能力。

评估任务2：设计微课

请根据学习者心理发展特征、有效学习模型、"目标—教学—评估"一致性原理，采用逆向设计法，为中小学教师研修设计微型课程（mini-course），介绍一种创新性的、在常规课堂可以使用的、能够适应学生学习能力差异和学习需求的教学策略。包括但不限于：合作学习、差异化教学、小组教学、课程改进、理解本质、学科结构技术、学习社区和弹性分组。

作业资源：（1）NASP Position: Ability Grouping and Tracking；（2）创新教学知识网络 KNILT（albany.edu）。

简要分析：作者将教育心理学课程的核心内容概括为"4个1"，即1个心理画像、1个学习模型、1个一致性原理、1个逆向教学设计。显然，完成本作业要求学生不仅要理解这些核心知识和原理，并且能够应用这些知识和原理设计出课程产品——微课，以服务于中小学教师研修的实际需要。同时，该作业指向真实的、有挑战性的问题，因为在常规的课堂，学生之间存在巨大的能力差异，如何因材施教、适应学生的能力差异，就需要创新性的教学技术。因此，该作业评估了学生运用专业知识创造性解决真实问题的能力。

（3）案例评估目标：专业素养

评估背景：作者于2019年秋季学期为研究社开设的高级心理测量课程设计了一个组作业，主要评估学生运用专业知识开发心理学量表的能力。

评估任务 3：开发心理学量表

中山大学的人才培养目标是"德才兼备、领袖气质、家国情怀"，包含了品德、才能、领导力、对家庭和国家的责任和情感。那么，如何操作化该培养目标的准确内涵？如何评估该培养目标是否实现或者实现的程度？只有当培养目标能被准确测量，才能判断培养目标是否实现。

小组任务：六人一组（组队应考虑在构念操作化、题目撰写、数据搜集与分析、报告撰写等方面的搭配均衡），从品德、才能、领导力、家国情怀中任选一种构念（construct），研制测评工具，并按照心理测试工具开发的专业要求，验证该测量工具的信、效度。具体要求可参考《教育心理测试标准》

链接：中山大学简介（http://www.sysu.edu.cn/2012/cn/zdgk/zdgk01/15748.htm）

简要分析：对专业硕士而言，高级心理测量的重要学习目标是能够根据社会实际需要，应用心理测量学的模型和技术，设计出符合效度和信度要求的量表。本作业指向一个非常重要的实际问题，即中山大学培养目标的内涵和测量，只有当培养目标可以切实测量和评估时，学校才能判断培养目标的实现程度，为此就需要编制科学的测评工具，以服务于实际需要。很明显，要成功地完成该作业就需要学生能够应用量表开发程序、题目编制、项目分析，信、效度分析等理论和技术，像心理测量学家一样去解决实际问题。

（4）案例评估目标：知识应用能力

评估背景：作者于 2018 年秋季学期为本科生开设的大学生高级心理素质理论与实践设计了一个自我实验作业，主要评估学生应用专业知识和策略进行自我调节的能力。

评估任务 4：自我实验报告

运用学业行为的自我调控模型，从识别自己在学业行为上有待改进的方面（学习动机或学习策略）开始，通过目标设定和策略制定，而后经过一段时间的自我实验（4 周以上），最后评估实验结果和目标实现程度，形成一份

3000 字左右的自我研究报告。内容包括：

　　标题（要提高哪方面学业行为的自我调控能力）

　　1. 自我观察与评价

　　2. 目标设定与策略计划

　　3. 策略实施与监控

　　4. 策略——结果监控

　　附件

　　简要分析：大学生高级心理素质理论与实践课程的核心目标是培养大学生成为自我驱动的高效学习者，课程内容包括：学业的自我管理模型，四步骤的自我调节模型，以及各种有实证研究支撑的动机策略、学习策略、行为与环境管理策略等。本作业的设计旨在使学生能够运用自我调控模型，在自我评估的基础上，选择有效的策略，提升自己在动机或学习策略上的不足，成为自主的高效学习者。很明显，该作业评估学生应用知识改变自我的能力。

　　总括上述 4 个评估任务，其评估重心均指向知识理解、知识应用和专业素养。这是大学与中小学课程评估的区别所在。大学的专业课程有着明确的专业性和问题解决导向，任课教师确定的课程目标也聚焦于知识理解、高阶思维和专业素养。大学课程固然也要求学生记忆和理解基本的事实、概念和原理，但是其核心目标显然不止于此，大学课程要求学生形成基于专业知识的高阶思维技能（问题解决与决策技能），形成本领域专业人员所具有的专业素养（专业技能、能力和视角）。这就要求大学课程的考核评估必须与课程目标一致，能够真实测评到学生的高阶思维能力和专业素养。

三、如何有效实施教学活动以实现课程核心目标？

　　由表 4-6 可知，能够有效促进本科课程核心目标实现的教学活动主要包括讲授、讨论、服务学习、案例研究。以下将逐一分析在教学实践中，如何有效实施这些常见的教学活动。

（一）讲授

虽然人类早已发明了印刷机，理论上学生只要掌握了阅读技能，完全可以通过自学进行自我教育，但实际上，讲授仍然是全世界大学中使用的最广泛的方法。IDEA 中心 2009 年对 178,034 门课程的调查发现，58.6% 的教师选择"讲授"是他们课程使用的首要方法。何为讲授？ Davis 的定义是："课堂讲授是一种特殊的交流形式，其中语音、手势、动作、面部表情和眼神交流可以补充或削弱内容。"此外，"讲授"当然可能包括问答以及各种媒体选项。提高课堂讲授的有效性可以从以下四个方面着手，包括准备与组织、讲授与清晰度、兴趣与刺激，以及反馈与互动。

1. 准备与组织

（1）确定你的学习目标。即通过这堂课，希望学生知道什么或能够做些什么？希望学生在课程结束后或毕业后记住什么，为什么？这些目标中有多少可以通过讲课来实现？如果不是全部，教师还需要做什么？

（2）选择一种形式。Davis 描述了六种组织主题的方法，例如，话题性（"大学教学中有哪些伦理问题？"）和因果性（"哪些历史事件导致了正在研究的事件？"）。Lowman（1995）描述了八种形式的讲座或讲座组合，例如，挑战学生知识或价值观的挑衅性讲座，以及教师讲了一会儿，然后让学生写下他们的反应的间断讲座。

（3）概述讲义内容。列出讲座的主要观点，在每个主要观点下，列出解释每个主要观点的次要观点。

（4）仔细选择实例。选择对学生来说是熟悉和有意义的实例，比抽象或理论描述的段落更有帮助。

（5）对笔记进行标记。对笔记进行颜色编码，标记"分发讲义""显示第一张图表""暂停以提出问题或评论"等建议。PowerPoint 等软件可以包含演示者的注释。

（6）以听众为中心传达观点。以对听众最友好的方式呈现内容。学生从讲座中学到的大部分知识将来自听，而不是看。因此，请使用简单的单词、简短的句子和会话式的说话方式。当然，尽可能通过视觉和听觉来呈现信息。

2. 讲授与清晰度

（1）在第一周了解学生的背景和他们的目标。学生如何加工课程内容将更多与他们的学习和记忆有关，因此，教师需要了解学生的教育目标，包括基本信息，如姓名、专业、以前的相关课程等，以及学生的学习动机。例如，问学生："除了高分，他们希望从课程中得到什么？"

（2）回顾上次课的主要观点。在每次课开始时，快速复习并询问对上次课的教学内容是否有任何问题。

（3）列出大纲并给出提示。使讲授的组织清晰，与学生共享大纲。例如，使用口头指示（"我的第五点和最后一点……"），或比较和对比（"分析和综合之间有什么区别？"）。

（4）将新信息与之前的内容联系起来。定期重复主要观点并帮助学生了解概念之间的联系。

（5）为主要观点提供例子。如果可能，使用大多数学生熟悉的当前的例子。

（6）根据材料的复杂程度调整讲授的进度。如果主题对学生来说很难，就放慢速度，停下来提问，重复要点，或者添加另一个实例。

（7）引入多样性以帮助保持学生的兴趣和注意力。定时停下来，让学生提出与主题相关的问题。也可以请学生评论，学生可能提供额外的相关信息。

（8）允许学生打断以提出相关问题、发表评论或要求回顾。阅读、看视频或听播客都具有回放和复习功能。因此，尽可能让学生有机会"回放"你。

（9）在讲授中定期总结。回顾主要观点以帮助学生吸收材料。

（10）强调重要的材料。教师可以这样说："学生通常学习这个有困难，但这是一个非常重要的概念。"或最终的重点："考试会考！"

3. 兴趣与刺激

兴趣与刺激针对讲授的情感方面。如果学生发现课程材料有趣，他们会学到并记住更多。

（1）以问题、难题、时事或吸引学生注意力的事开始上课。教师可以从一个看似无关但有趣的故事开始，它会阐明课程的主要观点之一。看着学生，四处走动，运用幽默但不以嘲讽学生为代价。

（2）热情。传递教师重视所讲内容。

（3）避免无聊。避免无聊的授课方式。例如，在课文之外不添加任何内容，不提供个人意见，忽略学生的问题，被学生不相关的问题转移话题或离题。

（4）使用多媒体和技术。多媒体演示（如幻灯片、音频、网站）可以讲授内容更丰富、更生动、更直接，并提供多样性。示范和实验能够起到相同作用。

4. 反馈与互动

（1）在讲课的大部分时间里看着学生。学生在听讲吗？他们在做笔记吗？或者他们看起来很困惑？

（2）如果认为学生真没理解，就停下来提问。学生的回答不应只是简单地重复老师说的话。好的提问会明确问题（不同时提多个问题），并给学生思考时间。

（3）尝试一分钟论文。临近下课时，给学生一分钟或更长时间回答："你在这门课上学到的最重要的东西是什么？"或者，"还有什么重要的问题没有得到解答？"

（4）设计问答环节。通过问答可以促进学生更多地思考材料，更深入地组织和加工它。

（5）讲授与讨论相结合。讲一会儿，然后询问学生的反应。继续讲课，包括支持或否定所说内容。

（6）创建正式或非正式的学习小组。使用案例研究、模拟或游戏以及角色扮演等方法改进讲授。例如，采取"思考—结对—分享"活动，提出问题并让学生两人一组提供答案。在课堂总结中，学生听部分讲授，然后小组写出总结。

下面的文本框总结了教师有效讲授需要遵循的 10 个要点，这些要点分属于上述有效讲授的四个方面。教师若能经常对照这些要点进行自我检查，并贯彻于日常教学之中，必然会提高讲授的有效性。

有效讲授要记住的10件事

1. 讲授对于传递知识特别有用，但不太适合更高水平的学习。

2. 决定你希望学生通过讲授理解什么和能做什么。

3. 列出讲稿大纲，首先是主要观点，然后是解释每个主要观点的次要观点。

4. 在讲课之前选择相关的实例，选择学生熟悉和有意义的实例。

5. 了解学生的背景和他们的目标。

6. 允许学生打断你以提出相关问题、发表评论或要求回顾。

7. 在讲授中穿插阶段性的总结。

8. 从一个问题、难题、当前事件或一些能吸引学生注意力的事情开始。

9. 看着学生讲。如果你认为他们不理解你，停下来提问。

10. 使用主动学习技术。使用技术辅助工具，如多媒体演示。

总体来说，讲授既有优势，又存在局限性。其优势体现在：①讲授对于传递知识特别有用，在设计课堂讲授时，教师通过评估学生对该主题的背景知识，通过确定哪些概念和原则对学生来说是新信息，通过开发与特定学期修课学生特别相关的材料，使材料对学生有意义；②在课堂讲授中，教师表现出对主题的热情，能够向学生传达主题的内在兴趣；③讲授可以展示某个领域的专家如何思考、处理以及尝试解决问题；④讲授可以整合分散的材料，描述最新的发现或问题。讲授法的局限性体现在难以促进高水平的学习，如应用、分析、综合、评价和创造。在教师的单向讲授中，学生大多是被动的，这导致学习者的注意力迅速减弱。单向讲授难以搜集到学生的反馈，这成为另一个问题。此外，虽然教师假设学生在学习速度、认知技能、背景知识、对主题的兴趣等方面比较相似，但学生理解水平实际上可能存在巨大差异，导致讲授法难以适应学生之间的个体差异。

（二）讨论

讨论是促进主动学习的教学方法的原型。讨论可被定义为："由学生评论组成，由教师频繁的探查和澄清分隔，目的是促进整个班级的参与和思维发展。"讨论表现为师生之间，更重要的是学生之间的双向口头交流。讨论可以采取逐个陈述、对话、引导式或开放式交流形式，目的是让学生积极加工他们在讲授中学到的东西。讨论是一种复杂的教学方法，需要教师和学生仔细计划和准备。以下从四个方面探讨如何促进学生参与课堂讨论，包括创造学生参与讨论的期望、教师的角色、学生的角色，以及促进学生参与的策略。

1. 创造学生参与讨论的期望

创造一个支持讨论的物理环境。安排座位时最好形成某种圆形或曲线，让每个人都能看到彼此。在课程早期，让学生通过交流相互了解，以口头方式或在教学大纲中阐明对学生参与讨论的期望，包括讨论的基本规则。例如，上课前做好准备，完成阅读任务或相应的研究；参与讨论并检验他们的想法和结论；举手发言。典型的课堂讨论包括以下阶段：

（1）界定重点讨论的问题、主题或难题。

（2）让学生提出可能的答案或解决方案。

（3）收集有助于回答问题的相关信息或数据。

（4）评估学生在讨论时提出的立场或解决方案。

（5）尝试让小组基于讨论决定最佳的解决方案。

为确保学生认真对待讨论，教师可能需要调整现有的奖励制度。如需对学生的参与进行评分，说明如何进行。可以考虑使用自我评估、同伴评估和量规，量规从行为上描述了期望的和不可接受的参与程度。

2. 教师的角色

（1）了解学生。除了班级名册外，教师还需要了解学生的背景和目标。

（2）做好准备。教师需要准备好探讨与讨论主题有合理联系的任何问题。教师必须非常了解该主题。准备好解决学生可能提出的潜在问题。列出可能的答案或回应。

（3）开始讨论。开始讨论的方式有多种：提出问题、争论或共同经验。策略包括从学生的现实生活中选择一些事情，或者通过阅读、电影或媒体例子提供共同经验。确保学生有足够的信息使得讨论富有成效。

（4）促进讨论。要有耐心，因为讨论需要时间才能开始。允许停顿和沉默，虽然沉默可能会让人觉得尴尬，但它让教师和学生都有时间思考。教师需要训练学生和自己对沉默感到自在，听听每个学生说什么，观察谁在参与和谁没参与。

（5）提出问题。让学生澄清或支持自己的评论或意见；使用开放式问题（不能简单地用"是"或"否"或一个词来回答）；提出不同的问题（可以有多个可接受的答案）。不要对单个学生提问太久。

（6）处理冲突。不要忽视冲突。首先，尝试澄清存在的分歧；这可能只是一种认识误区。直观地列出优缺点（如白板、讲义、讨论板）可能会有所帮助。如果冲突涉及许多学生，让小组以某种方式讨论他们的分歧。

（7）提供总结。在讨论最后，对讨论进行总结或提供一些结论。核实小组共识并检查所有学生是否真的同意："该陈述是否反映了你们所有人的想法？"

（8）反思讨论中发生的事情。讨论结束后，想一想哪些地方行得通，哪些地方可以改变做法。想一想哪些学生参与或未参与讨论。哪一个学生贡献最大？是否有学生占支配地位？学生评论的质量如何？学生们学到了什么？

3. 学生的角色

（1）学生应为讨论做好准备。包括完成阅读作业以及在该主题的背景下思考它。

（2）学生应该参与讨论。假设讨论是课程的必需部分，课程评分应包括讨论的参与情况。

（3）学生应当清晰解释。要求学生提出想法，清晰简洁地解释他们的想法或结论。

（4）学生应当倾听。学生应当学会倾听。为防止不听他人发言，讨论时可以增加一条规则，即任何人必须首先转述前一位演讲者的发言直到其满意，才能发表自己的观点。

4. 促进学生参与的策略

教师首先应了解学生参与讨论的障碍和对讨论持有的错误假设，提供针对性建议帮助学生克服这些障碍。Svinicki 和 McKeachie（2011）分析有五个障碍阻碍学生参与讨论：被动学习的习惯；害怕显得愚蠢；太过努力地寻找老师要的答案；没有看到讨论主题或过程的价值；在思考替代方案之前就想确定解决方案。Davis（2009）概述了学生在讨论中经常持有的六个错误假设：个体必须只赞成一个立场；知识实际上只是意见；个人经验是知识的真正来源；除非达成一致，否则不应讨论问题；当想法受到挑战时，个人权利就受到侵犯；个体在讨论中永远不应感到不舒服。Davis（2009）提出了促进学生讨论的建议，例如，学生应当寻找最好的答案，而非试图说服别人相信他们的答案是正确的；他们应当保持开放的心态，而非固守先前的观点；在介绍新问题之前，学生应该关注当前的问题。其他的促进讨论参与的策略包括：

（1）问一般性（不同的）问题。问题可以有多个可接受的答案（如"你对……有什么看法？"）可以引发更多的讨论。此外，在讨论之前向学生提出关于阅读材料的问题。

（2）避免只看正在发言的学生。尽管移开视线似乎违反常理，而且眼神交流确实可以告诉学生你正在注意，但注视学生太久可能是一种威胁。此外，教师需要监控小组中其他学生的反应。

（3）控制讲话过多的学生。要听取尚未发言的学生的意见，避免自动地先叫说得最多的学生发言。如果某个学生的过度讲话成为问题，教师可能需在课外与该学生讨论。观看课程录像可以提供有关此的有用信息。

（4）要求提供实例和说明。这在讨论复杂的想法或学生难以理解的概念时尤为重要。

（5）允许暂停和沉默。即使是一分钟的沉默，也能让学生和你有时间思考。这种"等待时间"对内向且可能没有机会参与的学生特别有帮助。

（6）对情感反应敏感。某些话题可能会产生强烈的负面或正面情绪，随着讨论的进行，学生可能会变得烦躁或生气，进而成为学习的障碍。教师可以对出现的问题进行讨论，例如说："你似乎对此有强烈的感情，你能再谈谈吗？"教师可能需要在课后与学生交谈。

（7）鼓励和认可学生的贡献。教师应仔细倾听每个学生的评论，可以通过复述表明自己的理解。让学生有机会澄清他们的意见，或将学生 B 的评论与学生 A 的发言联系起来。

使用课堂讨论时，教师不应对上述建议墨守成规，而是应实事求是地自问："这些建议在多大程度上能够帮助我班上的学生？"从而做出明智的决策。

作为一种教学方法，讨论法同样存在优势和局限性。它的优势体现在：①它能促进许多课程目标，除了澄清内容、教授理性思维和强调情感判断外，还能有效提高学生的课堂参与和主动学习；②能够有效培养学生的思维技能和更高水平的学习，如应用、分析、综合和评价以及创造力；③讨论能帮助学生获得更好的沟通技巧，包括清晰简明地陈述观点和倾听他人；④能促进学生的情感发展，增加他们对各种主题的兴趣、帮助他们澄清价值观，认清甚至改变态度；⑤通过问题、评论、阐述和论证向教师提供有关学生学习收获的反馈，加深教师对学生理解深度的了解。讨论的局限性体现为：不适合涵盖大量内容、很耗时、需要更多的准备和课堂时间。然而，即使老师准备得非常充分，讨论也可能不会按照预期的方向进行，从而导致教师的控制力下降。此外，让学生参与讨论也很困难，特别是一些学生不知道如何有效参与。最后，讨论的话题可能非常有争议并引起过度的情绪反应。

（三）服务学习

服务学习（SL）是一种教与学的方法，它为学生提供了一个独特的机会，可以应用他们在课堂上学到的知识和技能来解决现实生活中的社区问题并开发造福人类的真实服务。研究指出，服务学习体验可以通过多种方式对学生参与者产生积极影响，例如，提高学业成绩，包括学生的学业成绩和学业投入；增强公民责任；加强自尊、自我效能、心理弹性；提供职业选择。然而，要产生积极的影响，服务学习计划必须是符合服务学习质量标准的优质体验。

2008 年，美国全国青年领导协会（NYLC）为服务学习优质实践制定了一套质量标准，以提高服务学习作为教学策略的一致性和严谨性。NYLC 要求服务学习项目必须将项目与课程标准联系起来；包含有意义的服务；保持持续时间和强度（70–80 小时的 SL）；理解多样性；在计划、实施和评估学生项目中考虑学生的意见；与社区伙伴合作；在活动之前、期间和之后采用包含高阶思维技能和 / 或技术的反思；在整个项目中始终监控进度。

如何将服务学习的质量标准转化为实际的服务学习项目？青年服务美国社团于 2009 年提出了 IPARD/C 模型，可帮助将服务理念转化为现实。该过程包括如下步骤：

（1）调查（Investigation）：通过调查确定本地、国家或全球的需求。

（2）准备和计划（Preparation and Planning）：制定变革策略和成功的共同愿景。

（3）行动（Action）：实施服务活动，让变革发生。

（4）反思（Reflection）：思考服务和学习如何与学生、学生社区和学生的未来相关。

（5）展示 / 庆祝（Demonstration/Celebration）：展示学生的成绩，庆祝学生的成果。

以下介绍三个成功的 STEM 服务学习项目。

项目 1：露天剧场

阿拉巴马州南部的一所中学（260 名学生）开发了价值 30,000.00 美元的露天剧场和公园，供学校和社区共享。社区合作伙伴包括当地的志愿者组织劳氏公司和当地议员。该项目聚焦于两个具体目标：①获得一个笔记本电脑实验室，学生可以用它来研究在公园发现的当地的动植物；②建造一个社区露天剧场，供学校和当地社区的成员共享。这个为期 12 个月的项目由中学助理校长和两名科学老师监督，符合所有服务学习质量标准：

· 帮助学生选择对他们有意义的问题；

· 在整个计划、实施和评估过程中，允许学生使用学生意见；

· 通过基于问题、基于探究的方法研究问题；

· 确保学生处理的是科学课程指定的内容标准；

· 在长达 70 小时为期一年的持续过程中监控进度；

· 与社区伙伴合作；

· 确保高水平的服务和改进反思。

与参与项目之前相比，学生对科学、成就和公民参与表现出更积极的态度。规划并帮助建造社区露天剧场的学生将作为社区公民享用它。

项目 2：水质检测项目

一所初中的服务学习项目聚焦于水质，因为该校所在县是阿拉巴马州每千人癌症发病率最高的县之一。这个为期 2 年的项目包括 420 名学生，合作伙伴包括当地水务局和当地县卫生局。学生每周有 1 到 2 天在科学课上参与该项目（与他们的科学课程一致），测试供饮用的水井，以及所有城市系统、小溪、河流和池塘。然后，学生们制作和分发信息表，向提供测试水源的个体报告。教师报告了公民责任后测进步，但没有报告学业成就。

项目 3：认识癌症项目

这个阿拉巴马州中部的七年级科学班级研究了癌症的原因和影响，该服务学习项目为期 10 个月（80 小时），并与州课程标准保持一致。具体地说，学生们了解了异常细胞分裂、黑色素瘤、肺癌、基因变异以及病毒和疾病。他们的社区合作伙伴包括美国癌症协会、位于阿拉巴马州亨茨维尔的哈德森阿尔法集团、美国红十字会、当地一家临终关怀医院、西点浸信会教堂和当地一家沃尔玛超市。学生们举办了一场认识癌症之夜，重点关注癌症、癌症治疗以及如何处理朋友和亲人的死亡。学生们为 500 多名社区公民制作了幻灯片、小册子和海报，然后在学校食堂举行了烧烤庆祝晚宴。学生们还招募了志愿者参加下周末举行的生命接力活动——5 公里马拉松（生命接力活动是改变生命的癌症筹款活动）。最后，学生组织实施了学校献血活动，捐赠了 40 单位的血液。

结果显示，在所有三个测量指标上，包括学业成就和学业投入、公民责任和心理弹性，参加服务学习项目的学生都取得了进步。需要注意的是，在服务学习的全过程中，教师与社区合作伙伴合作，整合服务学习质量标准、批判性思维技能和职业准备，指导并推动项目的开展。与教师的讲授相比，服务学习教学活动让学生有机会在计划、实施和评估项目方面发挥领导力。当学生确定学校 / 社区问题并解决它们时，他们使用问题解决和探究式来学习构建知识的教学策略。学生的服务学习经验越多，他们作为成年人继续识别和解决社区问题的可能性就越大。

（四）案例研究

案例研究是基于问题的学习（PBL）的一种类型，侧重于向学生展示艰难的决策和问题解决困境，能够帮助阐明课程内容如何转化成现实。使用案例研究有很多益处：①增加课程中传递的典型内容的多样性，简单的节奏变化可以帮助学生重新专注并记忆课程知识。②促进主动学习，案例研究经常挑战学生关于学习如何发生的偏见，为学生实际应用课程内容提供机会，促进学习迁移的发生。在传统的知识传递教学法中，学生被动等待直至信息呈现给他们，然后在被提示记忆时才努力记住它。③案例研究促使学生思考没有明确答案的难题，设计自己的学习过程，自我指导而非依赖教师指导。

Nilson（2010）提出了一种独特的基于案例的作业开发方法，称为连续案例研究。连续案例研究分段呈现故事，类似于章节书的呈现形式。章节书为读者提供了更丰富的内容和细节，更深刻的故事情节和更长的叙述。连续案例研究通过分段呈现需要高级认知参与的复杂故事逐步加深学生的学习体验。首先，连续案例增加了越来越真实的场景，这些场景通常会增加内容的深度。其次，连续案例基于良好案例设计的不确定性，通过创造一个持续发展的悬念，使学生在故事推进过程中产生紧迫感。虽然学生知道新信息即将到来或可能发生变化，但他们仍不确定故事的未来。开发一个设计良好、符合多项标准的连续案例至关重要。

设计案例研究不只是编写一个故事，重要的是案例故事应当满足课程特定的学习成果。Nilson（2010）描述了良好案例设计的四个必备成分。首先，案例必须是现实的。学生能够更好地识别具有生活特征、历史背景和与其生活相关的案例内容。其次，案例应提示学生利用先前的知识，最好使用他们熟悉的课程内容。再次，案例需要足够的模糊性，以便学生可以创建自己独特的问题解决过程和方案。否则，学生不太可能保持专注和投入任务。最后，案例必须激发紧迫感。虽然学生知道案例只是对真实事件的说明，但是激发解决方案制订的时间紧迫感，更可能吸引他们的注意。

以下是设计连续案例研究的十个步骤，遵循这些步骤不能保证实施案例成功，但是提高案例设计的意识性无疑会提高设计的案例研究的有效性。

（1）确定案例中要使用的课程内容。课程内容应当支持课程学习成果，并逐步揭示故事情节。为此，教师可以分析哪些课程内容已被细分？是否一些课程内容随着时间推移呈现会更有效？例如，如果课程目标是介绍课堂动机和投入的来源，那么 MUSIC 模型已将学业动机划分为五个基本要素。此外，教师应该确定哪些课程内容对学生在实际环境中应用最为重要？以职前教师课程为例，他们理解教育实践中的各种标准、道德准则和良好教学原则非常重要。因此，设计需要上述知识基础的真实场景，将有助于职前教师更深入地理解和应用关键概念。无论学科如何，重要的是有意识地选择课程内容，并确保与课程学习成果保持一致。

（2）开发扣人心弦且真实的总故事。确保场景、人物、情节和冲突是真实的并且与学习者相关，并且故事顺序合理。

（3）将故事分成几个部分，使其适应连续案例的形式并与课程内容保持一致。一定要以介绍开始，包括对最相关的课程内容的清晰说明，并以总结结束。结束很重要，因为起到在最后一次总结关键概念并提供对尚待解决问题的简要总结的作用。

（4）分别考虑案例的每个部分，以确保这些部分能够独立和共同发挥作用。每个部分都会直接提到关键的课程内容，但它必须首先提供一种紧迫感，迫使读者准备探索新信息。故事"流"对学生投入至关重要。

（5）提出问题。问题应该清晰简洁，并且应当提示学生使用他们与课程内容相关的先备知识，可能还包括他们的生活经历。

（6）确定案例中将包含和不包含的内容。因为案例应当保持一定的模糊性，所以决定学生需要（或不需要）哪些内容以解决案例问题很重要。

（7）修改案例片段（根据需要）以最好地代表课程内容并仍然适合整体的故事情节。

a. 在连续案例中，每部分应当能够独立存在并融入整个故事（参见步骤 3 ）。

b. 在写完整个案例故事后，必须重新阅读故事以确定它是否流畅（参见步骤4）。

（8）设计提示，明确指导学生对他们回答的内容和形式的预期。提示应当在案例的每部分之后。为每个案例片段编写提示的良好实践是使用基于问题或基于行为的陈述。

a. 一个好的基于问题的提示可能是这样的："运用（课程内容），（一个或多个角色）如何最有效地回应（清晰地重述所提出的问题）？"

b. 一个好的基于行为的提示可能是这样的："创建一个（要创建的东西），它使用（课程内容）来回应（清晰地重述问题）。"

这两种情况都鼓励学生使用更高级的认知行为。学生将超越基本的记忆和理解，使用应用、分析、评价和创造等高阶认知活动以最好地回应给定的场景。

（9）为确定连续案例的信度，请对课程内容有基本了解的人完成案例的全部或几个部分。建议对至少三位可信赖的同事完成的回答进行评分者间的比较。

（10）促进（如果设计用于现场或在线、同步活动）或管理（如果设计用于个人或小组作业、课外或在线、异步活动）连续案例研究。

在大学层面，连续案例为教师提供教学（课内和课外）和学术（数据收集方法）应用。以下是课堂中教师使用连续案例评估学生学习的实例。该实例从教师视角出发，提供对在课堂中使用连续案例研究的益处和挑战。

连续案例作为课堂中教师促进的活动①

期中考试为教师提供了独特的机会，可以搜集课程中期学生进步的信息。在一所综合性大学的教师教育项目的导论课程中，学生需要通过美国历史、哲学基础、理论框架以及有效教学实践来了解美国教育。为了避免学生经常描述的"所有其他教授都做的事"，我决定将连续案例研究作为课堂活动，以更好地了解我的学生如何记住、理解和应用我们在秋季学期的上半学期涵盖的概念。随着期中考试临近万圣节，我用著名的怪物和可怕的故事设计了

---

① Grimes, Matthew W. 2019. The Continuous Case Study: Designing a Unique Assessment of Student Learning. International Journal of Teaching and Learning in Higher Education, 31 (1): 143.

一个案例故事。我使用幻灯片展示连续案例，让学生分组解决案例中的问题。我创造了一种紧迫感，不仅因为所包含的角色性质，还因为设计了假想学年的行为问题的总体主题。

我以 Van Helsing 教授的身份促进这项活动，提供了来自 Translyvania 的有挑战性的父母（只能在天黑后参加家长—教师会议）的分段场景，里面有非常吓人的、有愤怒问题的学生，以及一个有趣的名叫 Damien 的小男孩。我将这些部分与课程成果联系起来，聚焦于理解学校管理和课堂管理技术的典型结构，以及在课堂中应用各种教育理念和方法。

课堂中教师促进方法的挑战。准备那天的课花了很长时间。多年来，我可能花两到三个小时为以前的课程准备选择题题型的期中考试。设计一个持续将近 150 分钟的构答反应期中考试非常耗时。此外，正如我可能给学生贴上"精力耗尽"的标签那样，大约 90 分钟后，学生的投入度和注意力开始减弱。

在课堂中教师促进方法的益处。学生喜欢案例故事中的文字游戏和创造力。很明显，基于团队的问题解决帮助许多学生发展了更加全面的解决方案，和解决方案所使用的研究课程和外部内容的独特方法。此外，正如 Grimes 的一位学生所说，期中考试的轻松语气比他们参加的其他期中考试"压力要小很多"。

连续案例研究的设计和使用提供了一种独特的、适应性强的教学策略，可用于鼓励和评估学生的学习。无论如何被应用，连续案例研究必须至少遵循两个关键规则。首先，连续案例研究必须包括引人入胜的故事以吸引读者的兴趣并产生紧迫感，从而增加学生参与解决案例核心问题的可能性。此外，连续案例研究不仅应扎根于相关课程内容，与学习成果明确相关，而且还应激发学习者行为的发展，从直接回忆信息转变为更复杂的认知活动，例如，将看似不同的知识整合为自我生成的综合解决方案。

四、促进记忆和理解的学习策略

前文介绍的讲授、讨论、服务学习、案例研究四种教学方法能够有效促进本科课程核心目标的实现，即知识理解、知识应用和专业素养。除了高阶思维，记忆和理解是本科课程不可忽视的教学目标，教会学生掌握并使用有效的记忆与理解策略，必然会促进课程高阶目标的实现。本节介绍 Dunlosky 等（2013）做的综述研究，该研究根据每项学习策略的益处能够推广到四类变量（学习条件、学生特征、学习材料和测试任务）的程度，评估了自我测试、分散练习、自我解释等十项学习策略（learning techniques）的实用性。其中，学习条件是指实施该策略的学习环境方面，例如学生是单独学习还是与小组一起学习。学生特征是指年龄、能力和先备知识水平等变量。学习材料包括从简单的概念到数学问题再到复杂的科学文本。测试任务是指与学生成就相关的成果指标，如测量记忆、问题解决和理解。Dunlosky 等的研究发现，自我测试和分散练习的相对效用最高，详细审问、自我解释和交叉练习的相对效用居中，总结、高亮或下划线标记、关键词记忆术、使用意象学习文本、重读这五种策略的相对效用最低。十种学习策略的定义、作用机制和使用建议如表 4-7 所示。

表 4-7　十种学习策略的定义、作用机制和使用建议

策略名称	策略定义	作用机制	使用建议	实用性
自我测试（practice testing）	对学习材料进行自我测试，能够增强记忆和理解	直接效应：测试通过引发精细的提取过程提高记忆。中介效应：测试促进了随后的再学习中对更有效的介质的编码	使用任何形式的测试练习，包括记忆卡、练习题、教科书章节后的问题，或模拟考试等	高
分散练习（distributed practice）	将学习分散在一段时间比集中练习更有利于长时记忆	加工不足说：当时间过于接近时，第二次学习时对材料的加工变得糟糕。提醒说：学习材料的再次呈现提醒学习者曾经学过，导致它被提取	将记忆材料分散在单一学习阶段或多个学习阶段	高
详细审问（elaborative interrogation）	对学习材料多提问"为什么"并做出解释能够促进记忆	详细审问通过激活学习者已有知识，支持新信息与已有知识的整合来增强学习	对学习材料多提问"为什么"。例如，为什么这是真的？为什么这个事实适用于这个 X 而不是其他的 X？	中

（续上表）

策略名称	策略定义	作用机制	使用建议	实用性
自我解释（self-explanation）	学习时向自己提问并解释学习材料的意义能够促进记忆和理解	自我解释通过支持新信息与已有知识的整合来增强学习	学习时多提问和自我解释：这句话意味着什么？它与我已经知道的东西有什么联系？	中
交叉练习（interleaved practice）	交替练习不同类型的题目或问题能够促进记忆	交叉练习帮助学习者区分不同类型的问题，使他们更有可能对每个问题使用正确的解决方法	学习时交替练习不同类型的题目或问题	中
总结（summarization）	概括所学文本的主要观点能促进学习和记忆	总结需要学习者注意和提取材料更高水平的意义和要点。提升了学生对文本意义的加工和提取程度	学习时多撰写高质量的总结，即信息正确、强调要点，与已有知识相联系	低
高亮或下划线标记（highlighting or underlining）	用高亮突出或下划线标记材料能够促进对标记材料的记忆	类似于分离效应，标记能够"弹出"需要记忆的文本，促进对它们的注意和加工	阅读时明确限制标记的文本数量，避免过度标记	低
关键词记忆术（the keyword memonic）	使用交互式意象促进记忆和理解的策略	关键词记忆术使用交互式意象对单词意义进行精细加工，图像将想要的翻译与其他备选翻译区分开	记忆外语单词和文本时，使用关键词记忆术形成交互式意象	低
使用意象学习文本（imagery use for text learning）	在阅读文本时使用简单清晰的意象想象每个段落的内容可以提高记忆和理解	形成意象可以增强个体的心理组织或对文本信息的整合。对文本中特定事物的特殊意象也能促进学习	阅读文本时使用简单清晰的意象想象阅读的内容	低
重读（rereading）	重复阅读文本能够提高记忆成绩	重读增加了编码的信息总量（定量假设），增强了概念组织和对主要观点的加工（定性假设）	重复阅读文本	低

来源：作者整理自 John Dunlosky 等（2013）的综述研究。

表4-7中的学习策略的作用机制和使用建议简要介绍如下。

（1）自我测试。心理学数百个实验表明，与再学习（restudy）相比，自我测试能够显著增强学习和记忆。作为学习策略的测试练习是指低风险或无风险测试，通常由学生自主或课外学习时完成，它与教师实施的高风险、终结性评估不同。学生自主实施的测试练习可以包括任何形式，例如，使用记忆卡回忆信息，完成教科书章节后的习题或电子教科书提供的模拟测试。测试练习对记忆的促进作用也被称为测试效应，那么，测试练习起作用的机制是什么？心理学家提出测试的直接效应和中介效应对此效果进行解释：直接效应是指由参加测试的行为本身引起的学习变化；中介效应是指由于测试对测试后发生的编码的数量或类型的影响而引起的学习变化。关于直接效应，Carpenter（2009）提出测试通过引发精细的提取过程来提高记忆力。尝试提取目标信息包含对激活相关信息的长时记忆的搜索，被激活的信息可以与提取到的目标一起编码，形成精细轨迹，提供多种路径以促进以后对该信息的提取。关于中介效应，Pyc 和 Rawson（2010）提出的解释是测试练习促进了在随后的再学习机会中对更有效的介质即连接线索和目标的详细信息的编码。证据还表明，测试练习可以提高学生在心理上组织信息的能力以及他们处理个别项目的特殊方面的能力，这些共同支持更好的记忆和测试表现。尽管大多数研究发现测试练习能够促进记忆，但最近的一些研究发现测试练习也能够促进理解。

（2）分散练习。分散练习是指将学习分散在一段时间进行，可以分散在单一学习阶段或多个学习阶段。分散练习效应包含分散效应（分散练习比集中练习更有利于长时记忆）和滞后效应（分散练习在间距较长的滞后测验上的成绩明显优于在间距较短的滞后测验上的成绩）。为什么分散练习比集中练习更能促进长时记忆？研究者对此提出了两种理论：加工不足说和提醒说。加工不足说认为，集中练习条件下第二次学习时对材料的加工变得糟糕，因为学生刚刚完成初始学习时段，他们不必非常努力地重读笔记或从记忆中提取内容，因此可能会被第二项任务的轻松误导，认为他们比实际情况更了解材料（Bahrick & Hall, 2005）。提醒说认为，分散练习条件下学习材料的第二次呈现起到提醒学习者第一次学习经验的作用，导致它被提取，其过程类似于自我测试中的直接效应。

（3）详细审问。详细审问鼓励学习者提问"为什么"并做出解释。大量研究表明，利用人类的好奇心，对学习材料不断地提问"为什么"，能够促进学习和记忆。详细审问的关键是促使学习者对明确陈述的事实做出解释。例如，"为什么……有意义？""为什么这是真的？"或者简单的"为什么？"。详细审问的通用格式是："为什么这个事实适用于这个 X 而不是其他的 X ？"对详细审问效应的理论解释是，详细审问通过支持新信息与已有知识的整合来增强学习。在审问过程中，学习者可能会"激活图式……这些图式反过来有助于组织新的信息，从而促进提取"（Willoughby & Wood，1994）。尽管新事实与已有知识的整合可能会促进对该信息的组织，但仅有组织是不够的——学生还必须能够区分相关事实，以便在确认或使用所学信息时准确无误（Hunt，2006）。为此，大多数详细审问策略明确或内隐地要求确定相关对象之间的相似性和差异性。研究还发现：当精细加工是精确而非不精确时，当已有知识较多而不是较少时，以及当精细加工是自我生成而不是被提供时，详细审问的效应更大。

（4）自我解释。自我解释指学习者在学习时向自己提问并解释学习材料的意义。自我解释研究使用的提示可视为一个连续体，在连续体的一端没有明确提及学习材料中的特定内容。例如，自我解释："这句话对你意味着什么？这句话为你提供了什么新信息？它与你已经知道的东西有什么联系？"在连续体的另一端，提示因基于学习内容而更加具体，例如，"为什么作者使用牛顿第二定律进行计算？""为什么这一步的分母是测验总分的方差？"类似于详细审问，自我解释通过支持新信息与已有知识的整合来增强记忆和理解。

（5）交叉练习。交叉练习指学生交替练习不同类型的题目或问题。大量证据表明，交叉练习可以提高某些条件下的运动学习（Wulf & Shea，2002），以及认知任务上的表现。交叉练习是相对于整组练习而言。例如，Rohrer 和 Taylor（2007）教大学生计算不同几何体的体积，学生需要学习求解四种不同几何体的体积，并完成 16 道习题。整组练习条件下的学生首先阅读求解特定立体体积的教程，紧接着做针对该种立体的四道习题。然后学习下一种立体体积的求解并做针对性习题，以此类推。交叉练习条件下的学生首先阅读所有四个教程，然后完成四组习题，每组习题包括四种立体中的一种。结果发现，在练习期，整组练习的成绩优于交叉练习，但在滞后的标准测试中，交叉练习比整组练习准确度提高了 43%，研究证实了典型的交叉效应。对交叉效应的一种解释是，交叉练习帮助学生区分不同类型的问题，以便他们更有可能对每个问题使用正确的解决方法。交叉练习如何产生这些益处？一种可能是交叉练习促进了组织加工和对特定题目的加工，交叉练习允许学生更容易地比较不同类型的问题。例如，在 Rohrer 和 Taylor（2007）的研究中，当学生在交叉练习中求解一种立体的体积时，用于解决上一个不同类型立体积的求解方法仍然存留在工作记忆中，因此鼓励比较两个问题及不同的公式。另一种可能与交叉练习提供了对长时记忆的分布式提取有关。对于整组练习，与完成任务相关的信息应当存留在工作记忆中，因此，被试不必检索解决方案。与此相反，对于交叉练习，当提出下一类问题时，学习者必须从长时记忆中提取其解决方法，这种延时的测试练习增加了对提取信息的记忆。

（6）总结。总结是指让学习者概括所学文本的主要观点。成功的概括需要识别文本的要点，排除不重要或重复的材料。Bretzing 和 Kulhavy（1979）的经典研究让高中学生学习一篇 2000 字的文本，学生被分配到五种学习条件：阅读完每一页后，总结组学生被要求写三行文字，总结该页的要点；笔记组学生被要求在阅读时在每页文本上做最多三行笔记；逐字抄写组学生被要求找到并抄写每页上最重要的三行；字母搜索组学生抄写课文中所有大写的单词，也填写了三行；对照组学生只是阅读文本而不记录任何内容。在学习后的即时和延迟测试上，总结组和笔记组的学生表现最好，其次是逐字抄写组和对照组的学生，字母搜索组的学生表现最差。研究证实总结能促进学习和记忆。总结效应的原因在于它需要学习者注意和提取材料更高水平的意义和要点。字母搜索条件涉及文本的浅层处理，不需要学习者提取其意义。逐字抄写组学生虽然必须在文本中找到最重要的信息，但他们没有将其概括或在笔记中重新表述。因此，用自己的话写下重点比选择重要信息更有益。总结和笔记提升了学生对文本意义的加工和提取程度，有助于学生识别和组织文本的主要观点。有研究者认为总结不是一种策略而是一系列策略，总结可能包括：单词、句子或较长的段落；长度有限制或无限制；包含整个文本或部分文本；被书写或大声说出；根据记忆或文本产生。与探讨总结本身以及不加训练的总结何时及如何起作用相比，研究人员更倾向探索如何训练学生写出更好的总结。例如，Bednall 和 Kehoe（2011）的研究发现，包含更多信息并与先验知识相联系的高质量总结与更好的成绩相关。高质量总结应包含正确的信息，强调文本的要点。

（7）高亮或下划线标记。学生在阅读时经常用高亮或下划线标记材料。这些策略易于使用，不需培训，且不需在阅读之外投入大量时间，因而对学生很有吸引力。问题是，该技术真的有效吗？许多研究表明，阅读标记文本能够促进对标记材料的记忆，学生更可能记住文本中被突出的内容。此外，主动标记比被动阅读已标记文本更有助于记忆，这可能与主动标记需要额外的组织加工有关。如何解释标记效应？研究者引入了分离效应概念。分离效应指列表中语义或语音上独特的项目比不太独特的项目更容易被记住。例如，在家具类的一列词（如"桌子""床""椅子""桌子"）中学习一个动物类的词（如"牛"），比与在动物类的一列词（如"山羊""猪""马""鸡"）中学习一个同类的词"牛"，学生更可能回忆起"牛"。类似于分离效应，高亮或下划线标记能够"弹出"需要记忆的文本，将它们从背景中分离出来，促进学习者对它们的注意和加工。更准确地说，标记的质量对该策略是否有助于学习至关重要。Fowler 和 Barker（1974）研究发现，被高亮标记的文本数量与测试成绩呈负相关。过度标记会降低标记文本与其他文本的区别，过度标记比限制性标记需要更少的加工。当明确限制标记的文本数量时，更可能获得标记文本的益处。例如，Rickards 和 August（1975）发现，当明确限制每段只能用下划线标记一个句子时，与没有标记要求的对照组相比，被试能够回忆起更多的文本。

（8）关键词记忆术。关键词记忆术是一种使用交互式意象促进学习的策略。该策略通常用于记忆和理解外语单词和文本材料。假设用关键词记忆术学习法语词汇 la dent（牙齿），学生首先需要找到一个与要学的外语单词听起来相似的英语单词，如牙医（dentist）之于"la dent"。然后，学生形成英语关键词与英语翻译互动的心理意象。对于 la dent-tooth，学生可能会想象牙医用钳子夹着一颗大臼齿。在后续测试中，学生被要求在呈现法语单词时提供英语翻译（如"la dent"–?）。研究发现，使用关键词记忆术的学生在测试中的成绩，明显优于没有使用关键词的对照组学生。关键词记忆术的作用机制在于使用交互式意象（interactive imagery）。交互式意象包含了整合单词意义的精细加工，图像本身有助于将想要的翻译与其它备选翻译区分开来。例如，在上例中，"大白齿"的图像将"牙齿"（目标）与其他与牙医相关的备选对象（如牙龈、钻头、牙线等）区分开来。但是，也有研究发现关键词记忆术导致遗忘加速，不能产生持久的记忆。在较长延时的条件下，当学生解码每张图像以提取记忆目标时，解码可能变得特别困难。例如，当学生从"牙医用钳子夹着一颗大白齿"提取目标时，他可能难以确定目标是"白齿""牙齿""钳子"，还是"牙釉质"。

（9）使用意象学习文本。使用意象学习文本是指要求学生在阅读文本时使用简单清晰的图像在内心想象每个段落的内容，与仅被告知阅读文本以进行理解的对照组相比，对每个段落的内容进行心理想象显著提高了实验组学生的理解测试成绩。考虑到这种策略不需要培训，文本涉及复杂的科学内容，以及测验要求学习者对内容进行推断，这种提升效果还是令人印象深刻（Leutner 等，2009）。意象使用的作用机制可能在于形成意象可以增强个体的心理组织或对文本信息的整合，对文本中特定事物的特殊意象也能促进学习。使用个体已有知识形成对叙事的连贯表征可以提升学生对文本的总体理解。此外，研究还发现，与阅读方式相比，意象对聆听方式的成绩帮助更大（De Beni & Moè，2003）。在被告知使用意象后，学习者是否真正使用意象，影响到意象的实际效果。

（10）重读。重读是学生自我调节学习时最常使用的技巧之一。调查发现，55% 的精英大学本科生将重读列为他们最常用的学习策略（Hartwig 和 Dunlosky，2012）。在 Rothkopf（1968）的研究中，本科生 0 次、1 次、2 次或 4 次阅读一篇说明文，阅读进度自定，采用集中重读方式。10 分钟后，进行完形填空测试，从课文中删除 10% 的内容词，学生填写缺失的词。研究表明，被试成绩随着阅读次数的增加而提高。为什么重读能提高学习效果？ Bromage 和 Mayer（1986）概述了对重读效应的两个解释。定量假设认为无论文本中信息的种类或水平如何，重读只是增加了编码的信息总量。定性假设认为重读对文本中高水平和低水平信息的加工有不同的影响，重读主要增强概念组织和对主要观点的加工。证据似乎支持定性假设。虽然有研究发现重读对回忆主要观点和细节产生了类似的改进，但多项研究表明，对主要观点比对细节的回忆有更大的改进（Rawson 和 Kintsch，2005）。

第四节　设计以学习者为中心的教学大纲

教学大纲是教师实现目标、教学、评估一致性的重要工具，教学大纲的核心内容包括课程目标、教学内容、教学方式、课程考核、学习资源等，审核教学大纲有助于判断目标、教学、评估的一致性程度（见第六章）。此外，许多研究表明以学习者为中心的教学大纲与更好的师生关系以及更高的学生动机、成就和赋权有关。Cullen 和 Harris（2009）描述了以学习者为中心的教学大纲的三个关键特征，包括建立共同体（如教师的可及性、合作和学习理念），师生之间的权力与控制的平衡（如教师的角色、学生的角色、外部资源和教学大纲的重点），以及评估与评价（如评分、反馈机制、评价、期望的学习成果和修改/重做）。以下简要介绍以学生为中心和以教师为中心的教学大纲在这三个维度上的区别（Richmond，2016）。

一、共同体

以学习者为中心的教学大纲表达了教师建立学习者共同体的愿望，体现为：教师的可及性、学习理念和合作（见表4-8）。其中，教师的可及性是指学生认为教师有多容易接近。如果教师只列出办公时间和办公电话，只能预约才能见面，学生可能会发现教师难以接近。相反，如果教师提供多种联系方式，鼓励甚至要求学生到办公室拜访，教师对学生就更为可及。学习理念是指教师是否为与学习成果相关的作业和评估提供了详细的理由。如果教师除了作业要求之外，还解释了作业的意图，并将其与教学大纲中的具体学习成果联系起来，教学大纲就更倾向于以学生为中心。反之，如果教师只列出了作业或评估的细节，但没有提供这些要求的理由，教学大纲就更倾向于以教师为中心。合作是指教师是否将合作学习融入课程，设置小组合作任务，鼓励并要求学生在课程中进行合作。如果答案是肯定的，则教学大纲更倾向于以学生为中心。

表4-8　共同体：以教师为中心与以学习者为中心的教学大纲实例

成　分	以教师为中心	以学习者为中心
教师的可及性	教师：Richmond A.S. 博士 办公时间：周一和周三 上午 9:30—12:00 仅限预约 办公地点：Plaza 大楼 220—AB 邮箱：arichmo3@msudenver.edu	教师：Richmond A.S. 博士 办公时间：周一和周三 上午 9:30—12:00 无须预约 或直接过来。如果我在办公室，我的门总是敞开的。另外，请记住与老师交流有参与成绩。 办公地点：Plaza 大楼 220—AB 邮箱：arichmo3@msudenver.edu 手机：303—556—3085 通过 CELLY 发短信：4573@PSY4550 Twitter：@AaronSRichmond
学习理念	作业：期刊论文评价 你需要阅读三篇不同的论文，这些论文展示了课堂上讨论的不同研究设计。然后，你需要回答与三篇论文之一有关的几个问题	作业：期刊论文评价（与学习目标 1 和 2 相关） 此作业旨在评估你作为批判性读者的技能，并将课堂上教授的概念应用于已发表的研究。成为批判性读者将使你能准确地做出假设和预测，有助于你未来的职业生涯。你需要阅读三篇不同的论文，这些文章展示了课堂上讨论的不同研究设计。然后，你将被要求回答与三篇文章之一有关的几个问题
合作	教学大纲中没有需要小组合作的内容	小组研究项目（学习目标 4、5 和 6） 为了帮助你成为优秀的科学家和合格的研究消费者，该项目将为你提供设计和实施发展心理学研究项目的第一手经验。你和你的小组将合作提出一个研究主题，综述相关文献，设计调查方法，收集和分析数据，并在全班和期末论文中展示你们的发现

来　源：Richmond A S, 2016. Constructing a Learner—Centered Syllabus: One Professor's Journey.

二、权力与控制

以学习者为中心的教学大纲表揭示了教师创造一种共享权力与控制的环境的努力。通过共享权力，学生可以获得自主感、自我激励和自我调节感，对课程投入更多。共享权力与控制体现在教师的角色、学生的角色、外部资源以及教学大纲的语气和重点四个方面。（见表4-9）首先，教师的角色。教师应当是一种共享权力。在教学大纲中教师不仅列出对学生的期望，也应列出相应的对教师的期望。其次，学生的角色。学生应该对自己的学习负责，并为课程贡献新的知识。教师可以要求每个学生每学期上一次微主题课，与全班分享新内容。再次，外部资源。教师不应当成为知识的唯一来源，除了教材，教师还可以邀请客座教师，或使用 TEDx 剪辑、YouTube 视频、博客、报纸和电视等多种知识来源。此外，学生有责任在课外寻找新知识并与全班分享。最后，教学大纲的语气和重点。以学习者为中心的大纲侧重于可协商的政策和程序，聚焦于学生学习成果，强调学习成果与评估的关系，教学大纲的语气积极，提供支持性信息，如描述如何在课程中取得成功。

表4-9　权力与控制：以教师为中心与以学习者为中心的教学大纲实例

成　分	以教师为中心	以学习者为中心
教师的角色	教学大纲只包含对学生的期望： a. 积极参与课堂 b. 倾听并尊重他人 c. 敢冒风险 d. 完成所有作业 e. 关闭手机 f. 准时上课 g. 在课后或指定的办公时间讨论课堂问题 h. 课前阅读章节，为上课做好准备	教学大纲既包含对学生的期望，也包含对教师的期望： a. 主动热情地促进学生学习 b. 倾听并尊重学生的意见 c. 课前和课后至少5分钟在课室 d. 迅速有效地回应学生的关切 e. 关掉手机 f. 客观、一致、及时地评分 g. 为上课做好准备 h. 适应学生的学习差异
学生的角色	遵守大纲中教师对学生的期望 （见本列上一格）	教师鼓励学生对自己的学习负责。在上课的第一天，要求学生分成小组来协助制定课程政策，确定作业选择和截止日期、作业权重和评估。作为参与成绩的一部分，要求每个学生每学期上一次微主题课（5分钟），与全班分享新内容

（续上表）

成　分	以教师为中心	以学习者为中心
外部资源	教师是唯一的知识来源	教师不是唯一的知识来源，学生有责任为课程提供新知识。学生被分配上微主题课，为全班分享新内容。除了教材，教师会邀请客座教师，使用 TEDx、YouTube、博客、《科技日报》、电视等知识来源
教学大纲的语气和重点	教学大纲侧重于教师制定的政策和程序，很少或根本没有提及学生学习成果，没有强调学习成果与评估的关系。教学大纲的语气中性或消极	教学大纲侧重于可协商的政策和程序，聚焦于学生学习成果，强调学习成果与评估的关系。教学大纲的语气积极，提供支持性信息，如描述如何在课程中取得成功

三、评估与评价

以学习者为中心的教学大纲的评估/评价要素体现在评分、反馈机制、评价、学习成果、修改/重做等五个方面。（见表4-10）第一，评分。评分的重点是将分数与学生学习成果联系起来，提供获得分数的选项，并且包含不记分的作业。（见表4-11）第二，反馈机制。以学习者为中心的反馈机制既包含教师对学生的反馈，也包括学生对教师的反馈。如果教师只提供期中和期末考试，并且不允许学生在考试后看到试卷（与他们一起回顾），这是以教师为中心的表现。如果教师为学生提供定期的学习情况反馈（如评分和非评分的测验、测试、论文、答题器或其他课程响应机制），则是以学习者为中心的体现。另一方面，教师可以在课前、课中和课后征求学生对课堂教学的及时反馈，或者课程开始，期中考试后和课程的最后一周，使用问卷或开放式问题搜集学生的反馈，以提升当前和未来的教学质量。第三，评价。以教师为中心的教学大纲只使用测验来评估学生的成绩，以学习者为中心的教学大纲不仅使用总结性评价，而且重视使用形成性评价。形成性评价旨在学习和教学过程中向学生和教师提供反馈，包括书面和口头报告、小组作业、自我评估和同伴评估。第四，学习成果。如果教学大纲将学生学习成果与特定的形成性和总结性评估联系起来，那么它就是以学习者为中心的（见表4-12）。如果没有建立这种联系，则教学大纲是以教师为中心的。第五，修改／重做。以学习者为中心的教学大纲允许学生修改和重做课程作业，以教师为中心的教学大纲则不允许学生修改／重做。

表4-10 评估／评价：以教师为中心与以学习者为中心的教学大纲实例

成　分	以教师为中心	以学习者为中心
评分	分数没有与学生学习成果联系起来	分数与学生学习成果联系起来，提供得分的选项，包含不记分的作业
反馈机制	只提供期中和期末考试，不允许学生在考试后看到试卷	为学生的学习提供多种反馈，包括在测验和考试后讨论学生表现；对学生提交的论文草稿，不进行评分，但提供改进建议；学生有机会反馈对课程内容的理解。征求学生对课堂教学的反馈，包括课前、课中和课后的及时反馈，以及课程开始时、期中考试后和课程最后一周的反馈等
评价	只使用测验来评估学生的成绩	使用总结性和形成性评价，包括书面和口头报告、小组作业、自我评估和同伴评估
学习成果	没有将学生学习成果与评估联系起来	将学生学习成果与特定的形成性和总结性评估联系起来
修改／重做	不允许学生重写和重做课程作业	允许学生修改和重做课程作业。例如，允许学生重写并重新提交论文，以获得额外10%的成绩。对于每项作业，教师都会提供如何改进写作的建议

表4-11 以学习者为中心的教学大纲要素：评分政策

评　估

作　业	分　数	占　比	学习目标
人类被试研究	50	5%	5
APA风格与格式	50	5%	6
MythBusters分析	50	5%	1
期刊论文评价	50	5%	1—2

（续上表）

作　业	分　数	占　比	学习目标
研究计划的第一部分	50	5%	1–3
研究计划的第二部分	50	5%	1–3
引言与方法草稿	不记分	不记分	4–6
引言与方法	100	10%	4–6
结果与讨论草稿	不记分	不记分	4–6
结果与讨论	100	10%	4–6
最终研究论文的草稿	不记分	不记分	4–6
最终的研究论文	100	10%	4–6
研究报告	100	10%	4–5
期中考试	150	15%	1–6
综合考试	150	15%	1–6
总　计	1000	100%	

成绩转换标准

总分	等值字母成绩
1000 – 900	A
899 – 800	B
799 – 700	C
699 – 600	D
599 或以下	E

表 4-12　评价：以教师为中心与以学习者为中心的教学大纲实例

以教师为中心	以学习者为中心
学生学习目标 1. 通过理解各种方法学问题，成为发展研究的具有批判意识的消费者。 2. 能够阅读、理解和整合人类发展方面的研究。 3. 理解科学研究人类发展问题的重要性。 4. 能够应用不同的研究方法来研究各个发展时期的人。 5. 理解做研究时涉及的伦理考虑，特别是对 18 岁以下的被试。 6. 通过做文献综述、提出发展研究问题和假设、设计和实施研究方法来检验假设、分析数据以及撰写 APA 格式的研究论文，学习研究过程。	学生学习目标 1. 通过理解各种方法学问题，成为发展研究的具有批判意识的消费者（通过 MythBusters 分析和考试评估）。 2. 能够阅读、理解和整合人类发展方面的研究（通过期刊论文作业和考试评估）。 3. 理解科学研究人类发展问题的重要性（通过研究计划 1 和 2 以及考试评估）。 4. 能够应用不同的研究方法来研究各个发展时期的人（由小组研究项目评估）。 5. 理解做研究时涉及的伦理考虑，特别是对 18 岁以下的被试（通过人类被试科研训练和研究报告评估）。 6. 通过做文献综述、提出发展研究问题和假设、设计和实施研究方法来检验假设、分析数据以及撰写 APA 格式的研究论文，学习研究过程（通过考试和 APA 格式的作业进行评估）。

四、自我评估与持续改进

构建以学习者为中心的教学大纲有如下益处：赋予学生权力、增进师生融洽关系，提高学生的积极性和成绩。教师可以采取以下六个步骤，使用表 4-13 提供的评估工具，自我评估教学大纲以学习者为中心的程度，持续改进自己的教学质量。

第 1 步：使用表 4-13 来评估你目前的教学大纲，以确定需要改进的方面。

第 2 步：通过确定你想要改进的教学大纲要素来制定实施计划。

第 3 步：试用你的教学大纲。根据本节建议的准则和实例修改你的教学大纲。

第 4 步：评估修改后的教学大纲的实施情况（提示：进行教学和学习项目研究）。

第5步：重复第1–4步。

第6步：永不停止重复第1–4步。

表4-13　自评教学大纲"以学习者为中心"的程度

指导语：请根据你的教学大纲提供以下信息的频率，进行自我评估。

等级：4 = 总是；3 = 经常；2 = 很少；1 = 从不

	项　目	你的分数
共同体	1. 可以在多个办公时间找你，或者通过多种方式联系你，包括电话、电子邮件、传真。	
	2. 在办公室以外的地方，例如图书馆或学生活动中心，你有接待学生的时间。	
	3. 说明作业、活动、方法、政策和程序与学习成果的联系。	
	4. 通过课堂小组作业和团队项目要求合作，或鼓励学生以其它方式互相学习。	
权力与控制	5. 你鼓励学生参与制定课堂政策和程序，并提供有关评分、截止日期和作业的意见。	
	6. 学生应当提供课外资源信息。	
	7. 你要求学生承担责任，通过课堂讨论或展示为课堂带来额外的知识。	
	8. 你的教学大纲侧重于学生学习成果和评估方式。	
评价与评估	9. 你的评分与学习成果紧密相连。	
	10. 你提供获得加分的机会。	
	11. 并非所有课程作业都会记分。	
	12. 你的教学大纲提供了关于课程评分 / 评估的清晰完整的信息。	
	13. 你使用定期反馈机制来监控学习（如记分和不记分的小测、测验、讲课响应系统、反思报告）。	
	14. 你使用总结性和形成性评价（如口头报告、小组作业、自我评价、同伴评价）。	
	15. 你允许学生修改和重做他们的作业。	

注：上述自我评估改编自 Cullen 和 Harris（2009），p123–125。

本章小结

本章主要阐述如何在课程层面实现目标、教学、评估的一致性。首先介绍了泰勒确定的四种常见教学目标（获取信息、思维技能、兴趣、社会态度）、相应的教学活动以及评估建议。而后针对如何实现认知领域的学习目标，分别从学习目标阐述、评估与目标的一致、教学与目标的一致三个方面进行了论述。针对本科课程的核心学习目标（即知识理解、知识应用、专业素养），从教学和评估与课程目标的对应关系、目标测评、教学活动、学习策略四个方面进行了论述。最后，阐述了以学习者为中心的教学大纲的三个关键特征，包括建立共同体、共享权力与控制，以及评估与评价，介绍了评估教学大纲"以学习者为中心"的程度的工具，供教师进行自我评估和持续改进。

第三部分

学教评一致性对教学质量
影响的实证研究

　　第三部分聚焦学教评一致性对教学质量影响的实证研究，着重探讨课程层面学教评一致性对学生在课程目标上进步程度的影响，以及如何应用一致性分析模型评估本科课程的学教评一致性。第三部分包括两章：

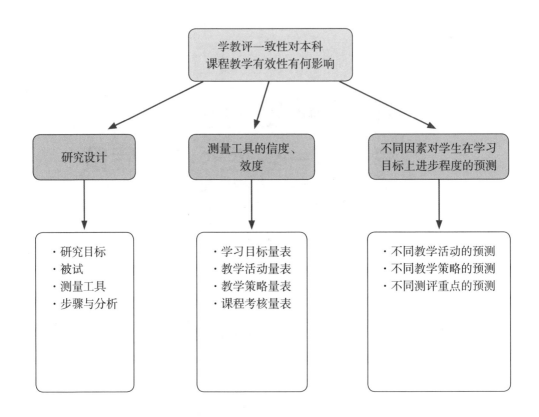

第五章

学教评一致性对本科课程教学有效性有何影响？

　　学教评一致性原则指学习目标、教学活动、评估任务三者之间应保持高度一致。该理论认为，要实现有效的课程教学，教师首先必须清楚地阐述学习目标，即在课程结束时期望学生获得的学习成果（如知识与技能）；其次，教学活动必须能促进学习目标的实现，即教学与目标是一致的；再次，评估任务必须能反映出学习目标的达成程度，即评估与目标是一致的；最后，教学活动也应为学生参加评估做好准备，即教学与评估也是一致的。学教评一致性理论是保障课程教学有效的重要理论，当目标、教学、评估三个成分不一致时，就可能导致低效甚至无效的教学（Anderson & Krathwohl，2001）。基于学教评一致性原则，本章将实证分析学教评一致性程度对本科课程教学有效性的影响。

第一节　研究设计

一、研究目标

本研究有如下四个具体目标：

第一，确定本科课程学习成果目标；

第二，研发本科课程教学评价问卷（学生版）并分析其信度、效度；

第三，研发的本科课程教学信息问卷（教师版）并分析其信度、效度；

第四，分析学教评一致性对本科课程教学有效性（即学生在课程目标上进步程度）的影响。

二、被试

1. 学生

使用本科课程教学评价问卷（学生版）调查了 985 高校和普通高校各 1 所，按照两所学校 2017 年上半年的课表进行课程抽样，共搜集到 3538 名学生数据，删去填写人数少于 5 人的课程，剔除答题时间低于 135 秒和高于 540 秒的极端数据（均值之下 1.5 个标准差及均值之上 3 个标准差），得到有效数据为 2690 条，集中在 120 门课程，每门课程的填答人数均超过 5 人。在 2690 名学生中，某 985 高校学生 1254 人（46.6%），某普通高校 1436 人（53.4%）。男生 538 人（20%），女生 2152 人（80%）。大一学生 672 人（25%），大二学生 1141 人（42.4%），大三学生 827 人（30.7%），大四学生 50 人（1.8%）。

2. 教师

使用本科课程教学信息问卷（教师版）调查了 985 高校和普通高校各 1 所，按照两所学校 2017 年上半年的课表进行课程抽样，共搜集到 137 名教师的填答数据，亦即 137 门课程的数据。因为教师答题时间均在 150 秒以上，符合最低填答时间，没有删除数据。在 137 名教师中，某 985 高校教师 85 人（62%），某普通高校教师 52 人（38%）；教授或研究员 41 人（29.9%），副教授或副研究员 56 人（40.9%），讲师或助理研究员 40 人（29.2%）；男教师 90 人（65.7%），女教师 47（34.3%）；人文社科类教师 71 人（51.8%），理学类教师 26 人（19%），工学类教师 24 人（17.5%），医学类教师 3 人（2.2%），管理学类教师 13 人（9.5%）。

3. 教师与学生数据的匹配

按照同一门课程的原则，将学生数据和教师数据匹配，共匹配得到 76 门课程的数据，76 门课程来自某 985 高校的有 33 门（43.4%），某普通高校的 43 门（56.6%）；人文社科类课程 58 门（76.3%），理学类课程 8 门（10.5%），工学类课程 5 门（6.6%），管理学类课程 5 门（6.6%）；男教师 45 人（59.2%），女教师 31 人（40.8%）；教授或研究员 20 人（26.3%），副教授或副研究员 31 人（40.8%），讲师或助理研究员 25 人（32.9%）；填答人数在 5 人及以上、10 人以下的课程有 14 门（18.4%），填答人数在 10 人及以上的课程有 62 门（81.6%）。76 门课程共有 1910 名学生，来自某 985 高校的学生 678 人（35.5%），某普通高校的学生 1232 人（64.5%）。

三、测量工具

1. 本科课程学习目标

通过对国内外文献的研究（AAC&U LEAP，2008；IDEA，2016；Marzano，2013；Anderson & Krathwohl，2001；教育部，2013），以及对本科生和专家的焦点访谈，本研究确定采纳 IDEA 中心确定的 13 项课程学习目标（见附录 5-1）。

2. 本科课程教学评价问卷（学生版）

参考 IDEA 学生诊断表、学教评一致性原则，以及 CMU Eberly Center 相关内容编制（IDEA, 2016; NSSE, 2016; FSSE, 2016; CMU Eberly Center, 2016），共 66 题（见附录 5-2），包括：课程名称、教师姓名 2 题；教学活动频次评价 10 题（要求学生评价 10 种教学活动在课程中使用的频率）；教学策略频次评价 19 题（要求学生评价 19 种教学策略在课程中使用的频率）；课程考核 6 题（要求学生判断从记忆到创造等 6 种类型的内容在考核中被强调的程度）；在学习目标上的进步程度 13 题（要求学生自评在课程学习目标上的进步程度）；课程的学教评一致性 4 题（要求学生评价学习目标—教学活动—学生评价的一致性）；课程特征 2 题（调查课程作业量及难度）；学生特征 4 题（知识背景、学习动机等）；对课程与教师的总体评价共 2 题；学生背景信息 4 题（性别、专业等）。

3. 本科课程教学信息问卷（教师版）

参考 IDEA 教师问卷、学教评一致性原则，以及 CMU Eberly Center 相关内容编制（IDEA, 2016; NSSE, 2013; FSSE, 2016; CMU Eberly Center, 2016），共 44 题（见附录 5-3），包括：课程名称、课程所属一级学科共 2 题；确定本课程学习目标 13 题（要求教师按照与本课程的相关性，从 13 项学习目标中选择 3 ~ 5 项重要或本质的目标）；教学活动频次 10 题（要求教师自评 10 种教学活动在本课程中出现的频次）；课程考核内容 6 题（要求教师判断从记忆到创造等 6 种类型的内容在考核中被强调的程度）；课程的学教评一致性 4 题（要求教师评价学习目标、教学活动、学生评价的一致性）；教师背景信息 9 题（性别、年龄、职称等）。

四、步骤与分析

选取 985 高校和普通高校各 1 所，按照两所学校 2017 年上半年的课表进行课程抽样，从该 985 高校抽取 326 门课程（教师），实际得到有效教师数据为 85 人（26.1%），从该普通高校抽取 52 门课程（教师），实际得到有效教师数据为 52 人（100%）。教师与学生问卷均采用网络填写方式，通过点击链接地址或扫描二维码方式登录。教师填答问卷后，会收到礼品一份（PPT 激光翻页笔），学生填答则没有礼品。在 985 高校的调查是通过学院或学系的党委副书记组织实施，在普通高校的调查是由该院院长或书记组织实施。

通过上述过程，共获得 3 份数据：①数据 A 为 137 门课程的教师数据（来自 137 位教师）；②数据 B 为 120 门课程的学生数据（来自 2690 名学生）；③数据 C 为 76 门课程的匹配数据（将针对同一门课程的教师数据与学生数据合并）。对获取的数据，采用 SPSS 2.0 软件进行描述统计、相关分析、回归分析、因子分析等。

第二节　研究结果 1：五个分量表的信度和效度

一、学习目标分量表的信度与效度

1. 教师对课程学习目标重要性的评价

由表 5-1 和图 5-1 对数据 A 的分析结果可知，教师认为重要或本质的课程学习目标有 3 项：理解本科目知识（$M^{[1]}$=1.53）、知识的应用（M=1.31）、形成与本课程最相关的专业技能与观点（M=1.26）。教师认为重要较低的学习目标有 4 项：道德推理能力（M=0.28）、团队技能（M=0.34）、博雅教育（M=0.36）、创新能力（M=0.41）。使用数据 C 和数据 A 的分析结果非常接近。

---

① *M* 代表均值，下文中的 *SD* 代表标准差。

表 5-1　教师对 13 项学习目标重要程度的评价

题　项	数据 C（76 门课程）		数据 A（137 门课程）	
	M	SD	M	SD
1. 理解本科目知识	1.51	0.600	1.53	0.60
3. 知识的应用	1.26	0.661	1.31	0.65
4. 专业技能，观点	1.18	0.687	1.26	0.69
11. 批判性分析	0.88	0.765	0.81	0.76
13. 定量素养	0.75	0.695	0.77	0.71
9. 信息素养	0.67	0.719	0.68	0.69
2. 多元视角	0.51	0.643	0.53	0.65
12. 公民参与	0.51	0.683	0.52	0.69
8. 沟通能力	0.50	0.663	0.49	0.67
6. 创新能力	0.34	0.623	0.41	0.65
7. 广泛的博雅教育	0.36	0.626	0.36	0.60
5. 团队技能	0.21	0.442	0.34	0.56
10. 道德推理能力	0.24	0.513	0.28	0.53

注：①次要目标 =0，重要目标 =1，本质目标 =2，均值越高说明教师认为该目标越重要。

②题项的序号为附录 5-3 问卷中的学习目标序号。

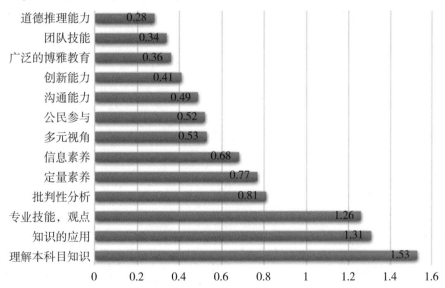

图 5-1　教师对课程学习目标重要程度的评价均值（137 门课程）

2．学习目标分量表的信度、效度分析

使用数据 B 包含的 120 门课程的学生数据做探索论因子分析，探索学习目标分量表的结构效度。结果发现，KMO=0.90，Bartlett 球形检验 χ^2=1748.85（p=0.000），说明数据存在共同因子，适合做因子分析。采用主成分分析法抽取因子，并作方差最大正交旋转，设定抽取 2 个因子，累积可解释 76.77% 的变异。根据每个因子所包含的题目内容，将因子 1 命名为通用生活技能（general life skills），将因子 2 命名为课程特定技能（course-specific skills），所有题项的因子负荷值均大于 0.65（信息素养在两个因子上均有较高的负荷）。通用生活技能因子含 8 题，α 系数为 0.94，课程特定技能包括 5 题，α 系数为 0.93，说明这两个因子均具有优良的同质性信度。配对样本 t 检验发现，学生在课程特定技能上的进步程度（M=3.38）显著高于其在通用生活技能上的进步程度（M=3.11），t=9.36，p=0.000。

表 5-2　学习目标量表因子分析摘要表（数据 B，120 门课程）

题　项	因　子		共同度
	通用生活技能	课程特定技能	
10. 道德推理能力	0.93	0.12	0.87
8. 沟通能力	0.87	0.22	0.80
12. 公民参与	0.82	0.41	0.84
7. 广泛的博雅教育	0.77	0.25	0.65
6. 创新能力	0.76	0.39	0.73
11. 批判性分析	0.73	0.49	0.78
2. 多元视角	0.72	0.37	0.66
5. 团队技能	0.71	0.21	0.55
1. 理解本科目知识	0.08	0.93	0.87
4. 专业技能、观点	0.31	0.89	0.89
3. 知识的应用	0.39	0.85	0.88

（续上表）

题 项	因 子		共同度
	通用生活技能	课程特定技能	
13.定量素养	0.35	0.73	0.66
9.信息素养	0.61	0.66	0.81
特征根	8.32	1.66	
解释方差（%）	64.00	12.77	
累积解释方差（%）	64.00	76.77	
α系数	0.94	0.93	
因子得分均值（标准差）	3.11（0.43）	3.38（0.38）	

注：题项的序号为附录 5-3 问卷中的学习目标序号。

二、教学活动分量表的信度与效度

1. 学生对各种教学活动在教学中使用频次的评价

由表 5-3 和图 5-2 对数据 B 的分析结果可知，学生观察到教师使用较多的教学活动依次是讲授（M=4.45），案例研究（M=3.64），讨论（M=3.18），复习/答疑课（M=3.14）。教师使用较少的教学活动包括：学术论文写作（M=2.41），实验室/工作室（M=1.70）。使用数据 C 和数据 B 的分析结果很接近。

表 5-3 学生对 10 种教学活动在教学中使用频次的评价

题 项	数据 C（76 门课程）		数据 B（120 门课程）	
	M	SD	M	SD
1.讲授	4.42	0.35	4.45	0.34
3.案例研究	3.65	0.52	3.64	0.52
2.讨论	3.19	0.58	3.18	0.63
7.复习/答疑课	3.14	0.49	3.14	0.51
6.小组作业	2.87	1.04	2.83	1.06

（续上表）

题　项	数据C（76门课程）		数据B（120门课程）	
	M	*SD*	*M*	*SD*
9. 服务学习	2.76	0.66	2.75	0.66
10. 独立的学生项目	2.75	0.73	2.72	0.72
8. 公开评议	2.66	0.72	2.60	0.74
4. 学术论文写作	2.42	0.63	2.41	0.64
5. 实验室/工作室	1.66	0.57	1.70	0.56

注：①几乎从不=1，偶尔=2，有时=3，经常=4，几乎总是=5，均值越高表示该教学活动使用频次越频繁。

②题项的序号为附录5-2问卷中的教学活动序号。

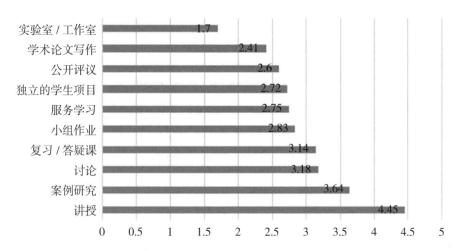

图5-2　学生对各种教学活动在课程中使用频次的评价均值（120门课程）

2.教学活动分量表的信度与效度

采用数据B（学生对120门课程的评价）探讨教学活动量表的结构效度。由于讲授法与4种教学活动呈显著负相关，因此将其重新编码，使得变量值越高表示讲授的频次越少。结果发现，$KMO=0.78$，Bartlett球形检验 $\chi^2=425.23$（$p=0.000$），说明数据存在共同因子，适合做因子分析。采用主成分分析法抽取因子，并作方差最大正交旋转，抽取2个因子，累积可解释55.18%的变异。根据每个因子所包含的题目内容，将因子1命名为合作讨论型教学活动，将因子2命名为应用操作型教学活动，所有题项的因子负荷值均大于0.45。合作讨论型活动包括5题，α系数为0.78，应用操作活动包括5题，α系数为0.65，说明这两个因子的同质性信度尚可（见表5-4）。尽管两类教学活动出现的频次均低于3（有时），但是配对样本t检验发现，合作讨论型教学活动出现频次（$M=2.58$）显著低于应用操作型教学活动出现频次（$M=2.73$），$t=-3.44$，$p=0.001$。

表5-4　教学活动分量表因子分析摘要表（数据B，120门课程）

题　项	因　子		共同度
	合作讨论型活动	应用操作型活动	
6. 小组作业	0.83	0.01	0.70
1. 讲授（R）	0.76	−0.35	0.70
8. 公开评议	0.73	0.35	0.66
10. 独立的学生项目	0.63	0.60	0.75
2. 讨论	0.62	0.32	0.49
3. 案例研究	−0.08	0.74	0.56
9. 服务学习	0.39	0.74	0.69
7. 复习/答疑课	0.04	0.56	0.31
4. 学术论文写作	0.42	0.51	0.44
5. 实验室/工作室	0.06	0.47	0.23
特征根	2.92	2.60	
解释方差（%）	29.20	25.98	
累积解释方差（%）	29.20	55.18	
α系数	0.78	0.65	
因子得分均值（标准差）	2.58（0.54）	2.73（0.38）	

注：题项的序号为附录5-2问卷中的教学活动序号。R代表对变量值进行了重新编码。

三、教学策略分量表的信度与效度

1. 学生对各种教学策略在教学中出现的频次评价

由表 5-5 和图 5-3 对数据 B 的分析结果可知，学生观察到有 5 种教学策略在教学中经常出现：与现实生活相联系（*M*=4.05）、说明课程内容的重要性（*M*=4.01）、清晰地解释课程材料（*M*=3.99）、鼓励使用多种资源（*M*=3.98）、帮助学生解答他们的问题（*M*=3.98）。有 2 种教学策略在教学种较少用到：让学生参与实践项目（*M*=2.97），组建小组以促进学习（*M*=3.03）。数据 C 的分析结果与数据 B 非常相似。

表 5-5　学生观察到的 19 种教学策略在教学中出现的频次描述统计表

教学策略	数据 B（120 门课程）		数据 C（76 门课程）	
	M	*SD*	*M*	*SD*
11. 与现实生活相联系	4.05	0.46	4.05	0.47
4. 说明课程内容的重要性	4.01	0.38	3.99	0.38
10. 清晰地解释课程材料	3.99	0.44	3.96	0.44
9. 鼓励使用多种资源	3.98	0.42	3.97	0.42
1. 帮助学生解答他们的问题	3.98	0.40	3.99	0.36
13. 介绍具有启发意义的观点	3.91	0.47	3.90	0.46
6. 讲清楚章节如何与课程相符	3.89	0.43	3.85	0.39
3. 鼓励自我反思	3.77	0.49	3.79	0.46
7. 提供有意义的反馈	3.74	0.47	3.72	0.44
17. 让学生相互帮助	3.61	0.49	3.61	0.48
2. 帮助学生解释课程内容	3.58	0.69	3.62	0.66
18. 要求有创造性	3.43	0.65	3.35	0.63
15. 鼓励学生设定有挑战性的目标	3.34	0.59	3.31	0.57
12. 创造服务机会	3.31	0.61	3.30	0.63

（续上表）

教学策略	数据B（120门课程）		数据C（76门课程）	
	M	*SD*	*M*	*SD*
8. 激励心智努力	3.30	0.50	3.24	0.42
19. 鼓励课外联系	3.29	0.60	3.20	0.61
16. 让不同的学生分享他们的想法	3.27	0.63	3.28	0.63
5. 组建小组以促进学习	3.03	1.12	3.08	1.08
14. 让学生参与实践项目	2.97	0.76	2.97	0.80

注：①几乎从不 =1，偶尔 =2，有时 =3，经常 =4，几乎总是 =5，均值越高表示该教学策略使用频次越高。

②教学策略中的题号与P305的教学策略题号相对应。

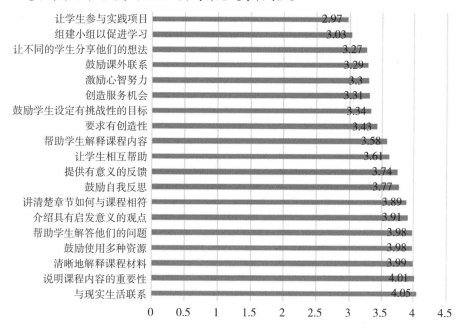

图 5-3　学生对不同教学策略在课程中使用频次的评价均值（120 门课程）

2. 教学策略分量表信度与效度分析

采用数据 B（学生对 1.20 门课程的评价）探讨教学策略分量表的结构效度。结果发现，*KMO*=0.89，Bartlett 球形检验 χ^2=2150.48（*p*=0.000），说明数据存在共同因子，适合做因子分析。采用主成分分析法抽取因子，并作方差最大正交旋转，抽取 2 个因子，累积可解释 64.60% 的变异。根据每个因子所包含的题目内容，将因子 1 命名为以学生为中心的教学策略（student-centered），将因子 2 命名为以教师为中心的教学策略（instructor-centered），所有题项的因子负荷值均大于 0.45。以学生为中心的教学策略包括 11 题，α 系数为 0.91，以教师为中心的教学策略包括 8 题，α 系数为 0.91，说明这两个因子均具有优良的同质性信度（见表 5-6）。配对样本 t 检验发现，以教师为中心的教学策略出现频次（$M=3.86$）显著高于以学生为中心的教学策略出现频次（$M=3.42$），$t=13.33$，$p=0.000$。

表 5-6　教学策略分量表因子分析摘要表（数据 B，120 门课程）

题　项	因　子		共同度
	以学生为中心	以教师为中心	
14. 让学生参与实践项目	0.84	0.20	0.75
15. 鼓励学生设定有挑战性的目标	0.79	0.47	0.85
5. 组建小组以促进学习	0.77	−0.21	0.63
17. 让学生相互帮助	0.76	0.39	0.73
18. 要求有创造性	0.75	0.24	0.62
16. 让不同的学生分享他们的想法	0.74	0.33	0.66
12. 创造服务机会	0.72	0.45	0.72
8. 激励心智努力	0.64	0.27	0.48
9. 鼓励使用多种资源	0.62	0.47	0.60
3. 鼓励自我反思	0.60	0.56	0.68
2. 帮助学生解释课程内容	0.48	0.31	0.33
10. 清晰地解释课程材料	0.08	0.87	0.76
6. 讲清楚章节如何与课程相符	0.04	0.84	0.70

（续上表）

题 项	因 子		共同度
	以学生为中心	以教师为中心	
4. 说明课程内容的重要性	0.37	0.77	0.73
13. 介绍具有启发意义的观点	0.44	0.73	0.73
1. 帮助学生解答他们的问题	0.21	0.72	0.57
11. 与现实生活相联系	0.35	0.68	0.58
7. 提供有意义的反馈	0.49	0.66	0.68
19. 鼓励课外联系	0.35	0.58	0.46
特征根	6.40	5.87	
解释方差（％）	33.68	30.92	
累积解释方差（％）	33.68	64.60	
α 系数	0.91	0.91	
因子得分均值（标准差）	3.42（0.48）	3.86（0.36）	

注：题项序号与 P305 的教学策略题号相对应。

四、课程考核分量表的信度与效度

采用数据 B（学生对 120 门课程的评价）探讨课程考核分量表的结构效度。结果发现，KMO=0.81，Bartlett 球形检验 χ^2=412.11（p=0.000），说明数据存在共同因子，适合做因子分析。采用主成分分析法抽取因子，并作方差最大正交旋转，抽取 3 个因子，累积可解释 88.37% 的变异。根据每个因子所包含的题目内容，将因子 1 命名为高阶思维，将因子 2 命名为理解，因子 3 命名为记忆。所有题项的因子负荷值均大于 0.80。知识应用包括 4 题，α 系数为 0.92，说明该因子均具有优良的同质性信度。（见表 5-7）描述性分析发现，学生认为课程考核内容比较强调高阶思维和记忆，对理解的强调相对较低。

表5-7　课程考核分量表因子分析摘要表（数据B，120门课程）

题项（考核水平）	因子			共同度
	高阶思维	理解	记忆	
4. 分析	0.91	0.10	0.02	0.85
6. 创造	0.91	0.23	−0.11	0.89
3. 应用	0.86	0.04	−0.22	0.79
5. 评价	0.83	0.35	0.03	0.81
2. 理解	0.21	0.97	−0.06	0.98
1. 记忆	−0.09	−0.05	0.99	0.99
特征根	3.14	1.12	1.04	
解释方差（%）	52.34	18.64	17.39	
累积解释方差（%）	52.34	70.98	88.37	
α 系数	0.92	——		
因子得分均值（标准差）	2.65（0.32）	2.18（0.49）	2.59（0.48）	

注：①极少=1，一些=2，很多=3，非常多=4，均值越高表示课程考核该方面程度越高。

②题项中的序号与P306问卷第5题的课程考核序号相对应。

五、学教评一致性分量表的信度与效度

采用数据B（学生对120门课程的评价）探讨学教评一致性分量表的结构效度。结果发现，$KMO=0.83$，Bartlett球形检验 $\chi^2=748.23$（$p=0.000$），说明数据存在共同因子，适合做因子分析。采用主成分分析法抽取因子，抽取1个因子，可解释93.46%的变异。根据因子所包含的题目内容，将因子命名为学教评一致性程度，α 系数为0.98，说明该因子的同质性信度优良。（见表5-8）描述性分析发现，学生认为课程总体的学教评一致性程度处于较符合与符合之间（$M=5.71$），尚未达到符合水平（$M=6.00$）。

表5-8　学教评一致性分量表因子分析摘要表（数据B，120门课程）

题　目	学教评一致性程度	共同度
1. 清晰阐述学习目标的程度	0.96	0.92
2. 教学与目标的一致程度	0.98	0.95
3. 考核与目标的一致程度	0.96	0.93
4. 教学与考核的一致程度	0.97	0.94
特征根	3.74	
解释方差（%）	93.46	
α 系数	0.98	
因子得分均值（标准差）	5.71（0.46）	

第三节　研究结果2：能够预测学生在学习目标上进步程度的影响因素

一、不同教学活动对学生在学习目标上进步程度的预测

由于教师认为重要或本质的学习目标有3项：理解本科目知识（$M=1.53$）、知识的应用（$M=1.31$）、形成与本课程最相关的专业技能与观点（$M=1.26$），以学生在这3个学习目标上的进步程度为因变量，以10种教学活动的使用频次为自变量，只选取教师认为该目标为重要或本质的课程数据进入逐步回归分析。由表5-9知，案例研究、服务学习、讲授和讨论，均能够显著正向预测学生在特定课程学习目标上的进步程度。

表5-9　教学活动预测学生在重要学习目标上进步程度的回归系数表

因变量：理解本科目知识（72门课程）

自变量	B	SE	Beta	t	$Sig.$	R^2
Constant	0.61	0.48		1.27	0.21	

（续上表）

自变量	B	SE	Beta	t	Sig.	R^2
3.案例研究	0.22	0.08	0.31	2.74	0.01	
1.讲授	0.35	0.11	0.33	3.14	0.00	0.40
9.服务学习	0.16	0.06	0.28	2.68	0.01	

因变量：知识的应用（67门课程）

自变量	B	SE	Beta	t	Sig.	R^2
Constant	1.51	0.31		4.85	0.00	
3.案例研究	0.36	0.09	0.44	4.15	0.00	0.36
9.服务学习	0.19	0.07	0.29	2.71	0.01	

因变量：专业技能、观点（64门课程）

自变量	B	SE	Beta	t	Sig.	R^2
Constant	0.00	0.70		0.00	1.00	
9.服务学习	0.24	0.07	0.39	3.36	0.00	
1.讲授	0.48	0.13	0.39	3.59	0.00	0.37
2.讨论	0.17	0.08	0.25	2.07	0.04	

注：本表中的自变量序号与P304～305的问卷第3题的教学活动序号相对应。

二、不同教学策略对学生在学习目标上进步程度的预测

以19种教学策略为自变量，只选取教师认为该目标为重要或本质的数据进入逐步回归分析。由表5-10知，能够显著预测学生在课程重要或本质学习目标上进步程度的策略主要包括6项，其中有4项属于以教师为中心的教学策略，包括讲清楚章节如何与课程相符、介绍具有启发意义的观点、鼓励课外联系、帮助学生解答他们的问题等，另外2项属于以学生为中心的教学策略，包括让学生参与实践项目、鼓励自我反思。

表5-10　教学策略预测学生在学习目标上进步程度的回归系数表

因变量：理解本科目知识（72门课程）

自变量	B	SE	Beta	t	Sig.	R^2
Constant	0.49	0.29		1.65	0.10	
6. 讲清楚章节如何与课程相符	0.38	0.09	0.40	4.47	0.00	0.64
19. 鼓励课外联系	0.19	0.06	0.31	3.34	0.00	
13. 介绍具有启发意义的观点	0.21	0.07	0.26	2.88	0.01	

因变量：知识的应用（67门课程）

自变量	B	SE	Beta	t	Sig.	R^2
Constant	−0.24	0.36		−0.67	0.50	
13. 介绍具有启发意义的观点	0.52	0.08	0.55	6.46	0.00	0.69
1. 帮助学生解答他们的问题	0.27	0.10	0.23	2.63	0.01	
19. 鼓励课外联系	0.16	0.07	0.22	2.42	0.02	

因变量：专业技能、观点（64门课程）

自变量	B	SE	Beta	t	Sig.	R^2
Constant	0.42	0.40		1.05	0.30	
6. 讲清楚章节如何与课程相符	0.34	0.10	0.32	3.40	0.00	0.57
14. 让学生参与实践项目	0.20	0.05	0.39	4.08	0.00	
3. 鼓励自我反思	0.27	0.09	0.29	2.90	0.01	

注：本表中的自变量序号与P305的问卷第4题的教学策略序号相对应。

三、不同考核侧重对学生在学习目标上进步程度的预测

以学生在教师认为重要或本质的学习目标有3项上的进步程度为因变量，以对3类考核内容（记忆、理解、高阶思维）的强调程度为自变量（所有自变量已经过反向计分，使得值越高表示该内容被强调的程度越多），对相关数据进行逐

步回归分析。由表 5-11 可知，只有高阶思维进入了回归方程，说明当课程考核内容越强调高阶思维，学生在特定课程技能目标（教师确定的 3 项重要课程目标均属于此类别）上的进步程度越大。

表 5-11 考核内容预测学生在学习目标上进步程度的回归系数表

因变量：理解本科目知识（72 门课程）

自变量	B	SE	Beta	t	Sig.	R^2
Constant	2.31	0.38		6.16	0.00	0.11
高阶思维（因子）	0.40	0.14	0.32	2.86	0.01	

因变量：知识的应用（67 门课程）

自变量	B	SE	Beta	t	Sig.	R^2
Constant	1.67	0.45		3.72	0.00	0.18
高阶思维（因子）	0.63	0.17	0.42	3.74	0.00	

因变量：专业技能、观点（64 门课程）

自变量	B	SE	Beta	t	Sig.	R^2
Constant	2.11	0.43		4.91	0.00	0.12
高阶思维	0.46	0.16	0.34	2.88	0.01	

四、学教评一致性程度与学生在学习目标上进步程度的相关

采用数据 B（120 门课程）计算学生对课程教学学教评一致性程度评价与学生在学习目标上的进步程度间的 Pearson 相关。由表 5-12 可知，所有相关系数均在 0.01 水平上呈显著正相关，学生对课程的学教评一致性程度评价越高，其在学习目标的进步程度也越高。相比通用生活技能目标而言，学教评一致性程度与学生在特定课程技能目标上的进步程度相关更高。总体的学教评一致性程度与学生在学习目标上总体的进步程度间的相关为 0.52，亦即学教评一致性程度可以解

释学生在学习目标上的总体的进步程度变异的27%。

表5-12 学习进步程度与学教评一致性程度评价之间的 Pearson 相关系数表（120门课程）

一致性程度	学习进步程度		
	特定课程技能进步程度	通用生活技能进步程度	总体的进步程度
1. 清晰阐述学习目标	0.669**	0.380**	0.520**
2. 教学与目标的一致性程度	0.685**	0.417**	0.552**
3. 考核与目标的一致性程度	0.712**	0.455**	0.589**
4. 教学与考核的一致性程度	0.701**	0.471**	0.596**
总体学教评一致性性程度	0.669**	0.380**	0.520**

注：** 表示 $p < 0.01$。

五、背景变量对学生在学习目标上进步程度的预测

以教师认为重要或本质的3项学习目标为因变量，包括理解本科目知识、知识的应用、形成专业技能与观点。以课程动机、学业习惯、知识背景、班额等4个变量为自变量，对相关数据进行逐步回归分析。由表5-13知，背景知识准备（"我的知识背景满足这门课程的要求"）以及课程动机（"不管谁教，我都真的想学这门课"）能够显著正向预测学生在学习目标上的进步程度。

表5-13 学生背景变量预测学生在学习目标上进步程度的回归系数表

因变量：理解本科目知识（72门课程）

自变量	B	SE	Beta	t	Sig.	R^2
Constant	0.55	0.43		1.27	0.21	
4. 知识背景	0.58	0.09	0.58	6.25	0.00	0.45
2. 课程动机	0.25	0.12	0.20	2.16	0.03	

因变量：知识的应用（67 门课程）

自变量	B	SE	Beta	t	Sig.	R^2
Constant	1.41	0.44		3.20	0.00	0.23
4. 知识背景	0.57	0.13	0.48	4.40	0.00	

因变量：专业技能、观点（64 门课程）

自变量	B	SE	Beta	t	Sig.	R^2
Constant	−0.02	0.51		−0.03	0.98	
4. 知识背景	0.66	0.11	0.59	6.10	0.00	0.48
2. 课程动机	0.32	0.13	0.23	2.39	0.02	

注：本表中的自变量序号与 P308 的问卷第 9 题的题目序号相对应。

第四节　分析与讨论

一、教师确定的课程重要学习目标集中在课程特定技能上，学生在课程特定技能目标上的进步程度大于其在通用生活技能目标上的进步程度

1. 本科课程通用学习目标的确定

课程教学最重要的原则之一是教师需要为课程设定明确的学习目标，即在课程结束后，期望学生能够理解什么（知识）和能够做什么（技能）。评价课程教学有效性高低的重要标准是判断学生在学习目标上的进步程度。自然现象和社会问题本是一个整体，出于从不同视角深入研究的需要，高校的教学和研究以学科和专业为单位，学科和专业又进一步细化为研究方向和课程，但是从社会对人才培养的质量需求来看，又有着共同的特点。美国学院与大学联合会（AAC&U）通过对雇主的调查，提出了大学应培养学生获得的重要学习成果包括如下四类：人类文化与物理和自然世界的知识、智力与实践技能、个人与社会责任、综合性学习。更进一步，AAC&U 为每一个学习成果开发了等级量尺，以便评估学生在

学习成果上的进步程度。由光明基金会发布的学位资格框架（DQP）列出了对大专、本科、研究生学位毕业生的学习成果要求，包括如下五类：专业知识、公民与全球学习、广泛与综合的知识、应用与合作学习、智技能。类似的，美国高等学习委员会（HLC）、美国五个区域大学认证委员会（SACSCOC、NEASC、MSCHE、WASC、NWCCU）在其认证标准中都有其对大学毕业生学习成果目标的界定和描述。IDEA 开发的大学学习目标共有 13 项（见附录 5-1）。根据 IDEA 的研究报告，这 13 项学习目标已同 AAC&U、DQP、HLC 及美国五大区域大学认证机构的学习成果进行了一致性对照，可以说，IDEA 这 13 项学习目标反映了大学委员会和认证机构对本科毕业生学习成果的共同要求（见第二章第四节）。

课题组曾根据布卢姆和安德森的教育目标分类学理论，从学科知识和认知水平两个维度形成的双向细目表，开发出聚焦于学科知识与技能的本科课程学习目标，但是因为其涉及的认知水平和知识分类的一些专业术语比较学术化，而且通用的 24 种学习目标比较繁杂，同时因为其受制于具体课程的知识和技能，难以对不同类型课程进行评价并对比，所以被迫放弃。此外，课题组也借鉴了马扎诺的新教育目标分类学理论，开发出包括 10 项认知技能和 7 项情意技能合计共 17 项的认知与情意技能通用目标，通过仔细对比分析发现，这 17 项认知技能和情意技能，包含在 IDEA 的 13 项学习目标中，因此，课题组最终决定采用 IDEA 的 13 项学习目标作为本科课程通用学习目标。

虽然 IDEA 的 13 项学习目标有些宽泛，但是其突出优点有三个：①体现了整体性思想，即所有课程都是为学生适应社会和服务社会服务的，是从社会对大学毕业生素质的期望出发（即学习成果），要求各个课程都要为这个学习目标系统服务；②体现了可比性思想，因为对不同课程的评价使用的是同一个学习目标系统，因此使得对不同课程的学习目标的侧重点的比较成为可能；③体现了个性化思想，由于不同课程的学习目标侧重可能不同，教师可以从 13 项学习成果中选择本课程重要的学习目标，通过评价学生在这些重要目标上的进步程度来判断教师课程教学质量（即与选择将同样目标作为课程重要目标的其他同类课程上学生的进步程度做对照）。

2. 学习目标量表的信度、效度及学生在学习目标上的进步程度

使用学生对 120 门课程的评价数据，对 13 项学习目标的因子分析发现，该量表包含 2 个因子，因子 1 是通用生活技能目标（8 项），因子 2 是课程特定技能目标（5 项），两个因子累积可解释约 77% 的方差，α 系数分别为 0.94 和 0.93，说明量表具有良好的结构效度和内部一致性信度。该结果与 IDEA（2016）对学生数据的因子分析结果是一致的，IDEA 在其分析中共使用了 3484 门课程的学生评价数据，本研究只使用了 120 门课程的学生评价数据，就得到了极为相似的结果，说明学习目标分量表的结构对学生评教数据比较稳定。

本研究共调查了教师对 137 门课程的评价，结果发现，教师确定的课程重要或本质学习目标集中在 3 个项目上，理解本科目知识、知识的应用、专业技能与观点（形成与本课程最相关的领域的专业人员所需的特定的技能、能力和视角），这 3 个目标都属于与课程特定技能紧密相关的学习目标，说明教师所确定的课程重要或本质学习目标还是集中在课程特定技能方面，那些通用的生活技能目标，如博雅教育、团队技能、道德推理能力等，并不是教师认为的重要或本质的学习成果目标。从学生在学习目标上的进步程度看，学生自评进步程度最大的学习目标也集中在与特定课程紧密相关的目标上，如理解本科目知识、定量素养、知识的应用。学生自评在特定课程技能目标上的进步程度最大，显著高于在通用生活技能目标上的进步程度，可能与教师将特定课程技能目标确定为重要或本质学习目标有关。进一步分析发现，学生自评在课程特定技能目标上的进步程度都没有超过 3.5（最高值为 3.44），即没有达到实质性的进步（等级分值为 4）。在通用生活技能的创新能力、博雅教育学习目标上，学生的进步程度非常有限，没有超过中等的进步（等级分值为 3）。说明在实现上述两类目标上，还有很大进步空间。

二、案例研究、服务学习、讲授和讨论的使用频次能够显著预测学生在课程特定学习目标上的进步程度

卡内基梅隆大学卓越教学与教育创新中心列出了大学教学常用的 10 种教学

活动，包括讲授、案例研究、讨论等。本研究调查了上述教学活动在 120 门课程教学中使用的频次，结果发现，目前大学授课中，教师最常使用的教学活动是讲授，其次是案例研究和讨论，出现频次最少的教学活动是实验室 / 工作室、学术论文写作。其中，实验室 / 工作室出现频次少的原因可能与本次调查的学科抽样有关。在教师填写的 137 门课程中，人文社科类、理学类和管理类课程占了80%，工学类和医学类课程仅占 20%，由于学科性质不同，非工科类课程占比过高，可能是实验室 / 工作室出现频次较少的原因。学术论文写作出现频次少的原因可能在于，多数课程的考核方式是试卷，撰写学术论文并不作为课程考核的要求。

对教学活动分量表的因子分析发现，抽取 2 个因子可以解释 55% 的方差，因子 1 为合作讨论型活动，包括小组作业、讨论等教学活动，其 α 系数为 0.78，表明内部一致性尚可。因子 2 为应用操作型活动，包括案例研究、服务学习等教学活动，其 α 系数为 0.65，说明内部一致性有待提高。由于教学活动分量表的信度系数不高，有待使用更多样本数据做进一步检验，因此，在预测教学活动对学生在学习目标上的进步程度时，我们使用 10 种教学活动作自变量，而不是使用因子得分作自变量。

逐步回归分析发现，案例研究、讲授、讨论和服务学习能够预测学生在课程特定学习目标上的进步程度。该结果说明，要真正提高学生在特定课程技能目标（即教师认为重要的课程目标）上的进步程度，除了讲授和讨论等常规教学活动，教师在教学中还需多采用案例研究和服务学习，这是由案例研究和服务学习的教学特点决定的。案例研究提供真实、复杂以及上下文丰富的情境，并经常包含困境、冲突或问题。案例研究能够促进学生主动参与学习，运用学科的分析方法，练习问题解决，练习高水平认知技能（如应用、分析、综合、评价），将认知和情感维度结合起来考虑（若案例有道德的或有争议的维度），将知识与真实世界结合起来。而服务学习通过让学生经历有趣、真实的问题，在新情境中有机会应用他们的学科知识去帮助别人，它将传统的学生教育成果与在社区中"服务"的机会结合起来，因此，服务学习能促进学生在课程特定技能上的进步。

三、以教师为中心的教学策略的使用频次能够显著预测学生在课程特定技能目标上的进步程度

IDEA 开发的学生评教问卷（SRI）中列出了被教育心理学研究证明为有效的 19 种教学策略，本研究调查了学生对这 19 种策略在课程教学中出现的频次。使用学生对 120 门课程的教学策略出现频次的评价数据，通过因子分析发现，该问卷是一个二因子结构，两个因子累积可以解释 65% 的方差。因子 1 是"以学生为中心的教学策略"，包括让学生参与实践项目、创造服务机会等 11 个项目；因子 2 是以教师为中心的教学策略，包括清晰地解释课程材料、介绍有启发意义的观点等 8 个项目，两个因子（子量表）的 α 系数均为 0.91，说明都有优良的同质性信度。因子层面的分析发现，以教师为中心教学策略的因子均值为 3.86，以学生为中心教学策略的因子均值为 3.42，且前者显著高于后者，说明学生观察到教师在课程教学中更多使用以教师为中心的教学策略。

以教师认为重要或本质的 3 项学习目标为因变量（均属于特定课程技能目标），以 10 种教学策略为自变量，研究不同教学策略对不同学习目标的预测作用。逐步回归分析发现，能够显著预测学生在教师所确定的课程重要或本质学习目标上进步程度的策略主要是以教师为中心的教学策略，包括：讲清楚章节如何与课程相符、介绍具有启发意义的观点、鼓励课外联系、帮助学生解答他们的问题等 4 项，另有 2 项属于以学生为中心的教学策略，包括让学生参与实践项目、鼓励自我反思。

题目层面的分析发现，学生观察到有 5 种策略在教学中经常出现：与现实生活相联系、说明课程内容的重要性、清晰地解释课程材料、鼓励使用多种资源、帮助学生解答他们的问题。出现频次较少的教学策略包括：让学生参与实践项目、组建小组以促进学习、让不同学生分享他们的想法、鼓励课外联系。对比后不难发现，让学生参与实践项目和鼓励课外联系是对学生在特定课程技能目标进步上具有重要预测作用，但是教师较少使用该教学策略，因此在教学实践中应当加强这些策略的使用。

四、课程考核强调高阶思维的程度能够显著预测学生在课程特定技能目标上的进步程度

根据布卢姆教育目标分类学修订版,教育考核在认知水平上通常区分为 6 个从易到难的梯度:记忆、理解、应用、分析、评价、创造。美国大学生学习投入调查在调查教师课程考核所强调的认知水平时,也是采取这个分类。本研究通过因子分析发现,6 种认知水平可归为 3 类,其中,应用、分析、评价、创造可归为高阶思维(α 系数为 0.92),记忆、理解各归为一类。描述性分析发现,学生反映课程考核对高阶思维强调较多,其次是记忆,强调较少的是理解。

选取教师认为重要或本质的 3 项学习目标为因变量,包括理解本科目知识、高阶思维、形成专业技能与观点,以 3 类考核重点为自变量,包括记忆、理解、高阶思维,探讨课程考核重点对学生在学习目标上的进步程度的影响。逐步回归分析发现,在全部 3 个因变量上,只有高阶思维进入回归方程,说明课程考核越强调高阶思维,学生在特定课程技能目标上的进步程度就越高。该结果的原因在于,高阶思维因子包括应用、分析、评价、创造等 4 类考核类别,与要求记忆和理解相比,从应用到创造的考核要求对学生提出了更高的认知加工要求,不仅需要学生能够记住和理解知识,更要求学生能运用知识解决问题,要求有更高水平的分析问题、评价观点的能力,甚至要求能够形成新的观点或创造出新的产品。因为高阶思维考核强调会将课程材料应用于提高思维能力、问题解决和决策能力,因此能够显著促进学生在课程特定技能目标上的进步。

五、课程教学的学教评一致性程度能够显著预测学生在学习目标上的进步程度

学教评一致性是指课程的学习目标、教学活动、学生评价三者应保持一致。该分量表共有 4 题,分别是:课程目标清晰明确、教学与目标一致、考核与目标一致、教学与考核一致。量表 α 系数为 0.98,说明具有优良的内部一致性信度。因子层面得分均值为 5.71("符合"等级值为 6),说明整体而言,学生认为课程教学的学教评一致性处于较符合与符合之间。

使用学生对 120 门课程的评价数据，计算课程学教评一致性程度与学生在学习目标上的进步程度的 Pearson 相关发现，学教评一致性程度的 4 个项目与学生在课程特定技能和通用生活技能的相关系数值在 0.38 与 0.71 之间（M 为 0.56），均在 0.01 水平上显著，说明课程学教评一致性程度越高，学生在学习目标上的进步程度也就越大。课程总的学教评一致性程度与学生在学习目标上总的进步程度间的相关系数为 0.52，说明学教评一致性程度可以解释学生在学习目标上总体的进步程度变异的 27%。

课程学教评一致性程度能够显著正向预测学生在学习目标上进步程度符合假设和逻辑。教师首先需要清晰阐述课程学习目标，当课程目标、教学活动和课程考核高度一致时，课程教学才具有内在的一致性。教学活动和课程考核都是以课程目标为依据，是为实现课程目标或判断课程目标是否达成服务的。同时，本研究发现总的学教评一致性程度对学生总的进步程度的解释量为 27%，说明除了一致性外，还有很多其他影响学生进步程度的因素，如修课动机、学生是否具有课程所需背景知识等。

六、知识背景和课程动机能够显著预测学生在课程特定技能目标上的进步程度

IDEA 的研究表明，学生因素，如课程动机、背景知识准备、学业习惯、班额等会影响到学生在课程上的进步程度。本研究发现，背景知识准备（"我的知识背景满足这门课程的要求"）以及课程动机（"不管谁教，我都真的想学这门课"）能够显著正向预测学生在 3 项重要学习目标上的进步程度。具体而言，在"理解本科目知识"目标上，背景知识准备和课程动机能解释学生在该目标上进步程度 45% 的变异，在形成"专业技能、观点"目标上，二者可解释学生在该目标上进步程度 48% 的变异。对"知识的应用"目标而言，仅"背景知识准备"进入方程，且可解释学生在该目标上进步程度 23% 的变异。上述结果说明，背景知识准备和课程动机对学生在课程特定学习目标上的进步具有很强的预测力。

上述研究结果与学习的认知理论是一致的，基于认知理论的教学策略强调

"激活学生的背景知识，建立新信息与学生已有信息之间的联系"。当学生缺乏课程相关背景信息时，理解新信息将变得困难。教育心理学对有效教学模式（直接教学）的研究指出，教师在阐明学习目标后，接下来就需要复习并评价学生是否掌握先备知识，如果学生没有掌握先备知识，则首先需要进行补救教学。很多时候学生上课听不明白，是因为他们缺少先备知识（所需掌握的背景知识）。卡内基梅隆大学卓越教学与教育创新中心所列的有效教学的第一条原则即为"获取关于学生的相关知识并使用这些知识来进行课程设计和课堂教学"，再次说明搞清楚学生所掌握的背景知识在课程规划和有效教学中的重要意义。至于课程动机（"不管谁教，我都真的想学这门课"）对学生在学习目标上进步程度的正向影响，其逻辑是显而易见的，有这样动机的学生，他们或出于个人兴趣，或出于职业规划，认识到课程的重要意义，并愿意付出努力去掌握课程内容，而不易受任课教师等因素的影响。学习心理学原理告诉我们，当学习者出于掌握性目标（mastery goal）而非表现性目标（performance goal）去学习时，他们会收获更多，进步程度更大。

第五节　结论

本科课程通用学习目标共包括 13 项，其潜在结构包括 2 个因子，分别为"课程特定技能目标"和"通用生活技能目标"，α 系数分别为 0.93 和 0.94，表明同质性信度优良。教师为课程确定的重要或本质学习目标集中在课程特定技能目标上，共包括 3 项：①对本科目的知识有基本的理解（如事实性知识、方法，原理、原则、理论）；②学会将课程材料应用于提高思维能力、问题解决能力和决策；③形成与本课程最相关的领域的专业人员所需的特定的技能、能力和视角能力。学生自评在课程特定技能目标上的进步程度（$M=3.38$）显著高于其在通用生活技能目标上的进步程度（$M=3.11$），但是二者均未达到实质的进步（$M=4.00$），而是处于中等的进步与实质的进步之间。

教师在课程教学中使用的教学活动包括讲授、讨论、案例研究等 10 种，学生观察到教师使用频次最多的 3 项教学活动为讲授、案例研究、讨论。回归分析发现，除了讲授和讨论，案例研究和服务学习的使用频次能显著正向预测学生在课程特定技能目标（包括理解本科目知识、知识的应用、形成专业技能与观点）上的进步程度。

教学策略分量表共有 19 个项目，其潜在结构包括 2 个因子，分别命名为"以学生为中心的教学策略"和"以教师为中心的教学策略"，α 系数均为 0.91，表明同质性信度优良。回归分析发现，"以教师为中心的教学策略"的使用频次能够显著正向预测学生在课程特定技能目标上的进步程度。具体而言，有 6 项教学策略能够显著预测学生在课程特定技能目标上的进步程度，其中 4 项属于"以教师为中心的教学策略"，包括讲清楚章节如何与课程相符、介绍具有启发意义的观点、鼓励课外联系、帮助学生解答他们的问题 4 项，另外 2 项属于以学生为中心的教学策略，包括让学生参与实践项目、鼓励自我反思。

课程考核分量表共有 6 个项目，包括记忆、理解、应用、分析、评价、创造等 6 种认知水平。因子分析发现，这 6 种水平可归为 3 类，即记忆、理解、高阶思维（包括了后 4 种认知水平）。回归分析发现，课程考核强调高阶思维的程度能够显著正向预测学生在课程特定技能目标上的进步程度。

学教评一致性分量表共有 4 个项目，为单因子结构，命名为学教评一致性程度，α 系数均为 0.98，表明同质性信度优良。相关分析发现，总体的学教评一致性程度与学生在学习目标上总体的进步程度间的 Pearson 相关为 0.52（$p < 0.01$），即学教评一致性程度可以解释学生在学习目标上的总体的进步程度变异的 27%。研究结果支持学教评一致性程度是影响课程教学有效性的重要因素。描述性分析发现，学教评一致性程度因子得分均值为 5.71（"符合"等级值为 6），说明学生认为课程教学的学教评一致性程度处于较符合与符合之间。

学生个人因素对其在学习目标上的进步程度有重要影响，学生背景知识准备（"我的知识背景满足这门课程的要求"）和课程动机（"不管谁教，我都真的想学这门课"）均能显著正向预测学生在课程特定技能目标上的进步程度。

本章小结

学教评一致性是有效教学的基本原则。通过调查 137 名高校教师和 2690 名大学生，本研究结果支持本科课程教学的学教评一致性程度越高，学生在学习目标上的进步程度也越大。学教评一致性程度与学生在学习目标上的进步程度间的相关系数为 0.52（$p < 0.01$），即学教评一致性程度可以解释学生在学习目标上进步程度变异的 27%。大学教师为课程确定的重要或本质学习目标集中在三个方面：知识理解、知识应用和专业素养。针对特定的课程学习目标，通过回归分析能够识别出最能促进该目标实现的教学活动、教学策略和考核内容。（见表 5-14）此外，学生的知识准备和学习动机对其在课程目标上的进步程度有重要影响。

表 5-14　能够显著促进核心学习成果实现的教学活动、教学策略和测评重点

课程学习目标 教学活动 / 教学策略 / 测评重点		知识理解 （理解专业概念、原理、方法、原则、理论）	知识应用 （应用专业知识提高思维、问题解决和决策能力）	专业素养 （专业技能、能力、视角）
教学活动	讲　授	0.33***	—	0.39***
	讨　论	—	—	0.25*
	案例研究	0.31**	0.44***	—
	服务学习	0.28**	0.29**	0.39***
教学策略	讲清楚章节如何与课程相符	0.40***	—	0.32***
	鼓励课外联系	0.31***	0.22*	—
	介绍具有启发意义的观点	0.26**	0.55***	—
	解答学生问题	—	0.23**	—
	让学生参与实践项目	—	—	0.39***
	鼓励自我反思	—	—	0.29**
测评重点	高阶思维（包括应用、分析、评价、创新）	0.32**	0.42***	0.34**

注：单元格的数值代表标准化回归系数，* 代表 $p < 0.05$，** 代表 $p < 0.01$，*** 代表 $p < 0.001$。

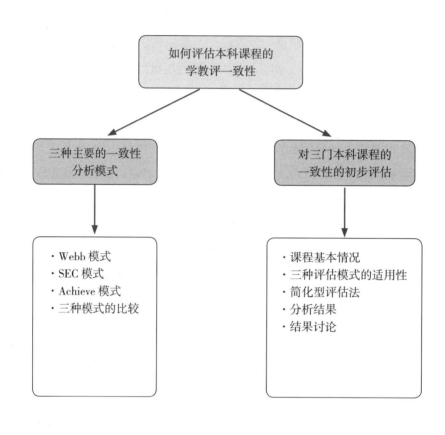

第六章

如何评估本科课程的学教评一致性？

本书第一章提出教师可使用布卢姆分类表制作三个不同的分类表，即预期的学习成果、教学活动和评估任务的布卢姆分类表，通过检查三个表格的一致性，最后判断课程层面的学、教、评是否一致。这种一致性判断方法虽然逻辑清晰，但是没有提供具体的量化指标，使得不同课程的学教评一致性程度无法相互比较。学教评一致性原则至少可追溯到泰勒的《课程与教学的基本原理》，后面在安德森等修订的布卢姆教育目标分类学中进行了强调，近二十年一致性研究的兴起，与美国重新授权的 NCLB 法案（不让一个孩子掉队）有关。NCLB 要求到2013-2014 学年，所有学生都必须在阅读和数学测验上达到各州规定的熟练程度标准[1]，各州必须提供证据证明其所使用的评估工具与 K-12 系统中的学科标准一致，没有提供一致性证据将被视为不符合 NCLB 的要求。没有达到年度进步标准（AYP）的州将失去联邦政府资助或本地的决策权和控制权受限。NCLB 法案的实质是对教育实施问责，期望能激励教育者提高学生的学业成就。

无论是否实施类似 NCLB 的教育法案，课程标准（期望的学习成果）、教学和评估始终是任何教育系统中的三个重要成分，提高三者的一致性程度是提升学生学业成就的重要原则。Webb（1997）对一致性的定义是"期望（即课程标准）和评估一致并协同引导教育系统使学生学习他们应该知道和做的事情的程度"。

---

[1] 这一目标最终没有实现，2015 年奥巴马签发了"每个学生都成功"法案（ESSA）。ESSA 和 NCLB 的主要区别在于，对所有学生在某一日期前达到熟练程度的要求被取消了，大部分控制权回归到各州，由各州制定标准和干预措施，惩罚措施不再是法律的核心内容。

在实践中，美国首席州立教育官员委员会（CCSSO）推荐了三个可用作一致性研究框架的模式，分别是：① Webb 模式，② SEC 模式（调查实施的课程模式），③ Achieve 模式（CCSSO，2002）。下面将分别介绍这三种模式的一致性指标和操作流程，并检验它们在高校课程一致性评估中的应用。

第一节　学教评一致性的三种分析方法

一、Webb 模式

1.Webb 模式的一致性指标

Webb 的一致性模式聚焦于评估与标准的一致程度，没有提供教学与评估或标准的一致性指标。虽然 Webb 提出了理解一致性程度的五个不同维度（内容跨年级和年龄的衔接，公平和公正，教学和系统适用性），但是在一致性研究中，只有内容维度的前 4 个指标被经常使用，分别是：类别的一致性、知识深度的一致性、知识范围的一致性、题目分布的均衡度。

类别的一致性（categorical concurrence）是指课程标准和评估题目中出现相同或一致的内容类别的程度。Webb 为该指标设定的准则是，每个标准至少要有 6 道题目测量其内容。其逻辑是每个标准至少需要六道题目才能获得足够可靠的分数。

知识深度的一致性（depth of knowledge consistency）是指某内容领域的评估任务所引发的学生认知的复杂程度，是否与课程标准期望学生对该内容领域掌握的认知复杂程度一致。Webb 为该指标设定的准则是，与某个目标匹配的题目中，至少有 50% 的题目其认知水平处于或高于该目标所要求的认知水平。

知识范围的一致性（range of knowledge correspondence）是指某项标准期望学生掌握的知识范围是否与学生正确回答评估任务集所需的知识范围一致。Webb 为该指标设定的准则是，标准中至少 50% 的目标被至少一道题目所测量，才能得到足够的一致性。

题目分布的均衡度（balance of representation）是指题目在某项标准内的目标之间均匀分布的程度。其计算公式如下：

$$1 - \frac{\left(\sum_{k=1}^{0} \left| \frac{1}{O} - \frac{I_k}{H} \right| \right)}{2}$$

其中，O = 标准中被测试题目匹配的目标总数；I_k = 测量第 k 个目标的题目数量；H = 与标准中的目标匹配的题目总数。如果平衡度指标趋近 0，说明一个或多个目标被相对更少的题目所测量，如果该指标趋近 1，则说明题目在所有目标间平均分布。Webb 为该指标设定的准则是，指标值在 0.7 或以上表明题目在某项标准的所有目标间的分布达到了可接受的程度。

2.Webb 模式的分析流程

在使用 Webb 模式的一致性研究中，由教育者和课程专家组成的小组首先接受培训，以便能使用分析过程和启发式方法来评价评估与标准之间的一致性。具体而言，包括如下 4 个步骤：

（1）步骤 1：对专家组成员进行培训，使其能识别和应用四种知识深度（DOK）水平。培训包括审查回顾每个学科领域中四种知识深度水平的具体描述。Webb 使用表 6-1 描述的知识深度水平对数学标准与评估的一致性进行了研究。

表 6-1　Webb 对知识深度水平的一般描述

水　平	描　述
水平 1：回忆（recall）	该水平包括了对信息的回忆，如事实、定义、术语或简单的操作以及执行简单的算法或应用公式。
水平 2：技能 / 概念（skill/concept）	该水平包括使用超出习惯反应的心理加工。水平 2 的评估题目要求学生对如何处理问题或活动做出决定。区分水平 2 的题目或任务的关键词包括分类、组织、估计、观察、收集和展示数据、比较数据。
水平 3：策略性思维（strategic thinking）	该水平包含的题目需要推理、计划、使用证据以及比前两个水平更高阶的思维。在多数情况下，水平 3 要求学生解释他们的思维。在该水平，学生还可能需要进行推测或确定有多个正确答案的问题的解决办法。
水平 4：扩展性思维（extended thinking）	该水平包含的题目需要复杂的推理、计划、发展和思考，很可能需要持续较长一段时间。在水平 4，任务的认知要求会很高，工作也会很复杂。学生需要在学科领域内和学科领域间建立联系。水平 4 的活动包括设计和实施实验、在研究结果与相关概念之间建立联系、综合观点形成新概念、评论文学作品和实验设计。

（2）步骤 2：专家组就内容标准中目标的知识深度（DOK）水平达成共识。

（3）步骤 3：对于每个测试题目，专家组成员独立地评价其知识深度（DOK）水平，以及该题目匹配的课程标准中的目标。

（4）步骤 4：计算评估与标准的一致性指标：类别、知识深度、知识范围、均衡度。

二、SEC 模式（调查实施的课程模式）

Porter 和 Smithson（2001）开发了 SEC 模式，可用于分析课程标准、评估和教学三者的一致性。课程通常至少可分为三种，其一是预期课程（intended curriculum），如国家课程标准；其二是实施的课程（enacted curriculum），是指教师在学校实际实施的课程；其三是被评估的课程（assessed curriculum），是指在测评中评估的内容。三种课程分别对应于教育系统中的三个重要成分：课程标准、教学、评估。在 Webb 的一致性模式中，只是分析了评估与标准的一致性，并没有把教学成分考虑进去，因此无法得知教学是否与评估和标准相一致，教学成分也因此成为一致性研究中的"黑箱"。但是 SEC 模式提供了教师调查问卷，可以调查教师在实际教学中对不同的内容主题花费的教学时间，以及在每个内容主题的不同认知水平上花费的时间，从而打开了教学的"黑箱"，使得研究者可以分析教学内容及其深度是否与标准和评估一致，探查教师是否为学生提供了掌握课程标准和参加评估所需的学习机会。这可能就是 SEC 模式的"调查实施的课程模式"名称的由来。

1.SEC 模式的主要特征

SEC 模式的主要特征包括：①用于检查"课程标准—教学—评估"内容的通用语言框架；②对学科教学内容（即教师实施的课程）的调查；③单一的一致性统计指标；④"课程标准—教学—评估"内容的图形输出。至少从 2000 年开始，SEC 模式已在美国多个州和学区使用。

通用语言框架（common language framework）是一个二维矩阵，一维代表教学内容和主题，另一维代表认知要求。表 6-2 即是用这种语言描述的数学内容的二维矩阵。其中，主题维度包括多步骤方程；不等式；线性方程组；直线 / 斜率和截距；多项式运算；一元二次方程。认知要求维度包括：①记忆；②执行程序；③交流理解；④解决非常规问题；⑤推测 / 概括 / 证明（具体定义见表 6-3）。不难发现，表 6-2 的内容矩阵与布卢姆的教育目标分类表很类似，表 6-3 认知要求类别也类似于布卢姆分类表的认知水平。对于不同的学科内容，其认知要求类别或认知水平应有个性化的调整。通用语言框架一旦确定，即可用于对课程标准、教学内容、教学材料和评估的分析。

表 6-2　内容矩阵

主　题	认知要求类别				
	记忆	执行程序	交流理解	推测 / 概括 / 证明	解决非常规问题
多步骤方程					
不等式					
线性方程组					
直线 / 斜率和截距					
多项式运算					
一元二次方程					

表 6-3　认知要求类别的定义

记住事实 / 定义、公式	执行程序 / 解决常规问题	交流对概念的理解	推测 / 概括 / 证明	解决非常规问题 / 建立联系
·识别 ·确定 ·回忆 ·背诵 ·命名 ·辨别	·计算 ·观察 ·测量 ·比较 ·流畅度	·交流数学思想 ·使用表征对数学思想进行建模 ·从统计分析视角解释发现和结果 ·解释、推理 ·描述 ·选择	·完成证明 ·提出数学推测并进行调查 ·从数据推断并预测 ·确定一个数学模式或命题的正确性	·应用和修改各种适当的策略以解决常规的问题 ·将数学应用于数学之外的情境 ·分析数据，识别模式 ·探索 ·判断

对教学内容的调查：SEC 模式使用教师调查问卷收集数据，以学科主题和认知要求的交叉点描述教学内容。具体而言，SEC 问卷要求教师指出在过去的学年中：①花在每个学科主题上的时间（覆盖水平），②每个主题强调的认知要求类别的相对重点。SEC 问卷采用 4 点量表评价覆盖水平和认知要求（如表 6-4 所示）。

• 覆盖水平：⓪无 / 未覆盖；①略微覆盖（少于一节课）；②中等覆盖（一到五节课）；③持续覆盖（超过五节课）。

• 对每类认知要求的相对重视程度：⓪不重视；①略微重视（花在该主题上的时间少于 25%）；②适度重视（花在该主题上的时间占 25% ~ 33%）；③持续重视（花在该主题时间占 33% 以上）。

对教学内容进行编码。从表 6-4 的数据可以算得主题与认知要求交叉的每个单元格（即表 6-2 内容矩阵中的单元格）花费的教学时间，将每个单元格的教学时间除以课程总教学时间，即可得到每个单元格花费的教学时间比例，矩阵中所有单元格的教学时间比例的总和为 1。表 6-2 的内容矩阵作为一个通用分析工具，同样可用于对评估题目和课程标准进行编码。

表 6-4　SEC 模式的教师调查问卷

花在主题上的时间（覆盖水平）	小学数学主题	对学生数学的期望（认知要求）				
	数字感 / 数的性质 / 关系	记忆事实 / 定义 / 公式	执行程序	展示对数学思想的理解	推测 / 概括 / 证明	解决非常规问题 / 建立联系
⓪①②③	位　值	⓪①②③	⓪①②③	⓪①②③	⓪①②③	⓪①②③
⓪①②③	模　式	⓪①②③	⓪①②③	⓪①②③	⓪①②③	⓪①②③
⓪①②③	小　数	⓪①②③	⓪①②③	⓪①②③	⓪①②③	⓪①②③
⓪①②③	百分比	⓪①②③	⓪①②③	⓪①②③	⓪①②③	⓪①②③
⓪①②③	实　数	⓪①②③	⓪①②③	⓪①②③	⓪①②③	⓪①②③
⓪①②③	指数、科学计数法	⓪①②③	⓪①②③	⓪①②③	⓪①②③	⓪①②③
⓪①②③	因数、乘、除	⓪①②③	⓪①②③	⓪①②③	⓪①②③	⓪①②③

（续上表）

花在主题上的时间（覆盖水平）	小学数学主题	对学生数学的期望（认知要求）				
	数字感/数的性质/关系	记忆事实/定义/公式	执行程序	展示对数学思想的理解	推测/概括/证明	解决非常规问题/建立联系
⓪①②③	奇数、偶数、质数、合数	⓪①②③	⓪①②③	⓪①②③	⓪①②③	⓪①②③
⓪①②③	估　计	⓪①②③	⓪①②③	⓪①②③	⓪①②③	⓪①②③
⓪①②③	运算之间的关系	⓪①②③	⓪①②③	⓪①②③	⓪①②③	⓪①②③

对评估题目进行编码。对评估题目进行编码的规则相对简单。首先，必须确定整个测验的总分以及每道题目的分数。其次，依据每道题目测量的主题和认知要求类别，将每道题目匹配到类似于表6-2内容矩阵的单元格中。如果一道题目匹配了多个单元格，则将该题的分值均匀分配到匹配的单元格。例如，如果1道分值为2的题目匹配了2个单元格，那么每个单元格可分配该题50%的分值，即1分。将内容矩阵中每个单元格的分数除以测验总分，即得到一个分数比例，矩阵中所有单元格的比例总和为1。

对课程标准进行编码。使用类似于表6-2的内容矩阵对课程标准进行编码，专家组成员首先需要一份学科内容的具体标准（如阅读、数学、科学）以供审查。对于每一项标准，专家组成员指出该标准涵盖了哪些"主题—认知要求"的组合（即内容矩阵的单元格）。一旦对所有标准进行了编码，接着对每个单元格被标准"击中"（即匹配了标准）的总数进行加总。将每个单元格被"击中"的总数除以所有单元格被击中的总数的和，可得到每个单元格被课程标准强调的比例。所有单元格被强调的比例的总和为1。

SEC一致性指标（alignment index, AI）。通过使用内容矩阵对教学内容、评估题目和课程标准进行编码，并进行归一化处理（即每个单元转化为比例，代表其相对重要性），即可得到如图6-1的矩阵（该示例只包括了评估和标准）。一致性指标的计算公式如下：

$$一致性指数（AI）=1-\frac{\sum|X-Y|}{2}$$

其中，X 代表一个矩阵（例如评估矩阵）中单元格的比例，Y 代表另一个矩阵（例如标准矩阵）中相应的单元格比例。一致性指数（AI）的取值在 0 到 1 之间，1 代表完全一致，0 代表完全不一致。在 SEC 框架内，最好将一致性理解为程度问题，而不是绝对问题。虽然 SEC 没有为 AI 值设置一个最低可接受标准，但是通过比较 AI 值的大小，还是很容易判断某地区的评估与标准的一致程度是否比另一地区更高。

认知要求

	评估		
	0.3	0	0.1
	0	0.1	0
	0	0.2	0.1
	0	0.1	0.1

主题

	标准		
	0.2	0	0.1
	0	0.2	0
	0.1	0.2	0.1
	0	0	0.1

图 6-1　测量一致性的矩阵示例

使用地形图（topographical map）展示一致性。Porter 和 Smithson（2001）开发了地形图以可视化展示一致性的结果（见图 6-2）。这种展示方式的优点包括：第一，视觉化概括标准、评估、教学中任一成分覆盖的内容或强调的重点；第二，当比较标准、评估、教学中任意两个成分的内容图时，能够视觉化分析它们在何处一致，在何处不一致；第三，对主题—认知要求交叉点的视觉显示对研究者和实践者来说是解释"标准—评估—教学"内容数据的一种相对简单的方式。图 6-2 展示了地区 E、地区 F 和美国数学教师协会（NCTM）三个数学标准，展示处于粗粒度水平。地图表明三个标准包均含了绝大部分的数学内容，这一发现与国际数学与科学趋势研究项目（TIMSS）"博而不精"的结论相一致。尽管如此，还是有一些重点领域。所有三个内容标准都强调涉及解决常规问题的数字感和计数。地区 F 和 NCTM 也强调学生交流他们对数字感和计数的理解。地区 E

的独特之处在于它强调解决几何中的常规问题，并特别强调解决涉及数据分析和概率的常规问题；NCTM 标准也强调了这一点。粗粒度图形展示的背后是更细粒度的描述，细粒度展示允许更仔细地查看比较对象在内容强调上的相似与不同。

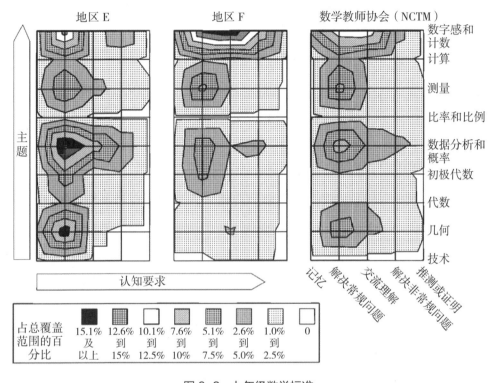

图 6-2　七年级数学标准

来源：Porter A C，2002.

2.SEC 模式的分析流程

SEC 模式的分析流程包括如下五个步骤：

（1）步骤 1：确定通用语言框架，即"主题—认知要求"内容矩阵（见表 6-2）。主题是指课程标准包含的学科内容，认知要求是指认知复杂程度（见表 6-3）。认知要求的确定可参考布卢姆教育目标分类学的认知维度，根据学科特点可以适当调整认知要求的类别。

（2）步骤 2：使用 SEC 教师调查问卷（见表 6-4）收集教学内容数据，问卷从学科各个主题的覆盖水平，以及每个主题内对每类认知要求的相对重视程度两方面进行调查。

（3）步骤3：使用步骤1确定的内容矩阵，对课程标准、评估题目、教学内容进行编码。编码后的矩阵单元格内的数字均为比例，总和为1。

（4）步骤4：使用一致性指数公式，计算教育系统标准、评估、教学三成分中任意两个成分的一致性程度。

（5）步骤5（可选）：使用地形图视觉化展示标准、评估、教学中任一成分覆盖的内容或强调的重点，比较相同科目地形图之间的相似与不同之处（见图6-2）。地形图的展示可以选择粗粒度和细粒度两个水平。

三、Achieve 模式

Achieve 模式最初于1998年由美国匹兹堡大学的学习研究与发展中心开发。该模式使用"评估到标准"一致性规约（assessment-to-standards alignment protocol）为一致性研究提供定性和定量的分析。该模式的特色在于对单个测试题目和题目集（即整个测验）的质量和严谨性进行判断。美国多个地区使用该模式分析测验的整体质量以及评估与地区课程标准的一致性。

1.Achieve 模式的一致性指标

Achieve 模式包括题目水平和测验水平的一致性指标。题目水平的一致性指标包括：内容集中性、表现集中性、挑战的来源。测验水平的一致性指标包括：范围、均衡、挑战程度。（Roach 等，2008）

（1）内容集中性（content centrality）。该指标要求审核者评估标准的具体性，以及题目与其测量的标准/目标之间的内容匹配程度，并选择如下一种评分：2= 明显一致（即题目评估了标准/目标中阐明的确切内容）；1A= 不够具体（即标准太宽泛，无法确信地判断题目）；1B= 有点一致（即题目只抽样了标准的一部分）；0= 不一致（即题目只略微评估了标准规定的内容）。在判断了题目与相应标准之间的内容匹配的质量后，审核者将注意力转向所需的表现类型的匹配程度。

（2）表现集中性（performance centrality）。该指标要求审核者对测试题目是否要求与相关标准同类的表现任务进行评分（如"识别""分析"）。表现集中性按照 4 点量表进行评分：2= 明显一致（即相同类型和数量的认知任务），1A= 不够具体（即标准 / 目标太宽泛）；1B= 有点一致（即题目只抽样了标准 / 目标中表达的认知要求的一部分）；0= 不一致（即测试题目和标准 / 目标的认知要求不匹配）。

（3）挑战的来源（source of challenge）。该指标要求审核者判断测试题目的难度是由适当的还是不适当的挑战来源引起的。当试题的难度来自相应标准要求的主题和表现时，评 1 分。当试题难度来自无关的来源，如不适合年级水平的语言、误导性的图形或对学生背景知识的不公平假设，评 0 分（即不适当的挑战来源）。

（4）范围（range）。范围是指至少被一道测试题目评估的目标所占的比例，因此是总体覆盖范围的基本指标。

（5）均衡（balance）。在均衡准则下，所有匹配某一标准的题目都被认为是一个集合。审核者根据如下两个问题判断一组题目是否反映了相应标准对内容和技能的强调：①标准中的哪些目标被过度评估了；②标准中的哪些目标评估不足或根本没有被评估。审核者从两个角度对上述每个问题进行评价：①他们对标准的阅读；②与特定年级水平最相关的内容的个人判断。均衡判断的结果分为四类：好、适当、一般和差。由于这些判断是定性的，不同的类别并没有用某种均衡百分比或指数来描述。通常期望均衡性良好的题目集（item set）将更多题目用于测量相应标准中最重要的内容和表现。

（6）挑战程度（level of challenge）。审核者根据被评估的概念和对学生的认知要求，对测验的总体难度进行整体的判断。审核者根据与匹配的标准所规定的要求相比，整个题目集的认知要求以及题目倾向于挑战性的概念、类型或目标成分的程度，做出定性的判断。题目集的挑战等级被评为：简单、中等，或困难。

2.Achieve 模式的分析程序

Achieve 模式的分析程序包括如下四个步骤：

（1）步骤 1：培训专家组成员。在具体实施时，Achieve 模式为防止培训时间过长，特别是题目集水平上的高推论判断，Achieve 为小组配备了经验丰富且知识渊博的评审专家，包括教师、课程专家和学科专家。样题和以前分析过的测验被用于使小组成员熟悉各种评定标准，并在使用过程中对成员进行培训。Achieve 要求评审专家完整地做一次评估，以真正了解测试的要求和重点。专家小组至少由三名成员组成，决策过程基于讨论，目的是达成共识。Achieve 模式的分析工具通常指引审核者收集如下信息：①与标准相关的测验广度（即测验只测量标准中表达的内容和技能），②测验对内容和技能的整体抽样（即测验对内容和技能的抽样均匀且充分），③测验的难度水平（即测验反映了标准规定的思维水平）。

（2）步骤 2：确认测试蓝图。题目水平的一致性分析从创建将每个测试题目匹配到相应标准的蓝图开始。最初的蓝图通常由地区或测验承包商编制，随后由高级审查员确认并标出难以理解的或不匹配的题目以供进一步分析（即重新匹配、剔除）。题目总是与标准中提出的最具体的成果标准（如目标）相匹配。

（3）步骤 3：题目水平的分析。一旦测试蓝图得到确认，专家小组将从内容集中性、表现集中性、挑战的来源三个方面判断测试题目与标准之间的一致性程度。

（4）步骤 4：测验水平的分析。在判断了题目水平的一致性之后，审核者将测验视为一个整体，接着评价测验水平的一致性：范围、均衡、挑战程度。

四、三种一致性分析模式比较

一致性研究是评价教育系统的三个核心成分（标准、评估和教学）协同支持以实现共同目标的程度的一种方法。Webb、SEC 和 Achieve 三种模式都包括了对标准和评估在内容和认知水平的一致程度的分析。其中，Webb 模式提供了四个定量的一致性指标及可接受的一致性水平的明确准则，可以识别一致性强或弱的方面。Achieve 模式在 Webb 模式的基础上，增加了挑战来源和挑战程度维度，并提供了评估与标准的整体一致性和匹配质量的定性信息。Webb 模式不能提供关于目标是否部分被评估或太模糊而无法评估这样的信息。Achieve 模式的编码方式能够为特定地区可能发生的变化提供了更多有用的信息，但若用于各地区之间的比较，则可能会变得很麻烦。SEC 模式是唯一考虑教育过程的教学成分的方法，它能轻松比较地区和学校之间在评估、标准和教学方面的一致性程度。如果进行跨时间的比较，还可用于研究测试项目的后果。但是，SEC 模式没有像其他两种方法那样深入探究一致性的质量。此外，SEC 模式使用概化理论提供了研究结果的信度。所有的一致性方法都依赖主题专家对一致性的不同成分进行评价。在确定专家评审员时，选择熟悉标准、评估和教学内容、博学的主题专家非常重要。主题专家熟悉受试群体的知识和技能水平也很重要。因此，三种一致性模式各有其优缺点，研究者需根据希望一致性研究提供的信息类型，选择特定的一致性方法。（见表 6-5）最后，一致性研究应被视为一个持续的过程，要最终实现共同的教育目标，就需要不断了解评估、标准和教学之间的一致和协同程度且持续改进标准、评估和教学的质量。

表 6-5　三种一致性分析模式概要

维　度	Webb 模式	SEC 模式	Achieve 模式
一致性评估的成分	评估 标准	评估 标准和课程材料 课堂教学	评估（题目和题目集） 标准
评价者	由 6 至 8 名具有学科领域专长的教育者组成的一致性小组	个别教师（课堂教学）；由 3 位及以上内容领域专家组成的一致性小组	由 3 位及以上内容领域专家组成的一致性小组
一致性评估的程序	1. 小组成员接受培训，能够识别和应用四种知识深度（DOK）水平 2. 小组成员就内容标准中目标的知识深度水平达成共识	1. 教师在年底前完成课程实施调查。调查包括评定教授的主题和次主题的覆盖水平，以及每个主题领域的任务所要求的认知水平	1. 专家小组就各个测试题目与其各自标准之间在内容和表现方面的匹配质量做出一致的判断。每个题目都进一步评估其难度的来源

（续上表）

维　度	Webb 模式	SEC 模式	Achieve 模式
一致性评估的程序	3. 小组成员独立地评价每个评估题目的知识深度水平以及对应的标准中的目标	2. 小组成员对标准、课程材料和评估的主题和子主题的覆盖水平以及任务和活动的认知要求进行评分	2. 然后，小组判断整个题目集是否以相似的重视程度和期望范围来评估各自的标准。每组题目都进一步评估其难度范围的年级适当性
广度标准	类别的一致性 知识范围 题目分布的均衡度	主题和次主题的类别 主题内的重点评价	内容集中性（题目） 范围（题目集） 均衡（题目集）
深度标准	知识深度一致性	认知要求的类别 认知要求内强调的重点评价	表现集中性（题目） 挑战的来源（题目） 挑战程度（题目集）

来源：Roach 等，2008.Evaluating the alignment among curriculum, instruction, and assessments:implications and applications for research and practice Psychology in the School, Vol.45（2）：162.

第二节　对三门本科课程学教评一致性的初步评估

一、三门本科课程的基本情况

1.A 课程

A 课程为专业核心课程，共 54 个学时，由一位老师负责制订课程教学大纲、实施教学和评估，即学、教、评三个成分均由该老师负责。A 课程的教学目标包括单元名称和每个单元下的一级教学目标，教学目标包括认知水平要求和计划的学时。A 课程成绩评定内容包括考勤、个人和小组作业、期末考试。在本次研究中，选取个人作业、小组作业和期末考试作为课程评估的内容，三部分共占课程总成绩的 70%。A 课程的总体目标与基本要求如下：

（1）牢固掌握：理解 A 课程相关的基本概念、理论和研究方法；

（2）一般掌握：描述从出生到青少年阶段人类生理、认知和社会性发展的基本特点；

（3）一般了解：能够把理论与个人成长及观察到的他人成长经历结合起来，深入了解人的发展规律。

不难发现，A课程的三个总体目标具有高度的概括性，适用于几乎每个单元主题。因为A课程在每个单元下已列出具体的教学目标，在一致性分析时将采用这些具体的目标信息。

A课程收集到的课程资料包括：课程教学大纲、期末试卷、个人作业和小组作业要求。

2.B课程

B课程为专业必修课程，共54个学时，由一位老师负责制订课程教学大纲、实施教学和评估，即学、教、评三个成分均由该老师负责。B课程只有单元名称，每个单元下只标注了重点和难点，没有标出完整的教学目标。每个单元列出了计划的学时。B课程成绩评定内容包括平时习题、期中考试、期末考试以及考勤。由于老师会提供习题答案给学生，因此习题成绩不作为本次分析学业评估的内容。在本次研究中，只选择期中和期末试卷作为课程评估的内容，两部分共占学生总成绩的65%。B课程的总体目标与基本要求如下：

牢固掌握：B课程的知识。

显而易见，B课程总体目标过少且具有高度的概括性，适用于几乎每个单元主题。类似于A课程，将单元名称"代入"B课程总目标，就能得到B课程单元的标准，所有单元的课程标准组成整个课程的课程标准。

B课程收集到的课程资料包括课程教学大纲、期中和期末试卷、教师提供的每个单元的认知要求。该数据通过问卷调查得到（见表6-6），要求任课教师就每个单元对学生的认知要求打"√"，每个单元可以有多个认知水平要求。

表 6-6　B 课程每个单元的认知要求

单元主题	认知水平					
	记忆	理解	应用	分析	评价	创造
单元 1 名称						
单元 2 名称						
单元 3 名称						
……						

3.C 课程

C 课程为专业核心课程，共 54 个学时，由两位老师共同负责制订课程教学大纲、实施教学和评估。由于没能收集到该课程前三分之二的资料，本次研究使用其中一位教师负责的后三分之一课程的资料。在 C 课程的教学大纲中，只有单元名称，没有单元下的教学目标，没有具体的学时分配。C 课程成绩评定内容包括日常小测、出勤和三次考试。本次研究选择第三次考试作为学业评估的内容，该考试与课程后三分之一的学习内容相对应，占学生总成绩的 25%。C 课程的总体目标与基本要求如下：

（1）了解 C 课程主要领域当代的思想、方法和发现；

（2）了解这些知识的历史和哲学渊源；

（3）在人类的感知觉、注意、记忆方面形成自己的观点，并用自己的方法来解释它的过程。

不难发现，类似于 A 课程，C 课程的总体目标具有高度的概括性，适用于几乎每个单元主题。将单元名称"代入"C 课程总目标，就能得到 C 课程单元的标准，所有单元的课程标准组成整个课程的标准。

C 课程收集到的课程数据包括课程教学大纲、第三次考试试卷、教师提供的每个单元有的认知要求（同 B 课程）。

二、三种一致性分析模式的适用性评估

1.Webb 模式

对课程标准的要求：每个标准下的教学目标（含认知要求）。对评估的要求：测试题目及答案。对教学的要求：不评估教学。

2.SEC 模式

对课程标准的要求：每个标准下的教学目标（含认知要求）。对评估的要求：测试题目及答案，包括每道题目的分值。对教学的要求：每个学科主题的教学时间，每个主题对不同认知水平强调的相对重点。教学信息通常通过 SEC 教师调查问卷（见表6-4）获得。

3.Achieve 模式

对课程标准的要求：每个标准下的教学目标（含认知要求）。对评估的要求：测试题目及答案。对教学的要求：不评估教学。

4. 评估结果

对于 A 课程，若采用 SEC 模式，可以计算评估与标准的一致性系数，但是由于缺乏每个主题对各类认知需求的相对重视程度的信息，因此无法按计算教学与标准、教学与评估之间的一致性系数。若采用 Achieve 模式，不仅需分析题目水平上的一致性，还需分析测验水平上的一致性，且比较强调质性的分析，分析程序相对复杂。故确定使用 Webb 模式对 A 课程进行一致性评估。

对于 B、C 两门课程，由于缺乏课程标准下的具体教学目标，无法使用三种主要的评估模式。若要对 B、C 课程进行一致性评估，需要对已有方法进行适当的简化。

三、简化型一致性评估方法

为了能够评估 B、C 课程的一致性程度，本研究参考 Webb 模式和 SEC 模式，提出简化型一致性评估方法。该方法计算三个一致性指标，分别是：知识类别的一致性、知识深度的一致性和一致性系数，分别衡量：评估内容与教学内容的一致程度、评估的认知水平覆盖预期的认知水平的程度，以及教学与评估的一致性程度。

简化型方法的优点是需要的数据简单，只要课程大纲中提供单元主题，辅以对任课教师简单的调查（调查各单元的认知水平要求），即可完成相应指标的计算。

1. 知识类别一致性

该指标与 Webb 方法相同，衡量评估内容与教学内容的一致程度。Webb 为该指标设定的可接受准则是"每个标准至少有 6 道题测量其内容"，该指标不依赖标准（或单元）内的具体目标，因此三门课程均可计算该指标。

2. 知识深度一致性

该指标衡量评估所要求的认知水平与课程标准所要求的认知水平的一致性程度。对知识深度一致性的评估是以课程标准（或单元）而非标准下的具体目标为分析单位，通过教师问卷，先确定某课程标准（或单元）对各认知水平的强调比例，再列出与该标准匹配的题目中测量各认知水平的题目比例，最后由评审员对两列比例进行比较，判断题目要求的认知水平覆盖标准要求的认知水平的程度。计算公式：知识深度一致性 =（1− 未被测量到的认知水平占比）× 100%。例如，教师认为某课程标准（或单元）要求的认知水平为 1、2、3、5，如果对应该标准的题目中只包括了认知水平 1、2、3、4，那么，标准所要求的认知水平 5 就没被测量到，知识深度一致性 =（1−1/4）× 100% = 75%。在以下分析中，认知水平 1 ~ 6 分别代表记忆、理解、应用、分析、评价和创造。

3. 一致性系数

该指标计算每个课程标准（或单元）计划的学时与评估中匹配该标准的题目数之间的 Pearson 相关作为一致性系数，用以衡量教学与评估的一致程度。该指标的逻辑是教学时数越多的课程标准（或单元），其内容往往也更重要，在考试中应该有更多的题目（特别是以选择题为主体的试卷，各题目分值相等），因此计算学时与题目数之间的相关，能够反映出教学与评估的一致性。该逻辑与 SEC 模式求一致性系数的思路一致，即越是重要的教学目标（课程标准），花费的教学时间应该越长，评估中对应的题目分值也应越高。只不过在简化型方法中，研究者将题目分值改为题目数量。与 SEC 模式类似，该系数可用于比较课程之间在教学与评估上的一致性程度。

四、一致性分析的结果

1. 编码情况

A 课程编码的内容包括期末试卷、小组作业和个人作业，B 课程编码的内容包括期中和期末试卷，C 课程编码的内容为试卷和小测题。在本次分析中，A 课程的有效题目数共计 36 个，B 课程共计 78 个，C 课程共计 56 个。在具体编码时，A 课程的部分题目所匹配的目标数超过了三个，如无固定答案的主观题，在给定范围内的自选内容的论述题等，这些特殊题目对某些一致性维度评估产生了较大影响，因此在分析时会区分是否包含这些特殊题目两种情况进行讨论。按照 Webb、SEC 和 Achieve 模式的分析要求，至少需要 3 名及以上学科专家组成专家小组进行编码和分析，但是本次研究中只有两名编码员，因此只能说是一个初步的尝试。在具体编码时，两位评审员同时编码了三门课程。以 C 课程为例，在 56 个编码的题目中，有 55 个题目的编码结果一致，编码一致性达到 98.2%。在编码时若遇到不一致的结果，两位评审员经商讨并最终达成一致。

2. A 课程分析结果

A 课程采用 Webb 模式计算以下四个一致性指标：

（1）知识类别一致性

依据 Webb 模式的可接受标准，即每个标准（或单元）至少有 6 道题目匹配，才能认为该标准得到了充分的测量。在包含特殊题目时，题目与标准（或目标）的匹配总数达到了 161 个，有 12 个单元（占 80%）的知识类别一致性是可以接受的，即匹配标准的题目数超过了 6 个。但当剔除了特殊题目，总匹配数下降到 43 个，可接受的单元只有 2 个（占 13.3%）。这可能是由于 A 课程没有期中测试，只有期末测试，因此总的评估题数过少，无法全面测试所有单元上学生的表现。但是由于 A 课程使用了特殊题目，因此在一定程度上弥补了因题目总数少而导致覆盖内容不足的短板。A 课程的特殊题目包括两种，一种是划定回答范围，要求学生使用该范围内的知识回答教师提出的问题。另一种是开放式问题，让学生自选课程中学生认为最有用的知识，联系生活实际并回答问题。此外，由表 6-7 可知，A 课程的第 1、8、13 单元的内容即使在包含特殊题目的情况下，分别只有 5、3、4 个匹配的题目，知识类别一致性没有达到可接受水平，说明这三个单元的内容并没有被充分地考查到。

表 6-7　A 课程的知识类别的一致性

单元主题	题目与目标的匹配（包含特殊题目）	是否可接受	题目与目标的匹配（剔除特殊题目）	是否可接受
1. 绪论和研究方法	5	否	1	否
2. 遗传和产前发展	13	是	1	否
3. 生理发展婴儿运动发展	36	是	4	否
4. 婴儿感知觉发展	18	是	3	否
5. 皮亚杰的理论	15	是	3	否
6. 发展的信息加工等理论	10	是	1	否
7. 智力	6	是	1	否
8. 语言发展	3	否	0	否
9. 自我发展	7	是	4	否
10. 情绪发展	8	是	4	否
11. 道德发展	11	是	6	是
12. 性别发展	8	是	4	否
13. 依恋	4	否	2	否
14. 家庭	11	是	7	是
15. 同伴关系	6	是	2	否
总计	161		43	

（2）知识深度

在知识深度一致性指标上，Webb 为该指标设定的准则是，与某个目标匹配的题目中，至少有 50% 的题目其认知水平处于或高于该目标所要求的认知水平。在实际分析中，研究者首先将题目匹配到 A 课程标准（或单元）下的一级教学目标中，而后判断题目要求的认知水平是否达到或超过该目标对认知水平的要求，最后统计匹配到该标准下所有目标的所有题目中，认知水平达到或超过相应目标要求的认知水平的题目比例。如果该比例达到或超过 50%，则认为该标准的知识深度一致性达到可接受水平，如此计算得到表 6-8。由该表可知，A 课程的 15 个标准（单元）中有 13 单元（占 86.7%）的评估题目达到了认知深度要求，仅有第 9、13 单元的评估题目没有达到认知深度要求。按照 Webb 设定的准则，如果有 70% 到 99% 的标准的知识深度达到可接受水平，那么该课程的知识深度就达到高一致性。因此，A 课程的知识深度达到高一致性。

表 6-8　A 课程的知识深度一致性

单元标准		目标的知识深度		题目与目标的匹配数	知识深度匹配类型			是否可接受
单元主题	目标数	认知水平	对应的目标数量		低于要求 /%	处于要求 /%	高于要求 /%	
1. 绪论和研究方法	4	1 2	3 1	5	0	40	60	是
2. 遗传和产前发展	8	1 2 3	4 4 0	13	15.4	53.8	30.8	是
3. 生理发展婴儿运动发展	9	1 2 5	5 3 1	36	9.1	24.2	66.7	是
4. 婴儿感知觉发展	5	1 2	4 1	18	0	11.1	88.9	是
5. 皮亚杰的理论	4	1	4	15	0	6.7	93.3	是
6. 发展的信息加工等理论	3	1	3	10	0	10	90	是
7. 智力	4	1 3	3 1	6	16.7	16.7	66.6	是
8. 语言发展	3	1 3	2 1	3	0	33.3	66.7	是

单元标准		目标的知识深度		题目与目标的匹配数	知识深度匹配类型			是否可接受
单元主题	目标数	认知水平	对应的目标数量		低于要求/%	处于要求/%	高于要求/%	
9. 自我发展	3	1 3	2 1	7	57.1	14.3	28.6	否
10. 情绪发展	4	1 3	3 1	8	12.5	25	62.5	是
11. 道德发展	5	1 3	3 2	11	36.4	27.2	36.4	是
12. 性别发展	3	1 3	2 1	8	25	25	50	是
13. 依恋	2	1 3	1 1	4	75	0	25	否
14. 家庭	4	1 3	2 2	11	45.5	36.4	18.1	是
15. 同伴关系	4	1 3	3 1	6	16.7	33.3	50	是
总　计	65	1 2 3 5	44 9 11 1	161	20.6	23.8	55.6	

注：上述指标是在包含特殊题目的情境下算得的。认知水平 1～6 分别代表记忆、理解、应用、分析、评价和创造。下同。

（3）知识范围

Webb 为该指标设定的准则是，标准（单元）中至少 50% 的目标被至少一道题目所测量，才能得到足够的一致性。在具体分析时，研究者发现，由于特殊题目匹配的目标数量巨大，并且平均分布在所有的目标上，导致了知识范围一致性出现非常大的提升。因此，有必要区分是否包含特殊题目，分别进行知识范围一致性分析。由表 6-9 可知，在包含特殊题目时，所有单元的目标均有题目测量。但是在剔除特殊题目之后，A 课程中只有 8 个单元满足知识范围一致性的可接受水平，被测量的目标数占目标总数的比例为 43.1%。进一步分析发现，满足知识范围一致性的单元集中在课程的后半部分（第9单元及以后），说明 A 课程的测评主要集中在下半学期的课程内容，对上半学期的教学内容覆盖不足。

表6-9　A 课程的知识范围的一致性

单元标准		题目与目标的匹配数	包含特殊题目			剔除特殊题目		
单元主题	目标数		被测量目标数	占比/%	是否可接受	被测量目标数	占比/%	是否可接受
1. 绪论和研究方法	4	5	4	100	是	1	25	否
2. 遗传和产前发展	8	13	8	100	是	1	12.5	否
3. 生理发展婴儿运动发展	9	36	9	100	是	3	33.3	否
4. 婴儿感知觉发展	5	18	5	100	是	2	40	否
5. 皮亚杰的理论	4	15	4	100	是	2	50	是
6. 发展的信息加工等理论	3	10	3	100	是	1	33.3	否
7. 智力	4	6	4	100	是	1	25	否
8. 语言发展	3	3	3	100	是	0	0	否
9. 自我发展	3	7	3	100	是	2	66.7	是
10. 情绪发展	4	8	4	100	是	2	50	是
11. 道德发展	5	11	5	100	是	3	60	是
12. 性别发展	3	8	3	100	是	3	100	是
13. 依恋	2	4	2	100	是	1	50	是
14. 家庭	4	11	4	100	是	4	100	是
15. 同伴关系	4	6	4	100	是	2	50	是
总　计	65	161	65	100		28	43.1	

（4）题目分布的均衡度

题目分布的均衡度是指题目在某项标准内的目标之间均匀分布的程度。Webb 为该指标设定的准则是，指标值在0.7或以上表明题目在某项标准的所有目标间的分布达到了可接受的程度，如果该指标趋近1，则说明题目在所有目标间平均分布。根据均衡度计算公式，算得每个单元标准的均衡度指标。在计算时包含了特殊题目，由表 6-10 知，课程 A 的所有单元的均衡度均达到了可接受水平。

表 6-10 A 课程的题目分布的均衡度

单元标准 单元主题	目标数	题目与目标的匹配数	包含特殊题目		是否可接受
			被测量目标数	均衡度	
1. 绪论和研究方法	4	5	4	0.85	是
2. 遗传和产前发展	8	13	8	0.86	是
3. 生理发展婴儿运动发展	9	36	9	0.97	是
4. 婴儿感知觉发展	5	18	5	0.89	是
5. 皮亚杰的理论	4	15	4	0.90	是
6. 发展的信息加工等理论	3	10	3	0.93	是
7. 智力	4	6	4	0.83	是
8. 语言发展	3	3	3	1.00	是
9. 自我发展	3	7	3	0.76	是
10. 情绪发展	4	8	4	0.75	是
11. 道德发展	5	11	5	0.78	是
12. 性别发展	3	8	3	0.92	是
13. 依恋	2	4	2	0.75	是
14. 家庭	4	11	4	0.93	是
15. 同伴关系	4	6	4	0.83	是

（5）A 课程一致性指标摘要

根据 Webb 的准则，如果 100% 的标准达到可接受水平，则属于完全一致；如果 70%～99% 的标准达到可接受水平，则属于高度一致；如果 50%～69% 的标准达到可接受水平，则属于部分一致；如果达到可接受水平的标准低于

50%，则属于一致性不足。由表 6-11 可知，在包含特殊题目的情境下，A 课程的知识范围的一致性和题目分布的均衡度上均达到完全一致，在知识类别一致性和知识深度一致性上都达到高度一致。不可否认，特殊题目对一致性指标的计算产生了很大的影响，但是在最终的评价中，研究者采纳了包含特殊题目的分析结果，原因是学生在这些特殊题目上的得分是其最终成绩的组成部分。需要注意的是，虽然使用覆盖面广的特殊题目能够很好地弥补题目数量带来的限制，但是由于特殊题目划定的内容范围非常大，学生回答问题时并不需要使用范围内的所有知识，因此使用特殊题目评估一致性存在结果不够准确的风险。

A 课程在一致性评估中出现的问题有：①在类别一致性方面，考核第 1、8、13 单元的内容过少，不能认为课程充分考核了这三个单元的内容；②在知识深度一致性方面，第 9、13 单元的考核题目没有达到标准所要求的认知水平；③在知识范围一致性方面，评估题目没有很好地覆盖到课程前半部分的内容。提高 A 课程评估与标准一致程度的建议如下：

第一，在考试当中适当增加考核第 1、8、13 单元的题目，以提高知识类别的一致性。

第二，修订第 9、13 单元的考试题目，使其考查的认知水平达到标准要求的水平，以提高知识深度的一致性。

第三，适当增加对课程前半段内容的考核，例如通过期中考试或平时作业，以增加评估对课程前半部分内容的覆盖。

表 6-11　A 课程的学教评一致性指标摘要

单元（标准）	知识类别一致性	知识深度一致性	知识范围一致性	题目分布均衡度
1. 绪论和研究方法	否	是	是	是
2. 遗传和产前发展	是	是	是	是
3. 生理发展婴儿运动发展	是	是	是	是
4. 婴儿感知觉发展	是	是	是	是

（续上表）

单元（标准）	知识类别一致性	知识深度一致性	知识范围一致性	题目分布均衡度
5. 皮亚杰的理论	是	是	是	是
6. 发展的信息加工等理论	是	是	是	是
7. 智力	是	是	是	是
8. 语言发展	否	是	是	是
9. 自我发展	是	否	是	是
10. 情绪发展	是	是	是	是
11. 道德发展	是	是	是	是
12. 性别发展	是	是	是	是
13. 依恋	否	否	是	是
14. 家庭	是	是	是	是
15. 同伴关系	是	是	是	是
可接受水平占比	80.0%	86.7%	100.0%	100.0%

注：上述指标是在包含特殊题目的情境下算得的。

3. B课程分析结果

由于B课程提供的信息较少，因此采用简化型一致性分析方法计算如下三个指标。

（1）知识类别与知识深度的一致性

由表6-12可知，在知识类别一致性上，B课程12个标准（或单元）中只有6个单元（占50%）的知识类别一致性达到可接受水平。按照Webb设定的准则，不能认为其他六个单元得到了足够的考核。在知识深度一致性上，其计算步骤首选根据教师问卷确定每个标准（或单元）要求的认知水平数，继而考查与该标准（或单元）匹配的题目所包含的认知水平数，最后求出题目包含的认知水平覆盖标准要求的认知水平的比例。因此，这样计算的知识深度一致性实质是与标准匹配的题目包含的认知水平覆盖标准所要求的认知水平的程度。由表6-12可知，在知识深度一致性上，第1、4、7和9单元的一致性水平较低（占比33.3%），说明测评题目没有很好地覆盖标准的认知要求。

表6-12 B课程的知识类别与知识深度一致性

单元（课时）	知识类别一致性		知识深度一致性			
	与单元匹配的题目数	类别一致性是否可接受	认知水平	与认知水平匹配的题目数	题目覆盖认知水平的百分比	深度一致性是否可接受
1.B课程研究的主要问题（3）	2	否	1 2 3 4 5	2 0 0 0 0	20%	否
2.神经细胞和神经冲动（9）	20	是	1 2	17 3	100%	是
3.神经系统解剖（3）	6	是	1 2 3	4 1 1	100%	是
4.脑发育和可塑性（3）	4	否	1 2 3 4 5	4 0 0 0 0	20%	否
5.视觉（6）	6	是	1 2 3 4	2 4 0 0	50%	是
6.运动（9）	7	是	1 2 3	2 3 2	100%	是
7.睡眠与觉醒（3）	3	否	1 2 3 4 5	2 1 0 0 0	40%	否

（续上表）

单元（课时）	知识类别一致性		知识深度一致性			
	与单元匹配的题目数	类别一致性是否可接受	认知水平	与认知水平匹配的题目数	题目覆盖认知水平的百分比	深度一致性是否可接受
8. 内调节（9）	4	否	1 2 3 4	2 1 1 0	75%	是
9. 繁殖行为（3）	3	否	1 2 3 4 5	1 2 0 0 0	40%	否
10. 情绪行为（3）	6	是	1 2 3	4 2 0	66%	是
11. 学习与记忆生物学（4）	5	否	1 2 3 4	3 1 1 0	75%	是
12. 认知功能（4）	7	是	1 2 3	1 2 3 1	100%	是
总　计	73		1 2 3 4 5	44 20 8 1 0		

（2）一致性系数

计算 B 课程每个标准（或单元）的课时数与匹配该标准的题目数（简称匹配数）之间的 Pearson 相关，得到 $r = 0.566, p < 0.05$。说明教学课时越多的标准（或单元），在测评中有更多的题目与之对应，体现了 B 课程的教学与评估的一致性。

与 SEC 模式的一致性性系数的解释类似,该一致性指标并没有可接受水平的绝对标准,但是可用于课程之间在教学与评估之间一致性程度的比较。图 6-3 直观显示了 B 课程每个标准(或单元)的课时数与匹配数。由图 6-3 可知,单元 2、6、8 的课时是相同的,在评估中三者应该有相同的匹配数或分值,但三个单元实际对应的匹配数却有明显的差异,考核单元 2 的匹配数远高于另外两个单元。由此可见,B 课程对单元 2 可能存在过量评估,而对单元 6 和 8 则评估不足。

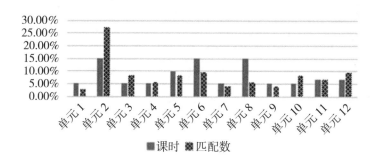

图 6-3　B 课程每个标准(或单元)的课时数与题目标准的匹配数

(3)对 B 课程的总体评估

由上述分析可知,在知识类别一致性上,B 课程只有 50% 的标准(或单元)的知识类别一致性达到可接受水平 50% ~ 69% 之间,第 1、4、7、8、9、11 等六个单元没有得到足够的考核。在知识深度的覆盖上,有 66.7% 的标准的认知要求得到覆盖,虽然总体达到可接受水平,但是第 1、4、7 和 9 单元的认知要求没有被评估很好地覆盖。在一致性系数方面,课程标准的教学时数与匹配标准的题目数之间显著相关,但是单元 2 存在被过量评估、单元 6 和 8 则评估不足。综上,对提高 B 课程一致性程度的建议如下:

第一,适当增加对第 1、4、7、8、9、11 等六个单元的考核,例如通过期中考试或平时作业,以提高知识类别的一致性。

第二,适当修订第 1、4、7 和 9 单元的考核题目,使其认知水平与课程标准要求的认知水平一致。

第三，适当减少单元 2 的题目或增加其课时，适当减少单元 6 和 8 的课时或增加题目，以提升教学与评估的一致性。

4.C 课程分析结果

C 课程由两位教师合上，只搜集到课程后三分之一的材料。由于 C 课程提供的信息较少，因此采用简化型一致性分析方法。

C 课程的分析结果见表 6-13。不难发现，在单元 1 和 2 中，知识类别一致性和知识深度一致性均达到完全一致。说明评估内容与知识深度与课程标准非常一致。但是在数据收集过程中，研究者了解到，C 课程在第一位教师完成教学后，未能给剩余课程留下足够的教学时间，导致第二位老师未能完成单元 3、4、5 的教学任务。由此可见，在多位教师联合授课的情境下，课时分配不当会影响到课程全部（特别是后半部分）教学内容的完成。此外，C 课程应进一步完善课程大纲，将课程标准和教学目标具体化。

表 6-13 C 课程的知识类别与知识深度一致性

单元（课时）	知识类别一致性		知识深度一致性			
	与单元匹配的题目数	类别一致性是否可接受	认知水平	与认知水平匹配的题目数	题目覆盖认知水平的百分比	深度一致性是否可接受
1. 长时记忆（4）	24	是	1 2 3 6	11 9 3 1	100%	是
2. 知识表征（2）	18	是	1 2 4	8 8 2	100%	是
3. 视觉表象（2）	–	–	–	–	–	–
4. 空间认知	–	–	–	–	–	–
5. 语言	–	–	–	–	–	–

五、对结果的讨论

虽然本研究只是对三门本科课程学教评一致性的初步评估，但仍然得到一些有意义的发现：

第一，本科课程教学大纲需重视课程标准和每个标准对应的学习目标的撰写。从分析可知，A 课程的课程标准和学习目标相对完整和具体，B 课程的课程标准非常简单，每个单元只列出了难点和重点，缺乏完整的学习目标，C 课程则只有单元名称，缺乏具体的学习目标。当课程标准和学习目标不清晰明确时，就难以使用任何一种评估模式。在本研究中，由于 B、C 课程缺乏明确的学习目标，因此只能采取简化的、比较粗糙的评估方法。

第二，本科课程需要进一步提高知识类别一致性、知识深度一致性，以及教学与评估的一致性。分析发现，三门课程都存在在评估时，某些学习目标被忽视，而另一些目标被过度强调；某些学习目标的测试题目的认知深度不足等问题。在教学方面，相对于评估中对应的题目数量，某些学习目标的教学时间不足，而另一些目标的教学时间过长。这些结果提示任课教师需进一步提升课程三个成分的一致性。

第三，当一门课程由两位及以上教师联合授课时，应加强教学内容和课时的协调，避免出现因课时分配不合理而不能完成教学计划的情形。

虽然本次分析发现了一些有价值的结果，但是也存在如下待改进的问题：

第一，组建由内容领域专家组成的专家小组开展一致性评估，并加强对专家小组成员的培训。Webb 模式建议由 6 ~ 8 名学科专家组成专家小组，SEC 和 Achieve 模式都建议至少由 3 名内容领域专家组成评估小组。本次研究中只有两名心理系毕业生组成分析小组，因此只能说是一致性分析的初步尝试。此外，内容领域专家不一定熟悉一致性评估的专门术语和流程，因此，在正式评估前需要加强对小组成员的培训。

第二，本次研究对每门课程仅用了一种一致性分析方法，后续研究可以探索将两种或多种一致性方法应用于同一门课程的数据，分析评估结果的异同、参与者对过程的看法，以及利益相关者如何使用和解释结果，为未来的一致性评估及基于一致性指标的决策提供信息。

本章小结

本章包括两部分。第一部分介绍学教评一致性评估的三种主要的模式，包括 Webb、SEC 和 Achieve 模式。三种模式在本质上与布卢姆教育目标分类学中介绍的四步骤一致性分析法相同，其主要的发展是能够提供量化的指标。特别是 SEC 模式，通过教师调查问卷，把教师实施的教学内容考虑进来，因此可以计算出标准、评估和教学任何两个成分之间的一致性系数，而 Webb 和 Achieve 模式则只能计算评估和标准之间的一致性。Achieve 模式的突出优点是不仅在题目水平上进行内容集中性和表现集中性的分析，而且在测验水平上进行范围、均衡和挑战程度的分析，注重将定量分析与定性判断相结合，能够为特定地区可能发生的变化提供更多有用的信息。Webb 模式不仅提供了四个定量的一致性指标，而且提供了可接受的一致性水平的明确准则，可以判断评估与标准的一致性强弱。三种一致性方法各有其优缺点，研究者需根据希望一致性研究提供的信息类型，选择特定的一致性方法。第二部分尝试使用三种模式评估三门本科课程的一致性。通过研究提出了三项主要建议：本科课程教学大纲需重视课程标准和学习目标的撰写；课程需提高知识类别一致性、知识深度一致性，以及教学与评估的一致性；当课程由多位教师联合授课时，应加强教学内容和课时的协调，以免出现不能完成教学计划的情形。

第四部分

学教评一致性的中国实践

第四部分主要探讨学教评一致性原则在中国本科教育教学中的应用，回答如下四个问题：其一，为谁培养人？其二，培养什么人？其三，怎样培养人？其四，培养质量如何？第四部分包括一章：

▶ **第七章　如何应用学教评一致性原则分析中国本科教育教学实践？**

```
                    如何应用学教评一致性原则分析
                    中国本科教育教学实践？


    为谁培养人？        培养什么人？        怎样培养人？        培养质量如何？
   （教育方向）        （教育目的）        （教育活动）        （教育评估）


 A. 学校层面        A. 学校层面        A. 学校层面        A. 学校层面
 · 社会主义现代      · 社会主义建设      · 五育并举，五      · "五位一体"
 化建设            者和接班人        育融合            评估制度
 · 人民            · 德智体美劳全      · 课程思政，三      · 普通高等学校
 B. 专业层面        面发展            全育人            本科教育教学
 · 专业相关职业      · 具有社会责任      · 双结合与双创      质量审核评估
 类别             感、创新精神       教育             B. 专业层面
 · 修读该专业的      和实践能力        · 推广使用"本      · 一流本科专业
 学生             · 中国学生发展      科教学质量国      建设"双万计
 C. 课程层面        核心素养          家标准"          划"的标准
 · 课程相关职业      B. 专业层面        B. 专业层面        C. 课程层面
 类别             · 专业培养目标      · 专业培养方案      · 一流本科课程
 · 修读该课程的      C. 课程层面        及其实施          "双万计划"的
 学生             · 课程目标         C. 课程层面        标准
                                 · 课程教学大纲
                                 及其实施
```

第七章

如何应用学教评一致性原则分析
中国本科教育教学实践？

学教评一致性是有效教学必须遵循的科学原则，学教评一致性的"学（预期的学习成果）"受到教育目的的制约。教育目的是一个国家对各级各类学校培养人才质量规格的总要求，它反映了一个国家政治、经济和社会发展对人才的要求，体现国家意志，具有鲜明的政治性、时代性和方向性（冯建军，2021）。因此，中国教育的教育目的和学生学习成果必然体现中国的国家意志，反映中国政治、经济和社会发展对人才的需求。《中华人民共和国高等教育法》第四、五条规定，高等教育的任务是培养具有社会责任感、创新精神和实践能力的高级专门人才，使受教育者成为德、智、体、美等方面全面发展的社会主义建设者和接班人。上述规定明确了我国高等教育要培养的是社会主义建设者和接班人，而不是旁观者，更不是反对派和掘墓人（中共中国人民大学委员会，2020）。

教育目的的落实和有效实现，需要遵循学教评一致性原则，即教育活动（怎样培养人）要能实现教育目的（培养什么人），教育评估（培养质量如何）要能反映教育目的（培养什么人）的实现程度，教育活动（怎样培养人）要为教育评估（培养质量如何）做好准备。学教评一致性的前提是，教育目的（培养什么人）必须与教育方向（为谁培养人）一致。基于教育的四个根本问题（为谁培养人、培养什么人、怎样培养人、培养质量如何）和学教评一致性的三个层次（学校、专业和课程），可形成本科教育教学的学教评一致性分析框架（见表7-1）。

表 7-1　本科教育教学的学教评一致性分析框架

教育的根本问题	学教评一致性的三个层面		
	学校层面	专业层面	课程层面
为谁培养人？（教育方向）	为社会主义现代化建设服务；为人民服务	在学校层面的基础上，聚焦到专业相关的社会职业类别和修读该专业的学生	在专业层面的基础上，聚焦到课程相关的社会职业类别和修读该课程的学生
培养什么人？（教育目的）	社会主义建设者和接班人；德智体美劳全面发展；具有社会责任感、创新精神和实践能力的高级专门人才；中国学生发展核心素养	在学校层面的基础上，聚焦到专业培养目标	在专业层面的基础上，聚焦到专业特定学习成果，体现为课程目标
怎样培养人？（教育活动）	五育并举，五育融合；课程思政，三全育人；双结合与双创教育；推广使用"本科教学质量国家标准"	在学校层面的基础上，聚焦到专业培养方案及其实施	在专业层面的基础上，聚焦到课程教学大纲及其实施
培养质量如何？（教育评估）	建立"五位一体"评估制度；实施"普通高等学校本科教育教学质量审核评估"	在学校层面的基础上，聚焦到一流本科专业建设"双万计划"的标准	在专业层面的基础上，聚焦到一流本科课程"双万计划"的标准

第一节　为谁培养人？

"为谁培养人"可以从学校、专业和课程三个层面论述，三者之间的关系是上位概念与下位概念之间的关系，即学校是专业的上位概念，专业又是课程的上位概念。本节在不同层面分析"为谁培养人"时，是指中国本科教育教学的良好实践，是基于研究者、实践者和政策制定者的共识，而非指特定高校、专业或课程的个性化实践。

一、学校层面

通过梳理 1949 年以来对"培养什么人"问题的探索，石中英（2019）总结，无论是从理论还是从实践方面而言，"为谁培养人"都位于"培养什么人"问题的上游，影响着对"培养什么人"问题的回答。教育"为谁培养人"，既决定着培养人才的社会性质，也回答着教育"为谁服务"的社会功能（冯建军，2021）。《中华人民共和国高等教育法》第四条明确指出"高等教育必须为社会主义现代化建设服务、为人民服务"，回答了高等教育"为谁培养人"的问题，即为人民培养人才，为社会主义现代建设培养人才。

"教育为人民培养人才"的内涵包括：其一，教育应以人为本，促进人的全面发展，使受教育者德智体美等方面全面发展。其二，发展优质教育，满足受教育者接受高质量教育的需求，为受教育者升学、就业或终身发展奠定坚实基础。对于"社会主义现代化建设"的内涵，《中华人民共和国宪法》明确指出："我国将长期处于社会主义初级阶段。国家的根本任务是，沿着中国特色社会主义道路，集中力量进行社会主义现代化建设……自力更生，艰苦奋斗，逐步实现工业、农业、国防和科学技术的现代化，推动物质文明、政治文明、精神文明、社会文明、生态文明协调发展，把我国建设成为富强民主文明和谐美丽的社会主义现代化强国，实现中华民族伟大复兴。"由此可见，"教育为社会主义现代化建设培养人才"的内涵应包括：其一，为中国特色社会主义建设培养人才；其二，为实现工业、农业、国防和科学技术的现代化培养人才；其三，为建成富强民主文明和谐美丽的社会主义强国、实现中华民族的伟大复兴培养人才。

不难发现，"教育为人民培养人才"突出的是教育的个体功能，"教育为社会主义现代化建设培养人才"突出的是教育的社会功能，这两者是一体两面，辩证统一。一方面，教育唯有培养出德智体美劳全面发展的个体，社会主义现代化建设才有人才；另一方面，唯有投身于社会主义现代化强国建设，个体才能成为全面发展的国之栋梁。

二、专业层面

专业层面对"为谁培养人"问题的回答与学校层面一致，即"为社会主义现代化建设服务、为人民服务"。由于专业是为满足从事某类或某种社会职业必须接受的训练需要而设置，因此专业层面的"为谁培养人"会聚焦到社会特定职业类别，例如心理学类本科专业的设置是为满足"经济与社会发展对心理学类人才培养的需要"。社会需要"能胜任有关心理学的初级培训、教学工作，能在指导下开展研究和应用工作"的高素质专门人才，而且也有生源希望从事这些职业，心理学本科专业就为满足社会对心理学人才的需求和学生就业的需要而服务。此外，《中华人民共和国高等教育法》第十六条指出，本科教育培养学生"从事本专业实际工作和研究工作的初步能力"。因此，使学生成为高级专门人才，为学生升学读研服务，是专业层面人才培养的任务。

三、课程层面

课程层面对"为谁培养人"问题的回答与专业层面一致，即"为社会培养心理学人才和学生升学就业的需要而服务"。由于特定的课程只是专业培养方案的组成要素，是为实现专业特定学习成果服务的，因此课程层面对"为谁培养人"的回答要比专业层面的回答更为具体和集中。例如，实验心理学旨在培养学生用实验的方法解决心理学相关问题的能力，包括提出问题与假设、对变量进行操作定义、控制无关变量、搜集与分析数据、撰写实验报告等。因此，课程是"为满足社会和学生应用专业特定知识和技能解决专业相关问题的需要而服务"。

第二节　培养什么人？

一、学校层面

由上文可知，我国高等教育必须为社会主义现代化建设服务、为人民服务，即必须为人民培养人才，为社会主义现代建设培养人才。《中华人民共和国高等教育法》第四、五条明确了"培养什么人"，即①德智体美等方面全面发展的社会主义建设者和接班人；②能够发展科学技术文化，促进社会主义现代化建设；③具有社会责任感、创新精神和实践能力的高级专门人才。《中华人民共和国高等教育法》第十六条规定："本科教育应当使学生比较系统地掌握本学科、专业必需的基础理论、基本知识，掌握本专业必要的基本技能、方法和相关知识，具有从事本专业实际工作和研究工作的初步能力。"

立德树人是高等教育的根本任务。党的十八大提出，"把立德树人作为教育的根本任务，培养德智体美全面发展的社会主义建设者和接班人"。党的十九大报告进一步强调"要全面贯彻党的教育方针，落实立德树人根本任务"。骆郁廷和郭莉（2013）分析认为，"立德树人"说到底就是立社会主义之德，树社会主义事业的建设者和接班人。社会主义道德是以为人民服务为核心，以集体主义为准则的道德。2019 年 10 月发布的《新时代公民道德建设实施纲要》提出："坚持以社会主义核心价值观为引领，将国家、社会、个人层面的价值要求贯穿到道德建设各方面，引导人们明大德、守公德、严私德。"冯建军（2021）认为，"大德指国家发展、民族复兴之德；公德指遵守公共规则，关心公共利益与福祉之德；私德指个人生活之德。私德是成人的基础，公德是社会人的核心，大德是新时代中国人的标志"。

为了把对学生德智体美全面发展总体要求和社会主义核心价值观的有关内容具体化、细化，深入回答教育要"培养什么人"的问题，教育部委托北京师范大学成立课题组，历时 3 年研究，并于 2016 年 9 月在北京发布《中国学生发展核心素养》。学生发展核心素养是指学生应具备的，能够适应终身发展和社会发展需要的必备品格和关键能力，是关于学生知识、技能、情感、态度、价值观等多方面要求的综合表现。中国学生发展核心素养以"全面发展的人"为核心，分为文化基础、自主发展、社会参与 3 个领域，综合表现为人文底蕴、科学精神、学会学习、健康生活、责任担当、实践创新 6 大素养，具体细化为国家认同等 18 个基本要点。（人民日报，2016）核心素养课题组（林崇德，2017）对核心素养各指标的界定和描述见图 7-1 和表 7-2。

图 7-1 中国学生发展核心素养体系总框架

（一）文化基础领域

重在强调能习得人文、科学等各领域的知识和技能，掌握和运用人类优秀智慧成果，发展成为有宽厚文化基础、有更高精神追求的人。该领域包括人文底蕴和科学精神两大素养。

（1）人文底蕴。主要是学生在学习、理解、运用人文领域知识和技能等方面所形成的基本能力、情感态度和价值取向。具体包括人文积淀、人文情怀和审美情趣等基本要点。

（2）科学精神。主要是学生在学习、理解、运用科学知识和技能等方面所形成的价值标准、思维方式和行为表现。具体包括理性思维、批判质疑、勇于探究等基本要点。

（二）自主发展领域

重在强调能有效管理自己的学习和生活，认识和发现自我价值，发掘自身潜力，有效应对复杂多变的环境，发展成为有明确人生方向、有生活品质的人。该领域包括学会学习和健康生活两大素养。

（1）学会学习。主要是学生在学习意识形成、学习方式方法选择、学习进程评估调控等方面的综合表现。具体包括乐学善学、勤于反思、信息意识等基本要点。

（2）健康生活。主要是学生在认识自我、发展身心、规划人生等方面的综合表现。具体包括珍爱生命、健全人格、自我管理等基本要点。

（三）社会参与领域

重在强调能处理好自我与社会的关系，养成现代公民所必须遵守和履行的道德准则和行为规范，增强社会责任感，提升创新精神和实践能力，促进个人价值实现，推动社会发展进步。该领域包括责任担当和实践创新两大素养。

（1）责任担当。主要是学生在处理与社会、国家、国际等关系方面所形成的情感态度、价值取向和行为方式。具体包括社会责任、国家认同、国际理解等基本要点。

（2）实践创新。主要是学生在日常活动、问题解决、适应挑战等方面所形成的实践能力、创新意识和行为表现。具体包括劳动意识、问题解决、技术应用等基本要点。

表 7-2　核心素养各指标的主要表现

领域	核心素养	基本要点	主要表现描述
文化基础	人文底蕴	人文积淀	具有古今中外人文领域基本知识和成果的积累；能理解和掌握人文思想中所蕴含的认识方法和实践方法等。
		人文情怀	具有以人为本的意识，尊重、维护人的尊严和价值；能关切人的生存、发展和幸福等。
		审美情趣	具有艺术知识、技能与方法的积累；能理解和尊重文化艺术的多样性，具有发现、感知、欣赏、评价美的意识和基本能力；具有健康的审美价值取向；具有艺术表达和创意表现的兴趣和意识，能在生活中拓展和升华美等。
	科学精神	理性思维	崇尚真知，能理解和掌握基本的科学原理和方法；尊重事实和证据，有实证意识和严谨的求知态度；逻辑清晰，能运用科学的思维方式认识事物、解决问题、指导行为等。
		批判质疑	具有问题意识；能独立思考、独立判断；思维缜密，能多角度、辩证地分析问题，做出选择和决定等。
		勇于探究	具有好奇心和想象力；能不畏困难，有坚持不懈的探索精神；能大胆尝试，积极寻求有效的问题解决方法等。

（续上表）

领域	核心素养	基本要点	主要表现描述
自主发展	学会学习	乐学善学	能正确认识和理解学习的价值，具有积极的学习态度和浓厚的学习兴趣；能养成良好的学习习惯，掌握适合自身的学习方法；能自主学习，具有终身学习的意识和能力等。
		勤于反思	具有对自己的学习状态进行审视的意识和习惯，善于总结经验；能够根据不同情境和自身实际，选择或调整学习策略和方法等。
		信息意识	能自觉、有效地获取、评估、鉴别、使用信息；具有数字化生存能力，主动适应"互联网＋"等社会信息化发展趋势；具有网络伦理道德与信息安全意识等。
	健康生活	珍爱生命	理解生命意义和人生价值；具有安全意识与自我保护能力；掌握适合自身的运动方法和技能，养成健康文明的行为习惯和生活方式等。
		健全人格	具有积极的心理品质，自信自爱，坚韧乐观；有自制力，能调节和管理自己的情绪，具有抗挫折能力等。
		自我管理	能正确认识与评估自我；依据自身个性和潜质选择适合的发展方向；合理分配和使用时间与精力；具有达成目标的持续行动力等。
社会参与	责任担当	社会责任	自尊自律，文明礼貌，诚信友善，宽和待人；孝亲敬长，有感恩之心；热心公益和志愿服务，敬业奉献，具有团队意识和互助精神；能主动作为，履职尽责，对自我和他人负责；能明辨是非，具有规则与法治意识，积极履行公民义务，理性行使公民权利；崇尚自由平等，能维护社会公平正义；热爱并尊重自然，具有绿色生活方式和可持续发展理念及行动等。
		国家认同	具有国家意识，了解国情历史，认同国民身份，能自觉捍卫国家主权、尊严和利益；具有文化自信，尊重中华民族的优秀文明成果，能传播弘扬中华优秀传统文化和社会主义先进文化；了解中国共产党的历史和光荣传统，具有热爱党、拥护党的意识和行动；理解、接受并自觉践行社会主义核心价值观，具有中国特色社会主义共同理想，有为实现中华民族伟大复兴中国梦而不懈奋斗的信念和行动。

（续上表）

领域	核心素养	基本要点	主要表现描述
社会参与	责任担当	国际理解	具有全球意识和开放的心态，了解人类文明进程和世界发展动态；能尊重世界多元文化的多样性和差异性，积极参与跨文化交流；关注人类面临的全球性挑战，理解人类命运共同体的内涵与价值等。
	实践创新	劳动意识	尊重劳动，具有积极的劳动态度和良好的劳动习惯；具有动手操作能力，掌握一定的劳动技能；在主动参加的家务劳动、生产劳动、公益活动和社会实践中，具有改进和创新劳动方式、提高劳动效率的意识；具有通过诚实合法劳动创造成功生活的意识和行动等。
		问题解决	善于发现和提出问题，有解决问题的兴趣和热情；能依据特定情境和具体条件，选择制订合理的解决方案；具有在复杂环境中行动的能力等。
		技术应用	理解技术与人类文明的有机联系，具有学习掌握技术的兴趣和意愿；具有工程思维，能将创意和方案转化为有形物品或对已有物品进行改进与优化等。

来源：林崇德的《中国学生核心素养研究》，载《心理与行为研究》，2017，第151-152页。

通过上述介绍，不难发现中国学生发展核心素养指标体系详尽地阐明了"培养什么人"的问题，具体而准确地细化了对学生德智体美全面发展的总体要求和社会主义核心价值观的有关内容。例如责任担当和实践创新突出了教育为社会主义现代化建设服务，学会学习、健康生活、人文底蕴和科学精神，突出了教育为人民服务，为培养全面发展的人服务。明确学生发展核心素养，一方面可帮助学生明确未来的发展方向，激励学生朝着这一目标不断努力，另一方面可通过引领和促进教师的专业发展，改变当前存在的"学科本位"和"知识本位"现象。当前，基础教育阶段的课程已根据中国学生发展核心素养，确定了课程或学科核心素养，并依据课程或学科核心素养，进一步促进教学内容、教学方式和教学评价的改革。需要注意的是，中国学生发展核心素养不仅适合基础教育学段，亦适合高等教育学段，今后需进一步研究核心素养指标在大学阶段的表现特点和水平，以实现核心素养体系在基础教育与高等教育之间的垂直贯通，为核心素养与各学科课程的有机结合搭建桥梁。

二、专业层面

专业层面对"培养什么人"问题的回答同学校层面，即"具有社会责任感、创新精神和实践能力，德智体美等方面全面发展的社会主义建设者和接班人"。由于专业是指根据社会专业分工需要而分成的学业门类，是为满足从事某类或某种社会职业必须接受的训练需要而设置，因此专业层面对"培养什么人"问题的回答，会进一步聚焦到某类或某种社会职业的需要，通常体现为专业培养目标。教育部于 2018 年初发布了《普通高等学校本科专业类教学质量国家标准》(以下简称《国标》)，这是我国高等教育领域首个教学质量国家标准。《国标》涵盖了普通高校本科专业目录中全部 92 个本科专业类、587 个专业。《国标》对 92 个专业类的培养目标、培养规格、专业知识和核心课程等都做了明确规定，其"培养目标"即回答了专业"培养什么人"的问题。例如，心理学类本科专业旨在培养"具有科学精神、人文素养和社会责任感，具备基本的心理学理论和专业知识，了解基本研究方法；基本掌握 1 门外语，能在指导下阅读外文专业文献；具备基本的专业写作和交流能力；能在指导下开展研究和应用工作，能胜任有关心理学的初级培训、教学工作的高素质专门人才"。再如，外语类专业旨在培养"具有良好的综合素质、扎实的外语基本功和专业知识与能力，掌握相关专业知识，适应我国对外交流、国家与地方经济社会发展、各类涉外行业、外语教育与学术研究需要的各外语语种专业人才和复合型外语人才"。

三、课程层面

课程层面对"培养什么人"问题的回答服务于专业层面培养目标的实现，并体现为课程教学大纲中的"课程目标"。特定课程，特别是专业核心课程，其课程目标是实现专业培养目标（学习成果）的重要成分。例如，心理学类专业的心理学导论、实验心理学、心理统计学就属于核心课程。其中，实验心理学要培养的是要能够是使用各种实验方法研究心理学问题的人才，心理学的实验法包括心理物理学法、反应时法、脑功能成像法等。再如，心理统计学要培养的是能够理解、选择统计方法、使用统计软件分析心理学实验和调查数据，并能对分析结果进行科学解释的人。无论是实验心理学还是心理统计学，它们都服务于心理学专业培养目标"能在指导下开展研究和应用工作"的实现。

需要提醒的是，课程层面在回答"培养什么人"问题时，应该当注意吸收《中国学生发展核心素养》成果，并结合具体课程的特点进行细化。当前，中国学生发展核心素养在《普通高等学校本科专业类教学质量国家标准》中已有体现（如培养目标、课程体系、教学方法等）。课程层面如何加强大学生发展核心素养的培养，还需要做更多更深入的工作。

第三节　怎样培养人？

一、学校层面

当明确了"培养什么人"，即教育目的和人才培养目标，接下来的问题为"怎样培养人"，即遵循何种教育原则、设置哪些教育活动、透过怎样的教育经历，才能有效地实现人才培养目标。基于中国高等教育的优良实践，以下从五育并举、课程思政、强调生产劳动与社会实践，以及制定本科教学质量国家标准四个方面进行阐述。

（一）通过坚持五育并举、五育融通，培养德智体美劳全面发展的人

在《构建德智体美劳全面培养的教育体系：理据与策略》论文中，南京师范大学教授冯建军（2020）对五育的独特性和融通性进行了较为全面的论述（见表7-3）。冯建军认为，"德智体美劳"五育是基于人的全面发展而提出的，因此，任何一育都不是孤立的，而是全面发展教育的一个部分。任何教育活动都是综合的，承载着五育的职能，而不只是一育的职能。基于五育之间的融通性，对于如何构建德智体美劳全面发展的培养体系，冯建军（2020）提出的实践策略包括：明确"培养德智体美劳全面发展的社会主义建设者和接班人"的教育目标；形成全学科、全方位、全过程育人的观念；实施综合素质评价，内容涵盖德（品德发展、爱国情怀、遵纪守法）、智（学业发展、创新思维）、体（身心健康、体质

达标）、美（审美能力）、劳（劳动实践），以评价倒逼教育教学改革。

表 7-3 五育的内涵、独特性与融通性

五育	内涵	独特性（任务）	融通性（与其他四育的关系）
德	社会交往规则内化于个体即为道德。小德育是指道德教育，大德育包括思想教育、政治教育、道德教育、法治教育、心理教育等	引导对社会伦理道德的认知；激发对德的情感；践行德的行为，包括个人私德、社会公德、民族复兴大德	德育为其他四育定向、铸魂。德可以统帅才智；德可以涵养体育精神；德可以培养审美情趣；德可以塑造劳动品格
智	通过科学文化知识和问题探究方法教育，打牢科学文化基础，发展智力，促进思维，激发创新	传授基础知识和基本技能；发展智力，培养能力；培养科学精神、创新意识和创新能力	智育为其他四育提供知识、技能和理性。智育是德育的理智基础；为体育提供科学知识和训练方法；为美育提供认知工具和心智基础；使劳动者获得劳动的知识和本领
体	以身体练习为基本手段，传授健体知识、技能，培养体育品格和体育精神	提高体育认知（知识与技能）；锤炼体育品德（勇敢顽强、超越自我等）；养成健康的行为习惯，增强体质	体育是其他四育的根基。体育孕育品德；促进心智的发展；成就健康美；为劳动提供身体条件
美	以审美和人文素养培养为核心，以美育人，以文化人，提高审美素养	引导学生认识美、感受美；引领树立正确的审美观念，陶冶道德情操；提升创意表达能力	美是真与善的统一，是"合规律"与"合目的"的统一。美育能陶冶品德；激发智力和创造性；塑造健康的身躯；有助于培养劳动意识和劳动情感
劳	以劳动为载体，以教育为目的，通过生产劳动，达到教育人、培养全面发展人的目的	充分认识劳动的意义，培养劳动观念，激发劳动热情；掌握劳动的基础知识和基本技能，提升的劳动能力；激发技术意识，培养创造性劳动能力	劳动创造了人类，也创造了世界。劳动教育能够树立良好品德；促进智力与创造力；促进体质发展；提升审美与创造美的能力

促进德智体美劳全面发展，需要坚持三个原则：第一，坚持五育并举。这是因为德智体美劳五个方面均具有独特性和不可替代性，因此需要平衡发展、完整发展。第二，坚持五育融合。这是因为五育不是分离的，德智体美劳五个方面是

有机统一、协调发展的。第三，坚持个性化发展。这是因为客观存在先天禀赋、教育机会、动机和努力程度差异，全面发展教育只能规定德智体美劳发展的基本要求和底线，无法对全面发展的上限做出规定。德智体美劳全面发展不是平均的同质化发展，个体可能在某些方面发展出色，在某些方面表现一般，因此必然是个性化的发展。

为了实现德智体美劳全面发展的基本目标，教育部制定了涵盖本科德育、体育、美育、劳动教育、国防教育、国家安全教育等方面的课程指导文件。在德育方面，中共中央宣传部、教育部于 2020 年 12 月印发了《新时代学校思想政治理论课改革创新实施方案》；在体育方面，教育部于 2014 年 6 月印发了《高等学校体育工作基本标准》；在美育方面，教育部办公厅于 2006 年 3 月印发了《全国普通高等学校公共艺术课程指导方案》；在劳动教育方面，教育部于 2020 年 7 月印发了《大中小学劳动教育指导纲要（试行）》；在国防教育方面，教育部和中央军委国防动员部于 2019 年 1 月印发了《普通高等学校军事课教学大纲》；在国家安全教育方面，教育部于 2020 年 9 月印发了《大中小学国家安全教育指导纲要》。德体美劳等方面的课程目标、课程设置与学分要求见表 7-4。

表 7-4　德体美劳等方面的课程目标、课程设置与学分要求

	课程目标	课程名称（学分）
思想政治理论课（德育）	大学阶段重在增强学生的使命担当。重点引导学生系统掌握马克思主义基本原理和马克思主义中国化理论成果，了解党史、新中国史、改革开放史、社会主义发展史，认识世情、国情、党情，深刻领会习近平新时代中国特色社会主义思想，培养运用马克思主义立场观点方法分析和解决问题的能力；自觉践行社会主义核心价值观，尊重和维护宪法法律权威，识大局、尊法治、修美德；矢志不渝听党话跟党走，争做社会主义合格建设者和可靠接班人	必修课程： 马克思主义基本原理（3） 毛泽东思想和中国特色社会主义理论体系概论（5） 中国近现代史纲要（3） 思想道德与法治（3） 形势与政策（2） 选择性必修课程 从"四史"（党史、新中国史、改革开放史、社会主义发展史）中选修 1 门课程（1） 全国重点马克思主义学院率先开设课程 习近平新时代中国特色社会主义思想概论（2）

（续上表）

	课程目标	课程名称（学分）
体育	使学生掌握科学锻炼的基础知识、基本技能和有效方法，学会至少两项终身受益的体育锻炼项目，养成良好锻炼习惯。促进学校体育与德育、智育、美育有机融合，提高学生综合素质	体育必修课（大学一、二年级）：不少于 144 学时，每周体育课不少于 2 学时，每学时不少于 45 分钟体育选修课（大学其他年级）：选修课成绩计入学生学分
公共艺术课程（美育）	通过鉴赏艺术作品、学习艺术理论、参加艺术活动等，树立正确的审美观念，培养高雅的审美品位，提高人文素养；了解、吸纳中外优秀艺术成果，理解并尊重多元文化；发展形象思维，培养创新精神和实践能力，提高感受美、表现美、鉴赏美、创造美的能力，促进德智体美全面和谐发展	艺术限定性选修课程（每个学生需从以下选修课程中取得 2 个学分，方可毕业）：艺术导论、音乐鉴赏、美术鉴赏、影视鉴赏、戏剧鉴赏、舞蹈鉴赏、书法鉴赏、戏曲鉴赏
劳动教育	强化马克思主义劳动观教育，注重围绕创新创业，结合学科专业开展生产劳动和服务性劳动，积累职业经验，培育创造性劳动能力和诚实守信的合法劳动意识	劳动教育必修课：劳动教育需纳入专业人才培养方案，可在已有课程中专设劳动教育模块，也可专门开设劳动专题教育必修课，本科阶段不少于 32 学时
军事教育	了解掌握军事基础知识和基本军事技能，增强国防观念、国家安全意识和忧患危机意识，弘扬爱国主义精神，传承红色基因，提高学生综合国防素质	必修课程：军事理论（2），36 学时军事技能（2），训练时间 2~3 周，实际训练时间不得少于 14 天 112 学时
国家安全教育	大学阶段，重点围绕理解中华民族命运与国家关系，践行总体国家安全观。学生系统掌握总体国家安全观的内涵和精神实质，理解中国特色国家安全体系，树立国家安全底线思维，将国家安全意识转化为自觉行动，强化责任担当	必修课程：国家安全教育（不少于 1 学分）每学年举办国家安全专题教育不少于 1 次，每次不少于 2 课时

由表7-4不难发现，在培养德智体美劳全面发展的社会主义建设者和接班人上，教育部和相关部门制定了适用于所有高校的课程方案和指导纲要，这些必修课程的设置是为确保社会主义高校培养的是社会主义的建设者和接班人，确保培养出的人才德智体美劳全面发展。例如，为确保我国高校人才培养的社会主义方向，所有高校均必须设置思想政治理论课（19学分）、军事课（4学分）和国家安全教育（不少于1学分），这些课程旗帜鲜明地反映了我国高等教育目的的政治性、时代性和方向性，保障了我国高等教育目的的实现，体现了教育目的与教育内容的一致性。

（二）通过实施课程思政、三全育人，培养社会主义建设者和接班人

"课程思政"始于上海基础教育在2005年实施的"学科德育"理念，即把德育的核心内容有机分解到每一门课程，充分体现每一门课程的育人功能、每一位教师的育人责任。基于基础教育实施"学科德育"的成功经验，上海高等教育界率先在高校探索试点"课程思政"。"课程思政"的实质不是增开一门课，也不是增设一项活动，而是将高校思想政治教育融入到所有课程（特别是专业课程）的教学和改革的各环节、各方面，实现立德树人润物无声。（高德毅、宗爱东，2017）。上海的"课程思政"实践证明，"课程思政"有助于改变专业教师"只教书不育德"、思想政治教育教师单兵作战的现象，从而使思想政治教育从专人转向人人，最终发挥高校所有课程在立德树人上的协同育人效应。

教育部于2020年5月印发的《高等学校课程思政建设指导纲要》（以下简称《纲要》）明确指出，落实立德树人根本任务，必须将价值塑造、知识传授和能力培养三者融为一体，不可割裂。全面推进课程思政建设，就是要寓价值观引导于知识传授和能力培养之中，帮助学生塑造正确的世界观、人生观、价值观，这是人才培养的应有之义，更是必备内容。《纲要》进一步指出，专业课程是课程思政建设的基本载体。要深入梳理专业课教学内容，结合不同课程特点、思维方法和价值理念，深入挖掘课程思政元素（见表7-5），有机融入课程教学，达到润物无声的育人效果。2021年5月，经组织推荐、专家遴选、会议评议和网络公示等，教育部确定并公布了课程思政示范课程699门、课程思政教学名师和团队

699 个、课程思政教学研究示范中心 30 个。

表 7-5 不同专业课程类别蕴含的课程思政元素

专业课程类别	课程思政元素
1. 文学、历史学、哲学类	要在课程教学中帮助学生掌握马克思主义世界观和方法论，从历史与现实、理论与实践等维度深刻理解习近平新时代中国特色社会主义思想。要结合专业知识教育引导学生深刻理解社会主义核心价值观，自觉弘扬中华优秀传统文化、革命文化、社会主义先进文化
2. 经济学、管理学、法学类	要在课程教学中坚持以马克思主义为指导，加快构建中国特色哲学社会科学学科体系、学术体系、话语体系。要帮助学生了解相关专业和行业领域的国家战略、法律法规和相关政策，引导学生深入社会实践、关注现实问题，培育学生经世济民、诚信服务、德法兼修的职业素养
3. 教育学类	要在课程教学中注重加强师德师风教育，突出课堂育德、典型树德、规则立德，引导学生树立学为人师、行为世范的职业理想，培育爱国守法、规范从教的职业操守，培养学生传道情怀、授业底蕴、解惑能力，把对家国的爱、对教育的爱、对学生的爱融为一体，自觉以德立身、以德立学、以德施教，争做有理想信念、有道德情操、有扎实学识、有仁爱之心的"四有"好老师，坚定不移走中国特色社会主义教育发展道路。体育类课程要树立健康第一的教育理念，注重爱国主义教育和传统文化教育，培养学生顽强拼搏、奋斗有我的信念，激发学生提升全民族身体素质的责任感
4. 理学、工学类	要在课程教学中把马克思主义立场观点方法的教育与科学精神的培养结合起来，提高学生正确认识问题、分析问题和解决问题的能力。理学类专业课程，要注重科学思维方法的训练和科学伦理的教育，培养学生探索未知、追求真理、勇攀科学高峰的责任感和使命感。工学类专业课程，要注重强化学生工程伦理教育，培养学生精益求精的大国工匠精神，激发学生科技报国的家国情怀和使命担当
5. 农学类	要在课程教学中加强生态文明教育，引导学生树立和践行绿水青山就是金山银山的理念。要注重培养学生的"大国三农"情怀，引导学生以强农兴农为己任，"懂农业、爱农村、爱农民"，树立把论文写在祖国大地上的意识和信念，增强学生服务农业农村现代化、服务乡村全面振兴的使命感和责任感，培养知农爱农创新人才

（续上表）

专业课程类别	课程思政元素
6. 医学类	要在课程教学中注重加强医德医风教育，着力培养学生"敬佑生命、救死扶伤、甘于奉献、大爱无疆"的医者精神，注重加强医者仁心教育，在培养精湛医术的同时，教育引导学生始终把人民群众生命安全和身体健康放在首位，尊重患者，善于沟通，提升综合素养和人文修养，提升依法应对重大突发公共卫生事件能力，做党和人民信赖的好医生
7. 艺术学类	要在课程教学中教育引导学生立足时代、扎根人民、深入生活，树立正确的艺术观和创作观。要坚持以美育人、以美化人，积极弘扬中华美育精神，引导学生自觉传承和弘扬中华优秀传统文化，全面提高学生的审美和人文素养，增强文化自信

来源：教育部 2020 年 5 月 28 日印发的《高等学校课程思政建设指导纲要》。

由表 7-5 可知，任何类别的专业课程在知识传授和能力培养之外，还具有价值塑造和思想政治教育功能。如果说表 7-5 中的专业课程属于第一课堂，在培养方案中有特定的学时和学分，那么在培养方案中没有体现的第二课堂、第三课堂（网络空间）是否就不能发挥立德树人的作用？答案显然是"否！"中共中央、国务院于 2017 年 2 月印发的《关于加强和改进新形势下高校思想政治工作的意见》中明确提出"三全育人"原则，即坚持全员全过程全方位育人。把思想价值引领贯穿教育教学全过程和各环节，形成教书育人、科研育人、实践育人、管理育人、服务育人、文化育人、组织育人的长效机制。2018 年 5 月，教育部办公厅发布《关于开展"三全育人"综合改革试点工作的通知》，决定开展宏观、中观和微观层面的"三全育人"综合改革试点。其中在中观层面，委托部分高校从学校层面，以课程育人、科研育人、实践育人、文化育人、网络育人、心理育人、管理育人、服务育人、资助育人、组织育人等"十大育人"体系为基础，全面统筹办学治校各领域、教育教学各环节、人才培养各方面的育人资源和育人力量，推动全体教职员工把工作的重点和目标落在育人成效上，推动将高校思想政治工作融入人才培养各环节，推动实现知识教育与价值塑造、能力培养有机结合，构建中观的一体化育人体系。2018 年 10 月，教育部办公厅公布首批"三全育人"综合改革试点单位名单，共包括 5 个"三全育人"综合改革试点区、10 个"三全育人"综合改革试点高校、50 个"三全育人"综合改革试点院（系）。

综上所述，通过实施课程思政和"三全育人"，高校的思想政治教育工作得到了全员全学科全过程全方位的加强，为高校培养社会主义建设者和接班人扫除了一切障碍。

（三）通过强调"双结合"、双创教育，培养社会责任感、创新精神和实践能力

"双结合"是指高等教育应与生产劳动和社会实践相结合，双创教育是指创新创业教育。冯建军（2021）对"双结合"作为人才培养的方法论做了如下论述。

"教育与生产劳动相结合"是马克思主义关于人的全面发展学说的重要组成部分。马克思指出："未来教育对所有已满一定年龄的儿童来说，就是生产劳动同智育和体育相结合，它不仅是提高社会生产的一种方法，而且是造就全面发展的人的唯一方法。"教育与生产劳动相结合，在马克思主义中有三重意义：其一，在经济学意义上，是提高社会生产的一种方法。它使工人掌握大工业生产的技术，改进生产，提高效率。其二，在教育学意义上，是造就全面发展人的唯一方法。它打破脑力劳动与体力劳动的分工，同时，使工人能够了解整个生产体系，成为"各方面都有能力的人，即能通晓整个生产系统的人"。其三，在政治学意义上，是改造现代社会（指资本主义社会）的最强有力的手段之一。它为了工人阶级争取受教育权，消灭体力劳动与脑力劳动的对立。

教育与生产劳动相结合始终贯彻在我国教育发展的不同阶段之中，在不同时期有不同的表现形式。新中国成立后，教育与生产劳动相结合，更多是在政治意义上消除劳心与劳力、脑力劳动与体力劳动的差别，强调培养既能从事脑力劳动又能从事体力劳动、有社会主义觉悟的有文化的劳动者。改革开放之后，教育与生产劳动相结合，更多强调整个教育事业必须同国民经济发展的要求相适应，强调学生所学知识技能与将来要从事的职业相适应，重视教育与生产劳动相结合的经济学意义。20 世纪 90 年代，教育与生产劳动相结合逐步回归到人的全面发展的教育学意义，强调学校应加强和改进对学生的生产劳动和实践教育，使其接触自然、了解社会，培养热爱劳动的习惯和艰苦奋斗的精神，把教育与生产劳动相结合视为劳动教育。2002 年，党的十六大报告并列提出"教育与生产劳动相结合"和"教育与社会实践相结合"。因为社会实践不止生产劳动一种形式，教育与社会实践相结合，拓展、丰富并发展了教育与生产劳动相结合的内涵。新形势下，教育与生产劳动相结合不仅要使学生参加生产劳动，也要使学生参加更加丰富的社会实践活动，在实践活动中巩固和运用所学知识，培养他们运用知识分析和解决社会问题的实践能力、创新精神，增强同人民群众的感情和社会责任感。

新时代"高等教育与生产劳动如何结合"？ 2020 年 3 月，中共中央、国务院发布了《关于全面加强新时代大中小学劳动教育的意见》，明确指出高等学校要注重围绕创新创业，结合学科和专业积极开展实习实训、专业服务、社会实践、勤工助学等，重视新知识、新技术、新工艺、新方法应用，创造性地解决实际问题，使学生增强诚实劳动意识，积累职业经验，提升就业创业能力，树立正确择业观，具有到艰苦地区和行业工作的奋斗精神，懂得空谈误国、实干兴邦的深刻道理；注重培育公共服务意识，使学生具有面对重大疫情、灾害等危机主动作为的奉献精神。

如何提升学生双创能力、培养双创精神？ 2015 年 5 月，国务院办公厅印发了《国务院办公厅关于深化高等学校创新创业教育改革的实施意见》，提出了深化"双创"教育的九项任务和措施：①完善人才培养质量标准。明确本科生创新创业教育目标要求，使创新精神、创业意识和创新创业能力成为评价人才培养质量的重要指标等。②创新人才培养机制。包括深入实施系列"卓越计划"、科教结合协同育人行动计划等，多形式举办创新创业教育实验班，探索建立校校、校企、校地、校所以及国际合作的协同育人新机制等。③健全创新创业教育课程体系。包括在传授专业知识过程中加强创新创业教育，面向全体学生开发开设研究方法、学科前沿、创业基础、就业创业指导等方面的必修课和选修课，纳入学分管理等。④改革教学方法和考核方式。包括广泛开展启发式、讨论式、参与式教学，扩大小班化教学覆盖面，推动教师把国际前沿学术发展、最新研究成果和实践经验融入课堂教学，注重培养学生的批判性和创造性思维，激发创新创业灵感等。⑤强化创新创业实践。加强专业实验室、虚拟仿真实验室、创业实验室和训练中心建设，促进实验教学平台共享。各地区、各高校科技创新资源原则上向全体在校学生开放。充分利用各种资源建设大学科技园、大学生创业园、创业孵化基地和小微企业创业基地作为创业教育实践平台，建好一批大学生校外实践教育基地、创业示范基地、科技创业实习基地等。⑥改革教学和学籍管理制度。设置合理的创新创业学分，建立创新创业学分积累与转换制度，探索将学生开展创新实验、发表论文、获得专利和自主创业等情况折算为学分，将学生参与课题研究、项目实验等活动认定为课堂学习。⑦加强教师创新创业教育教学能力建设。⑧改进学生创业指导服务。⑨完善创新创业资金支持和政策保障体系。各有关部门要整合发展财政和社会资金，支持高校学生创新创业活动。

2019 年 10 月，教育部高等教育司发布了我国双创教育取得的显著成效，包括：①创新创业教育改革已融入人才培养的各重要环节。在 2018 年初发布的本科专业类教学质量国家标准中，明确了各专业类创新创业教育目标要求。截至 2018 年底，全国高校开设创新创业教育专门课程 2.8 万余门、上线相关在线课程 4100 余门，创新创业教育专职教师超过 2.7 万人，校内创新创业实践平台达 1.3 万个。全国共有 9.3 万余各行各业优秀人才担任创新创业指导教师。建设了 19 个高校双创示范基地和 200 所深化创新创业教育改革示范高校，建立了全国万名优秀创新创业导师人才库，推出了 52 门创新创业教育精品慕课，研制了创新创业教育质量评价体系。②协同育人呈现新格局。部部、部校、校校、校企、校所等各种渠道的协同育人模式更加成熟，产学研用结合更加紧密，系列卓越人才教育培养计划已覆盖 1000 余所高校，惠及 140 余万学生。2018 年，教育部印发"新时代高教 40 条"（《关于加快建设高水平本科教育全面提高人才培养能力的意见》中的 40 条内容），启动实施了"六卓越一拔尖"人才培养计划 2.0，在工程、法治、医学、农林、新闻、教师以及基础学科领域大力培养卓越拔尖人才，引领新时代高等教育改革创新。③实践能力训练更受重视。深入实施国家级大学生创新创业训练计划，倡导以学生为主体开展创新性实践，2019 年 118 所部属高校、932 所地方高校的 3.84 万个项目立项，参与学生人数共计 16.1 万，项目经费达 5.9 亿元。④更多学生投入到创新创业活动。教育部已连续四年成功举办中国"互联网 +"大学生创新创业大赛，累计有 490 万大学生、119 万个团队参赛，组建了一支敢闯会创、气势磅礴的双创大军。70 万大学生踏上"青年红色筑梦之旅"，了解国情民情，助力乡村振兴和精准脱贫扶贫，在创新创业中坚定理想信念、锤炼意志品质。

综上所述，《关于全面加强新时代大中小学劳动教育的意见》（2020）和《国务院办公厅关于深化高等学校创新创业教育改革的实施意见》（2015）等文件的发布和有效实施，切实推动了我国高校对学生创新精神、实践能力和社会责任感的培养，有力地保障了高等教育人才培养目标的实现。

（四）通过推广使用本科教学质量国家标准，培养现代化建设的高级专门人才

高校设置的公共课程，如思政课程、体育、劳动教育、艺术教育等，体现了我国高等教育培养德智体美劳全面发展的社会主义建设者和接班人的共性要求。那么，高等教育培养高级专门人才的"专门"目标是如何实现的呢？答案是由高校专业培养方案中的专业课程体系（含专业课程、专业实验、实习或实践、毕业设计等）来实现的。"质量为王、标准先行"，要保障和提高本科教学质量，制定专业标准是基础。2018 年 1 月，教育部发布了《国标》，这是我国高等教育领域首个教学质量国家标准。《国标》由教育部委托 92 个专业类教学指导委员会研制，历经 4 年多完成。《国标》涵盖了普通高校本科专业目录中全部 92 个本科专业类、587 个专业，涉及全国高校 56000 多个专业点。不同专业类的国标在结构上基本一致，主要包括培养目标、培养规格、师资队伍、教学条件等八个方面的内容（见表 7-6）。《国标》对规范、引导和监督高校提高人才培养能力，多出高级专门人才具有重要意义。

表 7-6　本科专业类教学质量国家标准的内容结构

成　分	内容描述
1. 概述	明确了该专业类的内涵、学科基础、人才培养方向等
2. 适用专业范围	明确该标准适用的专业
3. 培养目标	明确该专业类的培养目标，对各高校制定相应专业培养目标提出原则要求
4. 培养规格	明确该专业类专业的学制、授予学位、参考总学分、总学时，提出政治思想道德、业务知识能力等人才培养基本要求
5. 师资队伍	对该专业类师资队伍数量和结构、教师学科专业背景和水平、教师教学发展条件等提出具体要求
6. 教学条件	明确该专业类基本办学条件、基本信息资源、教学经费投入，包括实验室、实验教学仪器设备、实践基地、图书资料资源、教材及参考书、教学经费等量化要求
7. 质量保障要求	明确该专业类教学过程质量监控机制、毕业生跟踪反馈机制、专业的持续改进机制等方面的要求
8. 附录	列出该专业类知识体系和核心课程建议，并对有关量化标准进行定义

据教育部高教司司长吴岩介绍，首次颁布的《国标》把握三大原则：第一，突出学生中心。注重激发学生的学习兴趣和潜能，创新形式、改革教法、强化实践，推动本科教学从"教得好"向"学得好"转变。第二，突出产出导向。主动对接经济社会发展需求，科学合理设定人才培养目标，完善人才培养方案，优化课程设置，更新教学内容，切实提高人才培养的目标达成度、社会适应度、条件保障度、质保有效度和结果满意度。第三，突出持续改进。强调做好教学工作要建立学校质量保障体系，要把常态监测与定期评估有机结合，及时评价、及时反馈、持续改进，推动教育质量不断提升。

首次颁布的《国标》有三大特点：一是既有规矩又有空间。"规矩"是指对各专业类提出统一要求、保障基本质量；"空间"是指为专业人才培养的特色留有足够拓展空间。例如，经济学类专业《国标》设计了"4+4+X"的专业必修课程体系，第一个"4"代表既是专业基础课又是专业必修课的 4 门课程，第二个"4"是必须开设的4门专业必修课，"X"是高校根据培养目标自主选开的必修课程。该标准既体现了各专业培养的基本属性，又为人才培养的多样化和特色预留了空间。二是既有底线又有目标。既对各专业类提出教学基本要求，也就是"兜底线、保合格"，同时又对提升质量提出前瞻性要求，也就是追求卓越。例如，心理学类专业国标对实践课程的要求是"实践类课程在总学分中所占的比例不低于25%，心理学实验教学不少于80学时，注重培养学生的创新意识和实践能力"，"应构建心理学基础实验课程——心理学核心课程教学实验——应用心理学见习与实习等多层次的实验实践教学体系"。上述规定既体现了对实践课程的"底线"要求，又为各高校追求卓越目标留足了空间。三是既有"定量"又有"定性"。既对各专业类标准提出定性方向要求，同时注意量化指标，做到可比较、可核查。

"标准为先，使用为要"。对于如何发挥《国标》促改促建促强的作用，教育部从三方面着手：一是让教指委用起来。教育部成立2018—2022年教育高等学校教学指导委员会（简称"教指委"），充分发挥新一届教指委作用，开展《国标》的宣传、解读、推广工作。二是让高校动起来。《国标》发布后，各地、各相关行业部门要根据《国标》研究制定人才评价标准；各高校要根据《国标》修订人才培养方案，培养多样化、高质量人才。三是与"三个一流"建设紧密结合起来。教育部将把《国标》实施与"一流本科、一流专业、一流人才"建设紧密结合，对各高校专业办学质量和水平进行监测认证，适时公布"成绩单"。

综上所述，《国标》的制定与应用，为高校培养高级专门人才提供了科学指引。

二、专业层面

专业层面对"怎样培养人"的回答，主要通过制定并实施本科专业培养方案来实现。专业培养方案是高校人才培养的主要依据。2018年初《国标》的发布，为高校各专业人才培养提供了标准和指南。需要注意的是，《国标》只是为各专业类人才培养规定了底线和规矩，同时为各高校预留了特色发展和卓越发展的空间，各高校需要根据国标修订人才培养方案，提高人才培养质量。例如，心理学国标在培养目标中特别说明："各高校应根据专业类培养目标和自身办学定位，结合各自专业基础和学科特色，在对区域和行业特点以及学生未来发展需求进行充分调研、分析的基础上，以适应国家和社会发展对多养化人才培养的需要为目标，细化人才培养目标的内涵，准确定位本专业的人才培养目标。"基于心理学国标并结合自身办学定位，北京大学将心理学专业培养目标修订为："注重培养学生的基础科研能力，训练学生运用心理学的基本科学原理和实验研究方法，描述、解释、预测、控制行为和精神过程；通过与国际交流和联合培养等多种合作形式，促进学生与国际学术前沿的接轨。在认知神经科学、发展心理学、临床心理学等领域中，培养具有创新意识、责任意识、合作意识的基础研究领军人才。"

在制定专业培养方案上，国内高校逐渐重视课程地图的作用。课程地图通常直观表现为一个两维的表格，维度一（第一列）是专业层面的学习成果，维度二（第一行）是组成该专业的课程，通常按教学顺序排列。表内的单元格则呈现与专业层面学习成果对应的课程学习成果、教学活动和评估方法（详见第三章和附录2-1）。通过制定和使用课程地图，能够帮助判断专业层面的每项学习成果是否得到足够课程和教学活动的支撑，使教师和学生清楚了解每门课程是如何贡献于专业层面学习成果的实现的。图7-2为北京大学心理学专业课程地图，该课程地图非常直观地对心理学专业的课程体系按照学期顺序进行了组织，使师生对整体的课程计划一目了然。非常有特色的是，课程地图特别标明了课程之间的先导关系，实验心理学和实验心理学实验处于专业课程的核心位置，其先导课程是数学、物理以及心理统计，实验心理学又作为一系列专业核心课程的先导课程，包括认知心理学、发展心理学、心理测量、组织管理心理学等。课程地图充分显示了课程之间的逻辑关系，突出了实验心理学在心理学课程体系中的重要作用。不足的是，该地图并未列出专业层面学习成果，也没有列出每个课程的学习目标、教学策略和评估方式，因而无法判断专业学习成果是否得到足够课程和教学活动的支撑，也无法判断课程之间在学习内容上是否重叠，学习难度上是否不断递进。

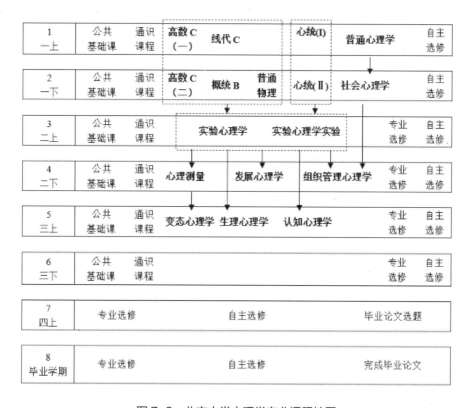

图 7-2　北京大学心理学专业课程地图

来源：北京大学教务部《北京大学本科培养方案（2021）》。

三、课程层面

　　课程层面对"怎样培养人"的回答，主要通过制定并实施课程教学大纲来实现。在教学大纲制定方面，国内高校越来越重视专业课程思政和学教评一致性。例如，中山大学要求教师在撰写课程目的时"应与课程思政相结合，体现思政要求"。在制定教学进度表时，要求教师针对每一次课的课程内容，填写课程思政元素（没有填"无"）。此外，学校要求课程考核命题应与课程目标对认知能力的要求，以及实际的教学内容一致，这体现了课程评估应与课程目标和教学内容一致的原则，即学教评一致性原则。

　　虽然教育部已发布 92 个专业类国标，但是在课程层面，尚未有国家标准发布。学者彭湃（2017）认为，课程是教育事业的"心脏"，课程标准比专业标准更聚焦质量核心，课程教学质量标准比笼统的人才培养质量标准更加合理。专业类国标更多地具有自上而下的管理效应，很难得到教师的关注，而课程国标发挥功能的逻辑更能体现自下而上（微观教学有依据）和自上而下（宏观管理有标准）的结合，会引起教师的重视，课程比专业更需要国家标准的规范。因此，教学质量国家标准需要从专业深化至课程。

第四节　培养质量如何？

一、学校层面

高等教育的目的是培养德智体美等方面全面发展的社会主义建设者和接班人，培养具有社会责任感、创新精神和实践能力的高级专门人才。为达到此目的，高等学校采取了系列教育活动，包括五育并举、课程思政、"双结合"与双创教育、根据《国标》培养人才等。那么，高等学校人才培养的质量和成效如何呢？"培养什么人"的教育目的，经过"怎样培养人"的教育活动，最终教育目的是否达成？达成质量如何？显然，这需要对本科教学进行评估来回答。

为评价、监督高等学校本科教学质量，2011年10月发布的《教育部关于普通高等学校本科教学评估工作的意见》明确提出，要"建立以高校自我评估为基础，以院校评估、专业认证及评估、国际评估和教学基本状态数据常态监测为主要内容，政府、学校、专门机构和社会多元评价相结合的，与中国特色现代高等教育体系相适应的教学评估制度"，简称"五位一体"评估制度（见表7-7）。由表7-7可知不同评估类型之间的关系，教学基本状态数据常态监测为其他评估（特别是自我评估）提供数据和事实，是其他类型评估的基础。高校基于自我评估形成的本科教学年度质量报告，为院校评估和专业认知评估提供重要参考。分类的院校评估是教育部监督、评价高校本科教学质量的重要工具。专业认证及评估和国际评估则体现了评估的发展导向，即本科教学质量应得到行业和国际同行的认可。

表7-7 高等学校本科教学"五位一体"评估内容概要

评估类型	评估内容
自我评估	高等学校应建立本科教学自我评估制度,根据学校确定的人才培养目标,围绕教学条件、教学过程、教学效果进行评估,包括院系评估、学科专业评估、课程评估等多项内容。应特别注重教师和学生对教学工作的评价,注重学生学习效果和教学资源使用效率的评价,注重用人单位对人才培养质量的评价。要建立有效的校内教学质量监测和调控机制,建立健全学校本科教学质量保障体系。学校在自我评估基础上形成本科教学年度质量报告,在适当范围发布并报相关教育行政(主管)部门。学校年度质量报告作为国家和有关专门机构开展院校评估和专业评估的重要参考。
院校评估	院校评估包括合格评估和审核评估。合格评估的对象是2000年以来未参加过院校评估的新建本科学校;审核评估的对象是参加过院校评估并获得通过的普通本科学校。
专业认证及评估	在工程、医学等领域积极推进与国际标准实质等效的专业认证。要与行业共同制定认证标准,共同实施认证过程,体现行业需求,强化实践教学环节,并取得业界认可。鼓励专门机构和社会中介机构对高等学校进行专业评估。
国际评估	鼓励有条件的高等学校聘请相应学科专业领域的国际高水平专家学者开展本校学科专业的国际评估。探索与国际高水平教育评估机构合作,积极进行评估工作的国际交流,提高评估工作水平。
教学基本状态数据常态监测	高等学校要充分利用信息技术,采集反映教学状态的基本数据,建立高等学校本科教学基本状态数据库。高等学校对数据库数据要及时更新,及时分析本科教学状况,建立本科教学工作及其质量常态监控机制,对社会关注的核心教学数据须在一定范围内向社会发布。国家建立全国高等学校本科教学基本状态数据库,充分发挥状态数据在政府监控高等教育质量、社会监督高等学校人才培养和本科教学评估工作中的重要作用。

来源:《教育部关于普通高等学校本科教学评估工作的意见》(2011年10月13日发布)。

2011年10月发布的《本科教学评估意见》是为落实《国家中长期教育改革和发展规划纲要(2010—2020年)》,全面提高本科教学水平和人才培养质量而出台的。2021年1月,为贯彻落实《深化新时代教育评价改革总体方案》等文件精神，推动提高本科人才培养质量，教育部发布了新一轮《普通高等学校本科教育教学审核评估实施方案（2021—2025年）》，落脚点是引导高校走内涵、特色、创新发展之路，培养德智体美劳全面发展的社会主义建设者和接班人。本轮审核评估时间为2021—2025年，评估对象为经国家正式批准独立设置的所有普通本科高校。根据高校办学定位、服务面向和发展实际，本轮审核评估分为两大类。第一类审核评估针对具有世界一流办学目标、一流师资队伍和育人平台，培养一流拔尖创新人才，服务国家重大战略需求的普通本科高校，重点考察建设世界一流大学所必备的质量保障能力及本科教育教学综合改革举措与成效。第二类审核评估具体分为三种：一是以学术型人才培养为主要方向的普通本科高校；二是以应用型人才培养为主要方向的普通本科高校；三是本科办学历史较短的地方应用型普通本科高校。第二类审核评估重点考察高校本科人才培养目标定位、资源条件、培养过程、学生发展、教学成效等。审核评估程序包括评估申请、学校自评、专家评审、反馈结论、限期整改、督导复查。

因为我国高等教育的目的是培养德智体美等方面全面发展的社会主义建设者和接班人，培养具有社会责任感、创新精神和实践能力的高级专门人才。下面将以新一轮评估（2021—2025年）的第一类审核评估（即办学目标为世界一流大学的高校）为例，分析其评估指标体系（见附录7-1）能否回答高等教育目的（任务）完成的质量与成效，即"培养质量如何"（评估指标）与"培养什么人"（教育目标）的一致性。由附录7-1可知，第一类审核评估共包括4个一级指标，即党的领导、质量保障能力、教育教学水平和教育教学综合改革，以及党的全面领导和社会主义办学方向等12个二级指标。由于审核评估的重心是人才培养质量，强调产出导向并体现为"五度"，即人才培养目标的达成度、社会需求的适应度、师资和条件的保障度、质量保障运行的有效度和学生和用人单位的满意度。另外，从高等教育的目的出发，可将本科人才培养目标分解为德、智、体、美、劳、社会责任感、创新精神、实践能力、高级专门人才等9个方面内容。整合任务和效果两个维度，可构建9×6的一致性分析框架（见表7-8）。

表 7-8 本科教育教学目标与审核评估指标的一致性分析框架 ①

教育教学目标	审核评估指标				
	目标达成度	社会适应度	条件保障度	质保有效度	结果满意度
德（重点：思想政治素养）	3.1.4 教师、学生出现思想政治、道德品质等负面问题及处置情况	2.5.2 社会需求的适应度	1.1 党的全面领导和社会主义办学方向 3.1.1 思政教育工作体系建设情况 3.1.2 思政课教师队伍与思政课建设情况，开设"习近平总书记关于教育的重要论述研究"课程 （思政课专任教师与折合在校生比例≥1∶350；生均思政工作和党务工作队伍建设专项经费≥20元；专职党务工作人员和思想政治工作人员总数与全校师生人数比例≥1∶100；生均网络思政工作专项经费≥40元） 3.1.3 "课程思政"建设的创新举措与实施成效 3.5.3 教材建设与管理 （使用"马工程"①重点教材课程数量与学校应使用"马工程"重点教材课程数量的比例） 3.4 学生发展与支持体系 （专职辅导员岗位与在校生比例≥1∶200；专职从事心理健康教育教师与在校生比例≥1∶4000且至少2名；专职就业指导教师和专职就业工作人员与应届毕业生比例≥1∶500）	2.5.4 质量保障运行的有效度 2.3 质量监控部门建设与质保机制运行 2.1、2.4 质保理念与质量文化的建设与落实 2.2 质量标准建设与落实	2.5.5 学生和用人单位的满意度

① "马工程"全称为马克思主义理论研究和建设工程。

（续上表）

教育教学目标	审核评估指标			质保有效度	结果满意度
	目标达成度	社会适应度	条件保障度		
智（重点:专业素养）			3.2 突出本科地位的举措与成效 3.3.1 重视师德师风评价 3.3.2 高水平教师投入教育教学 （生师比；具有博士学位教师占专任教师比例；主讲本科课程教授占教授总数的比例；教授主讲本科课程人均学时数） 3.3.3 重视教师培训与职业发展 3.3.4 加强教师教学发展中心、基层教学组织建设 3.5.1 "六卓越一拔尖"人才培养计划 2.0、一流专业"双万计划"、一流课程"双万计划"等建设情况 3.5.2 课堂与课程教学改革 （本科生生均课程门数；开出任选课和课程总数比例*；小班授课比例*；入选来华留学品牌课程数*） 3.5.4 优质教学资源建设 （生均年教学日常运行支出≥1200元；教学日常运行支出占经常性预算内教育事业费拨款与学费收入之和的比例≥13%；年新增教学科研仪器设备所占比例；生均教学科研仪器设备值；国家级教学育人基地数*）		

（续上表）

教育教学目标	审核评估指标			质保有效度	结果满意度
	目标达成度	社会适应度	条件保障度		
			3.5.6 人才培养国际化举措与成效 ［专任教师中具有一年以上国（境）外经历的教师比例*；在学期间赴国（境）外高校访学的学生数占在校生数的比例*；国（境）外高校本科生来校访学学生数*］ 3.5.3 教材建设与管理（近五年公开出版的教材数*） 本科教育教学综合改革与创新实践*		
体	3.4.2 德智体美劳全面发展（本科生体质测试达标率；本科生在国内外文艺、体育、艺术等大赛中的获奖数*）				
美	3.4.2 德智体美劳全面发展（本科生在国内外文艺、体育、艺术等大赛中的获奖数*）		学生毕业必须修满公共艺术课程学分数≥2学分		
劳			劳动教育必修课或必修课程中劳动教育模块学时总数≥32学时		
社会责任感					

（续上表）

教育教学目标	审核评估指标			质保有效度	结果满意度
	目标达成度	社会适应度	条件保障度		
创新精神	3.6.1 将创新创业教育贯穿于人才培养全过程（"互联网+"大学生创新创业大赛获奖数*） 3.6.2 以高水平科研提高学生创新创业能力（本科生以第一作者/通讯作者在核心期刊发表的论文数及以第一作者获批国家发明专利数*）		3.6.1 将创新创业教育贯穿于人才培养全过程（产学合作协同育人项目数*；本科生参加各级各类创新创业实践活动人数及比例*） 3.6.3 开展大学生职业生涯规划教育		
实践能力			3.4.2 德智体美劳全面发展［实践教学学分占总学分（学时）比例：人文社科类专业≥15%，理工农医类专业≥25%；以实验、实习、工程实践和社会调查等实践性工作为基础的毕业论文（设计）比例≥50%］		
高级专门人才	2.5.1 培养目标的达成度 3.4.3 近五年专业领域的优秀毕业生十个典型案例及培养经验		2.5.3 师资和条件的保障度		

注：括号内指标为可量化审核指标，不带*的为必选指标，带*的为可选指标。表格中的序号与附录7-1中的序号一致。

由表 7-8 可知，评估指标的侧重点在于条件保障，并且集中在"德"（思想政治教育）和"智"（专业教育教学）两个方面，体现了对德才兼备培养目标的重视。除了德和智，条件保障中对学生实践能力和创新精神也都有所强调。指标体系的特色是强调质量保障能力，体现为质量监控部门建设、质量标准建设与落实等。虽然条件保障和质保能力是影响人才培养质量的重要因素，但是它们并不等同于培养质量本身。从产出导向看，培养目标达成度、社会需求适应度，以及学生和用人单位的满意度更能体现人才培养质量，但是这些指标却不够详尽，甚至比较欠缺。本科教育培养目标"社会主义建设者和接班人"如何衡量？实现程度如何？"德智体美劳全面发展""社会责任感、创新精神和实践能力""高级专门人才"的目标如何衡量？实现程度如何？上述问题还需要进一步研究。

二、专业层面

评价专业人才培养质量，一是可实施"五位一体"评估制度，开展专业认证及评估、国际评估；二是可根据 2018 年发布的《普通高等学校本科专业类教学质量国家标准》制定评价标准；三是可参考一流本科专业建设"双万计划"对报送专业的条件要求，确定评价要素。为建设一流专业、培养一流人才，2019 年 4 月，教育部办公厅发布《关于实施一流本科专业建设"双万计划"的通知》，计划 2019—2021 年，建设 10000 个左右国家级一流本科专业点和 10000 个左右省级一流本科专业点。国家级一流本科专业建设点以"两步走"实施：报送的专业第一步被确定为国家级一流本科专业建设点，教育部组织开展专业认证，通过后再确定为国家级一流本科专业。报送专业需具备以下条件：

（1）专业定位明确。服务面向清晰，适应国家和区域经济社会发展需要，符合学校发展定位和办学方向。

（2）专业管理规范。切实落实本科专业国家标准要求，人才培养方案科学合理，教育教学管理规范有序。近三年未出现重大安全责任事故。

（3）改革成效突出。持续深化教育教学改革，教育理念先进，教学内容更新及时，方法手段不断创新，以新理念、新形态、新方法引领带动新工科、新医科、新农科、新文科建设。

（4）师资力量雄厚。不断加强师资队伍和基层教学组织建设，教育教学研究活动广泛开展，专业教学团队结构合理、整体素质水平高。

（5）培养质量一流。坚持以学生为中心，促进学生全面发展，有效激发学生学习兴趣和潜能，增强创新精神、实践能力和社会责任感，毕业生行业认可度高、社会整体评价好。

三、课程层面

课程层面的教学质量通常通过同行评教、教学督导评教、学生评教、毕业生跟踪调查，审核课程目标、作业试卷和学生成绩表现等方式评价。教育部于2019年10月发布的《关于一流本科课程建设的实施意见》（下称《意见》）指出，一流课程（"金课"）的特征包括高阶性、创新性和挑战度。高阶性强调培养学生解决复杂问题的综合能力和高级思维；创新性强调及时将学术研究、科技发展前沿成果引入课程。教学方法体现先进性与互动性；挑战度强调课程设计增加研究性、创新性、综合性内容，加大学生学习投入，科学"增负"。《意见》决定经过3年左右时间，建成1万门左右国家级和1万门左右省级一流本科课程（简称一流本科课程"双万计划"）。国家级一流本科课程"双万计划"采取推荐方式认定，课程类型分为五类：线上一流课程4000门左右，突出优质、开放、共享，打造中国慕课品牌；线下一流课程4000门左右，以提升学生综合能力为重点，重塑课程内容，创新教学方法；线上线下混合式一流课程6000门左右，主要指基于慕课、专属在线课程（SPOC）或其他在线课程；虚拟仿真实验教学一流课程1500门左右，着力解决真实实验条件不具备或实际运行困难，涉及高危或极端环境，高成本、高消耗、不可逆操作、大型综合训练等问题；社会实践一流课程1000门左右，以培养学生综合能力为目标，学生70%以上学时深入基层。

虽然当前国家没有发布课程级别的国家教学标准，但是国家级一流课程的推荐条件可以作为建设和评价本科课程的参考。推荐课程须至少经过两个学期或两个教学周期的建设和完善，取得实质性改革成效，在同类课程中具有鲜明特色、良好的教学效果，在以下多个方面具备实质性创新，有较大的借鉴和推广价值。

（1）教学理念先进。坚持立德树人，体现以学生发展为中心，致力于开启学生内在潜力和学习动力，注重学生德智体美劳全面发展。

（2）课程教学团队教学成果显著。课程团队教学改革意识强烈、理念先进，人员结构及任务分工合理。

（3）课程目标有效支撑培养目标达成。课程目标符合学校办学定位和人才培养目标，注重知识、能力、素质培养。

（4）课程教学设计科学合理。围绕目标达成、教学内容、组织实施和多元评价需求进行整体规划，教学策略、教学方法、教学过程、教学评价等设计合理。

（5）课程内容与时俱进。课程内容结构符合学生成长规律，依据学科前沿动态与社会发展需求动态更新知识体系，契合课程目标。

（6）教学组织与实施突出学生中心地位。根据学生认知规律和接受特点，创新教与学模式，因材施教，促进师生之间、学生之间的交流互动，教学反馈及时，教学效果显著。

（7）课程管理与评价科学且可测量。教师备课要求明确，学生学习管理严格。针对教学目标、教学内容、教学组织等采用多元化考核评价，过程可回溯，诊断改进积极有效。

本章小结

本章聚焦于用学教评一致性原则分析中国高等教育的人才培养实践，围绕教育的四个根本问题，即为谁培养人、培养什么人，怎样培养人、培养质量如何，结合学教评一致性的三个层次，即学校、专业、课程，分析中国高等教育的人才培养实践。在学校层面，本科教育是"为社会主义现代化建设服务，为人民服务"，因此决定了我国高校的任务是培养"德智体美劳全面发展的社会主义建设和接班人"。为达到此目的，高等学校采取了一致性的教育措施，如五育并举、课程思政、双创教育、实施《国标》等，保障了教育目的的实现。对于人才培养质量，教育部实施了与高校培养目的一致性的"普通高等学校本科教育教学质量审核评估"，并建立"五位一体"评估制度。在学校层面的基础上，专业层面进一步聚焦到"为专业相关职业类别和修读该专业的学生服务"，因此决定了专业教育的任务是实现专业培养目标。为达到此目的，各专业制定并实施与培养目标一致的专业培养方案。对于专业人才培养质量，则采用与专业培养目标一致的评价标准，如一流本科专业建设"双万计划"的标准。在专业层面的基础上，课程层面进一步聚焦到"为课程相关职业类别和修读该课程的学生服务"，因此决定了课程教学的任务是实现与职业和学生需求一致的课程目标。为达到此目的，各课程制定并实施与课程目标一致的课程教学大纲。对于课程教学质量，则采用与课程目标一致的评价标准，如一流本科课程"双万计划"的标准。综上所述，我国高等教育在人才培养的实践中，始终牢牢把握教育"为谁培养人"的政治性和方向性问题，并遵循了学教评一致性原则，使教育目的、教育活动、教育评估三者之间始终保持一致，因此有力地保障了我国本科教育教学的方向和质量。

附　录

附表 1-1　逆向教学设计模板

第一阶段：期望的结果（ILOs）		
确定的目标	**迁移（Transfer）**	
本单元所涉及的内容标准以及与项目或使命相关的目标是什么？ 本单元将涉及哪些思维习惯或跨学科目标（诸如 21 世纪技能，核心能力）？	学生将能独立地应用他们所学来做什么？ （期望得到哪些长期的独立成就？）	
	意义（Meaning）	
	理解： 学生将理解什么？ （什么是你特别想让学生理解的？他们应当能做什么推论？）	核心问题： 学生将一直思考什么？ （有哪些发人深思的问题可以促进探究、意义建构和迁移？）
	获得（Acquisition）	
	学生将知道什么？ （学生应当知道并回忆哪些事实和基本概念？）	学生将擅长做什么？ （学生应当能够使用哪些单独的技能和流程？）
第二阶段：测评证据（Evidence）		
目标类型	**评估测评**	**实操任务**
所有期望的结果都被恰当地评估了吗？	每个评估将采用什么样的标准来评价预期的结果是否实现？	实操任务： 什么证据能够表明学生真正理解了？ 如何通过复杂的实操表现证明学生的理解程度（意义建构和迁移）？
	不考虑评估的形式，什么特质是最重要的？	其他证据： 通过什么方式证明学生已实现第一阶段所定目标？ 还可以搜集什么证据来确定第一阶段的目标是否已达成？

（续上表）

第三阶段：学习计划（Learning Plan）		
目标类型	你将使用什么前测去检查学生的先备知识（prior knowledge）、技能水平和可能的错误概念？	
每个学习活动的目标或类型是什么？	学习活动： 学生将通过什么学习活动以成功实现迁移、理解和获得？ ·学习计划是否涉及所有三种类型的学习目标（获得，理解和迁移）？ ·学习计划是否体现学习原理和最佳实践？ ·第一阶段和第二阶段是否高度一致？ ·学习计划能否吸引所有学生参与？	进展监控： ·在课堂教学中，你将如何监控学生在获得意义和迁移上的进展？ ·可能的难点或学生的误解是什么？ ·学生如何得到他们所需的反馈？

附表 1-2　课程地图模板

课程地图模板说明

说明	说明	说明
1. 在第一列插入专业层面的学习成果（program outcomes），如需要可添加额外的行 2. 在前两行插入课程名称、缩写、编号和单元，如需要可添加额外的列 3. 按照通常的教学顺序插入课程信息是有帮助的	1. 要求任课教师确定课程涉及了哪些专业层面的学习成果 2. 要求教师确认学完课程后，期望学生展示的知识或技能水平：初级水平（Introductory），如回忆或解释事实和概念；高阶水平（Advanced），如应用程序或分析部分之间的关系或艺术品、产品或艺术的通水平（Mastery），精通水平为初级水平插入 I，高阶水平插入 A，精通水平插入 M	1. 教学活动发生在课内和课外，旨在巩固学习目标，为学生参加评估做好准备 2. 要求任课老师列出每门课程的教学活动（教师可根据情况补充） 3. 下面列出了常用的教学活动： —案例研究（case study） —客户项目（client project） —辩论（debate） —讨论（discussion） —作品展（exhibition of work） —小组作业（group work） —实验（lab） —讲座/讲课（lecture） —口头报告（oral presentation） —表现/表演（performance） —公共评论（public review） —背诵（recitation） —服务学习（service learning） —工作室（studio） —学位论文（thesis） —书面作业（written work）

说明	说明
1. 要求教师说明课程是如何评估学生的知识或技能，并与专业层面的成果保持一致的 2. 在合适的单元格中插入可能的评价方法 3. 下面列出了常用的评估方法（教师可根据情况补充）： —案例研究（case study） —客户项目（client project） —辩论（debate） —作品展（exhibition of work） —考试（exam） —小组作业（group work） —实验（lab） —口头报告（oral presentation） —表现/表演（performance） —问题集（problem sets） —公共评论（public review） —服务学习（service learning） —工作室（studio） —书面作业（written work）	1. 间接测量要求学生反思并报告他们对自己在知识、技能等方面收获的看法 2. 间接测量也可以要求其他人，如雇主、研究生院的教师、推断并报告他们对学生知识、技能等的看法 间接测量的例子包括：毕业生调查、校友调查、研究生院调查和雇主调查。 如果专业系或对学生、雇主、校友等进行了调查或访谈，在调查焦点小组访谈，在调查学习结果与专业层面一致的单元格中打"×"

在第一行中插入课程名称，在第一列插入专业层面的学习成果

	A. 插入单元（Insert units）	课程 1	课程 2	课程 3	课程 4	课程 5	课程 6	E. 间接测量
专业层面学习成果 1	B. 插入学习成果目标（I–初级，A–高阶，M–精通）							
	C. 插入教学活动							
	D. 插入可能的评估方法							
	E. 间接测量							
专业层面学习成果 2	B. 插入学习成果目标（I–初级，A–高阶，M–精通）							
	C. 插入教学活动							
	D. 插入可能的评估方法							
	E. 间接测量							
专业层面学习成果 3	B. 插入学习成果目标（I–初级，A–高阶，M–精通）							
	C. 插入教学活动							
	D. 插入可能的评估方法							
	E. 间接测量							
专业层面学习成果 4	B. 插入学习成果目标（I–初级，A–高阶，M–精通）							
	C. 插入教学活动							
	D. 插入可能的评估方法							
	E. 间接测量							
专业层面学习成果 5	B. 插入学习成果目标（I–初级，A–高阶，M–精通）							
	C. 插入教学活动							
	D. 插入可能的评估方法							

附表 1-3 布卢姆教育目标分类学修订版模型

注意：这些是学习目标（即预期的学习成果），不是学习活动，在每个目标之前使用"学生将能……"，可能是有用的。

认知过程维度	知识维度			
	事实性知识	概念性知识	程序性知识	元认知知识
记忆 （从长时记忆中提取相关知识）	记忆＋事实性知识 列出原色和混合色	记忆＋概念性知识 识别衰竭的症状	记忆＋程序性知识 回忆如何做心肺复苏	记忆＋元认知知识 确定记住信息的策略
理解 （从教学信息中构建意义，包括口头、书面和图形交流形式）	理解＋事实性知识 总结新产品的特征	理解＋概念性知识 按毒性对黏合剂进行分类	理解＋程序性知识 澄清组装说明	理解＋元认知知识 预测自己对文化冲击的反应
应用 （在特定情况下执行或使用某种程序）	应用＋事实性知识 回答常见问题	应用＋概念性知识 为新手提供建议	应用＋程序性知识 对水样进行 pH 值测试	应用＋元认知知识 使用与自己优势匹配的技术
分析 （将材料分解为它的组成部分，确定部分之间的相互关系，以及部分与总体结构或目的之间的关系）	分析＋事实性知识 选择最完整的活动列表	分析＋概念性知识 区分高雅文化和低俗文化	分析＋程序性知识 将建从规范结合起来	分析＋元认知知识 解构自己的偏见
评价 （基于准则和标准做出判断）	评价＋事实性知识 发现最完整的事件列表	评价＋概念性知识 确定结果的相关性	评价＋程序性知识 判断抽样技术的效率	评价＋元认知知识 反思自己的进步
创造 （将要素组合在一起，形成内在一致的或功能性的整体；将要素重新组为新的模式或结构）	创造＋事实性知识 生成日常活动的日志	创造＋概念性知识 组建专家团队	创造＋程序性知识 设计高效的项目工作流程	创造＋元认知知识 创建学习档案袋

附录 2—1 AAC&U VALUE 评估量规 ①

一、公民参与 VALUE 评估量规

定义：公民参与是"努力改变我们社区的公民生活，发展整合知识、技能、价值观和动机来实现这一改变。这意味着通过政治和非政治的过程提高社区生活质量"。公民参与还包括参与和个人利益或公共利益有关的活动的行为，这些活动既丰富了个人生活，又对社区有益。

	顶点水平 4	里程碑目标 3	里程碑目标 2	基准水平 1
社区和文化多样性	因为在社区工作并向其中学习，表现出对自身态度和信念的调节。促进人参与到社区多样性中	思考自身态度和信念与其他文化有什么不同。对从社区和文化多样性中可以学到的东西表现出好奇心	知觉到自身态度和信念与其他文化和社区对从社区和文化多样性中学到什么的好奇心不强	从单一角度表达自身态度和信念。对从社区和文化多样性中可以学到的东西漠不关心或抵拒
知识分析	将自己学术研究/领域/学科的知识（事实至理论等），使其与公民生活、政治和政府活动相联系，接并扩展公民参与，以及自己对公民生活、政治和政府活动的参与	分析自己的学术研究/领域/学科的知识（事实至理论等），使其与公民生活、政治和政府活动相联系	开始将自己的学术研究/领域/学科的知识与公民生活、政治和政府活动的参与联系起来，并调整自己对公民生活、政治和政府活动的参与	开始从自己的学术研究/领域/学科中识别与公民生活、政治和政府活动相关的知识（事实和理论等）
公民身份和投入	提供公民参与活动经验的证据并描述他/她对自己的了解，因为这与增强和明确的公民认同和对公共行动的持续投入有关	提供公民参与活动经验的证据并描述他/她对自己的了解，因为这与同感认同和投入有关民认同感和对公共行动的投入	证据表明，公民参与活动是来自教师期望或课程要求，而不是来自对公民身份的认同感	几乎没有提供他/她的公民参与活动的证据，并且没有将经历与公民身份联系起来

① 作者翻译自 https://www.aacu.org/initiatives/value-initiative/value-rubrics.

（续上表）

	顶点水平 4	里程碑目标 3	里程碑目标 2	基准水平 1
公民沟通	不断调整交流策略，有效地表达、倾听、适应他人，以建立关系促进公民行动	在公民情境中有效地沟通，有能力做以下所有行为：表达、倾听、根据别人的观点调整想法和信息	在公民情境中沟通，有能力做以下两个或以上行为：表达、倾听、根据别人的观点调整想法和信息	在公民情境中沟通，有能力做以下行为之一：表达、倾听、根据别人的观点调整想法和信息
公民行动与反思	在复杂或多项公民参与活动的团队领导中，表现出独立性和主动性，同时对自己行动的目标和成就有反思性洞察或分析	对公民行动表现出独立和团队领导力，对自己行动的目标和成就有反思性洞察分析	明确参与以公民为中心的行动，开始反思或描述这些行动如何有助于个人或社区	曾尝试参与一些公民活动，但

二、创造性思维 VALUE 评估量规

定义：创造性思维既是将现有想法、想象或专业知识以原创方式组合或综合的能力，也是以高度创新、发散思维和冒险为特征的富有想象力的方式进行思考、反应和工作的经验。

	顶点水平 4	里程碑目标 3	里程碑目标 2	基准水平 1
能力获得（这一步是指在某一特定领域内获得策略和技能）	反思：使用适合领域的标准，评估创意过程和产品	创造：创造适合该领域的全新物品、解决方案或想法	调整：成功地将一个适当的范例或按照自己的设定调整	模仿：成功复制一个适当的范例。

（续上表）

	顶点水平 4	里程碑目标 3	2	基准水平 1
冒险 [可能包括个人风险（害怕陷入尴尬或拒绝）或无法成功完成任务的风险，即超出任务的最初设定，引入新材料和形式，处理有争议的话题，提倡不受欢迎的想法或解决方案]	积极寻找并坚持使用未经测试和有潜在风险的方向或方法来完成最终产品	在最终产品中使用新的方向或方法来完成任务	在不超出任务指导原则的前提下考虑新的方向或方法	严格遵守任务指导原则
解决问题	不仅制定了解决问题的合乎逻辑、一致的计划，而且认识到解决方案并能够阐明选择解决方案的结果的原因	从备选方案中进行选择，制定一个合乎逻辑、一致的计划来解决问题	考虑并拒绝较难接受的问题解决方法	只考虑并运用解决单一方法问题
拥抱矛盾	充分整合替代的、不同的或矛盾的观点或想法	以探索的方式包含不同的、不同的或矛盾的观点或想法	少量地包含（承认其价值）替代的、不同的或矛盾的观点或想法	承认有（顺便提及）替代的、不同的、矛盾的观点或想法
创新思维 （新颖或独特想法、主张、问题、形式等）	扩展新颖或独特的想法、问题、形式或产品，以创造新的知识或跨越边界的知识	创造新颖或独特的想法、问题、形式或产品	尝试创造新颖或独特的想法、问题、形式或产品	重新表达已有观点
连接、综合、转换	将想法或解决方案转换为全新的形式	将想法或解决方案综合成一个合乎逻辑的整体	将观点或解决方案以新颖的方式联系起来	识别观点或解决方案之间已有的联系

三、批判性思维 VALUE 评估量规

定义：批判性思维是一种思维习惯，其特征正是在接受或形成或意见或结论之前对问题、观点、人工制品和事件进行全面探索。

	顶点水平 4	里程碑目标 3	里程碑目标 2	基准水平 1
问题解释	清楚地陈述和全面描述了需要批判性思考的问题，提供了充分理解该问题所需的所有相关信息	对需要批判性思考的问题进行陈述、描述和澄清，使理解不会因遗漏而受到严重阻碍	陈述了需要批判性思考的问题，但描述中没有对一些术语进行定义，没有探讨分歧语进行定义，没有确定边界，和/或背景不明	对需要批判性思考的问题在陈述时没有进行澄清描述
证据（选择和使用信息来调查一个观点或结论）	信息来自具有足够解释/评价的来源，以进行全面的分析或综合专家的观点被彻底地质疑	信息来自具有足够解释/评价的来源，以进行合乎逻辑的分析或综合专家的观点受到质疑	信息来自带有一些解释/评价的来源，但不足以进行综合平乎逻辑的分析或综合专家的观点有质疑	没有对信息源进行任何解释/评价专家的观点被当作事实，不加质疑
背景和假设的影响	彻底地（系统并有条理地）分析自己和他人的假设，并在提出立场时仔细评估背景的关联性	在提出立场时，确定自己和他人的假设以及几个相关背景	质疑一些假设。在提出立场时确定了解他人的假设，能更了解他人的假设（反之亦然）	逐渐意识到当前假设（有时把主张视为假设）在陈述立场时开始关注背景
学生的立场（视角，论点/假设）	特定的立场（观点、论点/假设）考虑了问题的复杂性并富有想象力。承认（观点、论点/假设）的局限性，在立场中综合了他人的观点	特定的立场（观点、论点/假设）考虑了问题的复杂性。在立场中承认他人的观点	特定的立场（观点、论点/假设）承认问题的不同方面	陈述特定的立场（观点、论点/假设），但过于简单和明显

（续上表）

	顶点水平 4	里程碑目标 3	里程碑目标 2	基准水平 1
结论和相关结果（影响和后果）	结论和相关结果（影响和后果）反映了学生明智的评估和按优先顺序排列所讨论的证据和观点的能力	结论与一系列信息有逻辑联系，包括相反的观点、（影响和后果）	结论与信息有逻辑联系（因为信息的选择是为了符合期望的结论）；明确指出一些相关的结果（影响和后果）	结论与所讨论的一些信息不一致；相关后果（影响和后果）过于简单化

四、道德推理 VALUE 评估量规

定义：道德推理是对人类行为正确和错误的推理。它要求学生能够评估自己的道德价值观和问题的社会背景，识别各种环境中的道德问题，思考如何将不同的道德观点应用于道德困境，并考虑替代行动的后果。学生的道德自我同一性会随着他们练习道德决策技能和学习如何描述和分析道德问题上的立场而发展。

	顶点水平 4	里程碑目标 3	里程碑目标 2	基准水平 1
道德自我意识	学生详细讨论／分析核心信念及其起源和深入和清晰	学生详细讨论／分析核心信念及其起源	学生既能陈述核心信念，也能陈述其起源	学生要么陈述他们的核心信念，要么阐明其起源，但不能两者兼顾
理解不同的道德观点／概念	学生能说出所使用的理论的名称，能表达理论所使用的要点并准确解释所使用的理论的细节	学生能说出所使用的理论的名称，能表达理论所使用的要点，并尝试解释所使用的理论的细节，但有一些不准确之处	学生能说出所使用的理论的名称，但只能介绍该理论的要点	学生只能说出所使用的主要理论的名称

（续上表）

| | 里程碑目标 | | | |
	顶点水平 4	3	2	基准水平 1
识别道德问题	当问题在复杂、多层次的背景下出现时，学生能够识别道德问题，并且能理解问题之间的交叉关系	当问题在复杂、多层次的背景下出现时，学生可以识别道德问题，或者能够理解问题之间的相互关系	学生可以识别基本和明显的道德问题，不完全理解问题之间的复杂性或相互关系	学生可以识别基本和明显的道德问题，但无法理解问题之间的复杂性或相互关系
应用道德观点/概念	学生能够独立地将道德观点/概念准确地应用于新的道德问题，并且能够考虑应用的全部影响	学生能够独立地将道德观点/概念准确地应用于新的道德问题，但无法考虑应用的具体影响	学生能够独立地将道德观点/概念应用于新的道德问题，但应用是不准确的	学生在得到支持的情况下，能够将道德观点/概念应用于道德问题（使用实例，在课堂上、小组中，或在固定选择情境中），但无法独立地将道德观念/概念应用于新的观点/概念的例子
评估不同的道德观点/概念的	学生陈述立场并能说明不同道德观点/概念和影响、假设和影响，学生能够针对反对意见、假设和影响进行合理的辩护，学生的辩护是充分和有效的	学生陈述立场并能说明不同道德观点/概念和影响、假设和影响，学生对其做出反对意见、假设和影响的回应，但学生的回应是不充分的	学生陈述立场并能说明不同道德观点/概念和影响、假设和影响，但不对其再做出回应（最终反对学生的意见、假设和影响被分割开来，不影响学生的立场）	学生陈述立场但不能说明不同观点/概念的反对意见、假设和局限性

五、全球学习 VALUE 评估量规

定义：全球学习是对复杂的、相互依存的全球系统和遗产（如自然、社会、文化、经济和政治）及其对人们生活和地球可持续性影响的批判性分析和参与。通过全球学习，学生应该成为知识渊博、思想开放和负责任的人，他们关注差异的多样性，努力了解他们的行为如何影响当地和全球社区，以及以协作和公正的方式解决全球最紧迫和遗留的问题。

	顶点水平 4	里程碑目标		基准水平 1
		3	2	
全球自我意识	在阐明自己全球背景下的身份的基础上，有效解决自然和人类世界中的重大问题	评估自己和他人类世界的特定本土行动对自然世界产生的全球影响	分析人类行为影响自然和人类世界的方式	识别个人决策与某些本土和全球问题之间的一些联系
观点采择	面对多种甚至相互冲突的立场（即文化、学科和道德的），评估不同观点其将应用于自然和人类系统中的复杂主题	在研究自然和人类系统中的主题时，综合其他观点（如文化、学科和道德的）	在探索自然和人类系统中的主题时，识别并解释多种观点（如文化、学科和道德的）	识别多种观点，同时保持对自己立场（如文化、学科和道德的）的价值偏好
文化多样性	适应并运用对多种世界观、经验和权力结构的深刻理解，同时开展与其他文化有意义的互动，以解决重大的全球问题	分析历史上或当代背景下多种文化的世界观、权力结构联系之间的实质性联系，与他行相互尊重的互动	解释并联系两种或多种历史上或当代背景下的文化，在一定程度上承认对不同文化和世界观的尊重	主要通过一种文化视角描述历史上或当代背景下他人的经历，表现出对不同文化和世界观的一定的开放性
个人和社会责任	采取明智的、负责任的行动来应对全球系统中的道德、社会和环境挑战，并评估个人和集体干预产生的当地和更广泛的影响	分析全球系统的道德、社会和环境影响，并根据自己感知确定一系列的行动	解释地方和国家决策对全球系统的道德、社会和环境影响	识别具有全球影响的一些地方或国家决策的基本道德维度

（续上表）

	顶点水平 4	里程碑目标 3	2	基准水平 1
理解全球系统	利用对人类组织和行动对全球系统的历史和影响作用以及不同影响的历史的深入了解，制定并倡导的、适当智明的行动来解决人类和自然世界中的复杂问题	分析全球系统的主要要素，包括它们历史和当代行动的相互联系以及人类组织和行动的不同影响，为人类和自然世界中的复杂问题提出基本的解决方案	考查人类组织和行动对人类和自然世界中的相互作用、相互联系，以及不同影响	识别一些全球和地方机构、思想和过程在人类和自然世界中的基本作用
运用知识到当代全球环境	独立或与他人合作，运用跨学科视角，运用知识和技能实施复杂、适当和可行的解决方案，以解决复杂的全球问题	运用多学科视角（如文化、历史和科学的）计划和评估应对解决全球挑战的方案，适合其背景	为全球挑战制定实用但基础的解决方案，至少使用两种学科视角（如文化、历史和科学的）	以基本方式定义全球挑战，包括数量有限的观点和解决方案

六、信息素养 VALUE 评估量规

定义：知道何时需要信息，并能找到、定位、评估以及有效和负责任地使用和分享该信息来解决手头问题的能力。

	顶点水平 4	里程碑目标 3	2	基准水平 1
确定所需信息的范围	有效地界定了研究问题或论题的范围；有效地确定关键概念；选择的信息类型与概念或回答研究问题直接相关	完整地界定研究问题或论题的范围；能够确定关键概念；选择的信息类型与概念或回答研究问题相关	不完整地界定研究问题或论题的范围（部分缺失，范围太宽或太窄）；能够确定关键概念；选择的信息类型与概念或回答研究问题部分相关	难以界定研究问题或论题的范围；难以确定关键概念；选择的信息类型与概念或回答研究问题无关

（续上表）

	顶点水平 4	里程碑目标 3	里程碑目标 2	基准水平 1
获取所需信息	使用有效的、精心设计的搜索策略和最合适的信息来源获取信息	使用多种搜索策略和一些相关的信息源获取信息，展现了改进搜索的能力。	运用简单的搜索策略获取信息，从有限和相似性的来源中检索信息	随机获取信息，检索的信息缺乏相关性和质量
批判性地评估信息及其来源	选择适合研究问题范围和科学考虑的多种信息来源；在考虑所使用的多个标准（如时效性、权威性、受众以及偏见）的重要性（对研究主题）之后，选择来源	选择适合研究问题范围和科学考虑的多种信息来源；使用多个问题的相关标准（如与研究问题的相关性、时效性、权威性）选择来源	选择多种信息源；使用基本的标准（如与研究问题的相关性、时效性）选择来源	选择几个信息源；使用有限的标准（如与研究问题的相关性）选择来源
有效使用信息以实现特定目的	连接、组织和综合不同来源的信息，清晰有深度的信息，充分实现特定目的	连接、组织和综合信息，实现预期目的	连接和组织不同来源的信息未被综合，因此没有完全实现预期目的	连接不同来源的信息，信息碎片化和/或使用不当（错误引用、断章取义或错误改写等），因此未达到预期目的
以合乎道德和法律的方式获取和使用信息	学生正确使用以下所有信息使用策略（引文和参考文献的使用；改写、总结或引用的选择；以忠于原文的方式使用信息；区分常识和需要注明出处的想法），充分理解使用已发表、保密和专有权的信息的道德和法律限制	学生正确使用以下三种信息使用策略（引文和参考文献的使用；改写、总结或引用的选择；以忠于原文的方式使用信息；区分常识和需要注明出处的想法），充分理解使用已发表、保密和专有权的信息的道德和法律限制	学生正确使用以下两种信息使用策略（引文和参考文献的使用；改写、总结或引用的选择；以忠于原文的方式使用信息；区分常识和需要注明出处的想法），充分理解使用已发表、保密和专有权的信息的道德和法律限制	学生正确使用以下一种信息使用策略（引文和参考文献引用或使用；改写、总结或引用的选择；以忠于原文的方式使用信息；区分常识和需要注明出处的想法），充分理解使用已发表、保密和专有权的信息的道德和法律限制

七、探究与分析 VALUE 评估量规

定义：探究是通过收集和分析证据来探索问题、对象或作品的系统过程，从而得出明智的结论或判断。分析是将复杂的主题或问题分解为多个部分以更好地理解它们的过程。

	顶点水平 4	里程碑目标 3	里程碑目标 2	基准水平 1
选择主题	确定一个有创意、重点突出且可操控的主题，以解决该论讨论的方面重要但以前较少讨论的方面	选择一个重点突出且可操控/可行的主题，以适当地解决该主题的相关方面	选择的主题虽然可操控/可行，但该重点过于狭窄，遗漏了该主题的相关方面	选择一个过于笼统和广泛的主题，难以操作和执行
现有知识、研究观点和/或观点	综合代表各种观点/方法的相关来源的深入信息	陈述代表各种观点/方法相关来源的深入信息	陈述代表有限观点/方法的相关来源的信息	陈述代表有限观点/方法相关来源的信息
设计流程	熟练地开发了研究方法或理论框架的所有要素。适合的方法或理论框架可以从跨学科或相关学科中综合出来	研究方法或理论框架的关键要素得到了适当的发展，然而更精细的要素被忽略或未被说明	研究方法或理论框架的关键要素缺失、开发不正确或没有重点	研究设计显示出对研究方法或理论框架的误解
分析	组织和综合证据以揭示重点相关的有洞察力的模式、差异或相似之处	组织证据以揭示与重点相关的模式、差异或相似之处	组织证据，但这种组织不能有效地揭示重要的模式、差异或相似之处	列出证据，但没有进行组织并/或与重点无关
结论	陈述从调查结果中逻辑推断出来的结论	陈述只关注调查结果的结论，该结论具体来自调查结果并对调查结果做出具体回应	陈述一个笼统的结论，因为它如此笼统，也适用于超出调查结果的范围	陈述来自调查结果的模棱两可、不合逻辑或无法支持的结论
局限性和影响	深入细致地讨论了相关和被支持的局限性和影响	讨论相关和被支持的局限性和影响	提出相关和被支持的局限性和影响	提出局限性和影响，但它们可能不相关且不被支持

八、综合学习 VALUE 评估量规

定义：综合学习是学生在课程和辅助课程中建立的一种理解和倾向，从在想法和经验之间建立简单的联系到综合并将学习迁移到校园内外的新的、复杂的情境。

	顶点水平 4	里程碑目标 3	里程碑目标 2	基准水平 1
与经验的联系（将相关经验和学术知识联系起来）	以有意义的方式综合正式课堂之外的经验（包括生活和学术经验，如实习和出国旅行）之间的联系，以加深对研究领域的理解并拓览自己的观点	有效地选择和发展来源于各种背景（如家庭生活、艺术活动、公民参与、工作经验）的生活经验实例，以阐明研究领域的概念／理论／框架	比较生活经验和学术知识，推断差异和相似之处，并承认自己以外的观点	确定生活经验和与那些被认为与自己的兴趣相似并相关的学术文献和思想之间的联系
与学科的联系 [发现（建立）跨学科之间，或观点之间的联系]	独立地从多个部分创建整体（综合）或通过整合多个研究领域或视角的例子、事实或理论得出结论	独立地整合多个研究领域或视角的例子、事实或理论	当被提示时，整合多个研究领域或视角的个例子、事实或理论	当被提示时，提出多个研究领域或视角的例子、事实或理论
迁移（将一个情境下获得的技能、能力、理论或方法应用于新的情境）	将在一种情境下获得的技能、能力、理论或方法，独立地应用到新的情境，以解决难题或以独创的方式探索复杂的问题	将在一种情境下获得的技能、能力、理论或方法，应用到新的情境，以解决或探索问题	将在一种情境下获得的技能、能力，应用到新的情境，以促进对问题的理解	以基本的方式在新情境中使用已习得的技能、能力、理论或方法

（续上表）

	顶点水平 4	里程碑目标 3	里程碑目标 2	基准水平 1
综合交流	选择可以更好的传达意义、阐明语言、意义、思想和表达之间相互依存关系的格式、语言或图形（或其他视觉表达）来完成作业。	选择明确连接内容和形式的格式、语言或图表或完成作业（或其他视觉表达）来完成作业，展示对目的和观众的知晓。	选择以基础的方式连接传递内容和传递远方式的格式、语言或图形（或其他作业）完成作业。	以合适的形式完成作业（即完成论文、海报、视频、幻灯片演示文稿等）。
反思与自我评估 作为学习者，自我意识不断发展，以先前经历为基础应对新的有挑战性的情境（可思想或创造性工作中，反思想或创造性工作中）	设想多种不同情境下的未来的自己（可能根据过去的经验制订计划）	评估自己的学习随着时间推移发生的变化，识别复杂的情境因素（如处理挫折，应对风险，考虑道德框架）	阐明优势和挑战（在特定的表现或事件中），以提高在不同情境下的效能（通过提高自我意识）	用成功和失败的一般描述词描述自己的表现

九、跨文化知识和能力 VALUE 评估量规

定义：跨文化知识和能力是 "一组认知、情感和行为技能和特征，支持在各种文化背景下有效和适当的互动"。

	顶点水平 4	里程碑目标 3	里程碑目标 2	基准水平 1
知识 （文化自觉）	洞察自己的文化规则和偏见（如寻求复杂性；理解他/她的经历如何塑造这些规则，以及如何识别和应对文化偏见，从而导致对自我描述的转变）	认识到关于自己的文化规则和偏见的新观点，能够虽然面对新观点带来的复杂性）	识别自己的文化规则和偏见（如加强烈偏好与自己的文化群体共享的规则，并在其他人身上寻求与自己相同的规则）	对自己的文化规则和偏见（即使是那些与自己的文化群体共享的）表现出最低限度的认识（如对发现存在的文化差异感到不舒服）

（续上表）

	顶点水平 4	里程碑目标 3	里程碑目标 2	基准水平 1
知识（了解文化世界观框架）	深刻理解对另一种文化成员重要的要素的复杂性，这些要素与其历史、价值观、政治、沟通风格、经济或信仰和习俗有关	充分理解对另一种文化成员重要的要素的复杂性，这些要素与其历史、价值观、政治、沟通风格、经济或信仰和习俗有关	部分理解对另一种文化成员重要的要素的复杂性，这些要素与其历史、价值观、政治、沟通风格、经济或信仰和习俗有关	表面理解对另一种文化成员重要的要素的复杂性，这些要素与其历史、价值观、政治、沟通风格、经济或信仰和习俗有关
技能（同理心）	从自己和多个世界观的视角以解释跨文化体验，并展示以支持方式行事的能力，认识到另一种文化群体的感受	认识到不止一种世界观的智力和情感维度，有时在互动中使用一种以上的世界观	识别其他文化观点的组成部分，但任所有情况下都以自己的世界观做出回应	观察他人的经验，但通过自己的文化世界观进行观察
技能（语言和非语言沟通）	对语言和非语言差异有深刻理解（如表现出对人们在不同文化中交流时身体接触程度或隐性含义的理解/间接和显性），并能够基于这些差异巧妙地协商，达成共识	认识到并参与语言和非语言交流中的文化差异，并开始基于这些差异通过协商达成共识	识别语言和非语言交流中的一些文化差异，并意识到基于这些差异可能会发生误解，但仍然无法通过协商达成共识	对语言和非语言交流中的文化差异有最低限度的理解，无法通过协商达成共识
态度（好奇心）	提出有关其他文化的复杂问题，寻找并阐明反映多种文化视角的答案	提出有关其他文化的更深入的问题，并寻求这些问题的答案	提出有关其他文化的简单或表层问题	对更多了解其他文化的兴趣很小
态度（开放性）	发起并开展与文化背景不同的人的互动。在评价他/她与文化背景不同的人的互动与文化背景不同的人判断时暂停判断	开始发起并开展与文化背景不同的人的互动。在评价他/她与文化背景不同的人的互动时，难以暂时停止判断，开始暂停判断	对大多数（如果不是全部）与文化背景不同的人的互动持开放态度。在他/她与文化背景不同的人的互动中，难以暂时停止判断，能够意识到自己的判断并表示改变的意愿	乐于与文化背景不同的人互动。在他/她与文化背景不同的人的互动中，难以暂时停止判断，并且意识不到自己的判断

十、终身学习的基础和技能 VALUE 评估量规

定义：终身学习是"为提高知识、技能和能力而持续进行的所有有目的的学习活动"。高等教育的努力是通过在校期间培养特定的性格和技能（本量规所描述的），使学生成为这种和类型的学习型者。

	顶点水平 4	里程碑目标 3	里程碑目标 2	基准水平 1
好奇心	深入探索一个主题，产生丰富的信息，以鲜为人知的信息，表明对该主题的浓厚兴趣	深入探索一个主题，产生见解和/或信息，表明对该主题感兴趣	对主题的探讨有一定深度，偶尔提示见解和/或信息，表明对该主题有些许兴趣	在表层上探索一个主题，除了非常基本的事实之外，几乎没有提供见解和/或信息，表明对该主题的兴趣低
主动性	完成所要求的工作，创造并寻求扩展知识、技能和能力的机会	完成所要求的工作，识别并寻求扩展知识、技能和能力的机会	完成所要求的工作，识别扩展知识、技能和能力的机会	完成所要求的工作
独立性	教育追求和兴趣在课堂之外持续存在并蓬勃发展。独立追求知识和/或经验	在课堂要求之外，追求大量的额外的知识和/或主动追求独立的教育经验	在课堂要求之外，追求额外的知识和/或表现出对追求独立的教育经验的兴趣	开始超越课堂要求，表现出对独立追求知识的兴趣
迁移	明确提到以前的学习，以新的方式应用知识和技能，以证明在新情境下的理解和表现	提到以前的学习，展示应用这些知识和技能的证据，以证明在新情境下的理解和表现	提到以前的学习，尝试应用这些知识和技能证明在新情境下的理解和表现	模糊地提到以前的学习，有应用知识和技能证明在新情境下的理解和表现
反思	深入回顾以前的学习（课堂内外的过去经验），以揭示生活经验的显著变化的观点，这为随着时间推移的知识扩展、成长和成熟提供了基础	深入回顾以前的学习（课堂内外的过去经验），完全明确的含义，或表明对教育或生活事件的更广泛的视角	以一定深度回顾以前的学习（课堂内外的过去经验），揭示稍微明确的含义，对教育或生活事件的稍广泛一些的视角	在表层上回顾以前的学习（课堂内外的过去经验），没有表明对教育的含义或表明对生活事件的更广泛的视角

十一、口头交流 VALUE 评估量规

定义：口头沟通是一种有准备的、有目的的陈述，旨在增加知识、促进理解或促进听众的态度、价值观、信仰或行为的改变。

	顶点水平 4	里程碑目标 3	2	基准水平 1
组织	组织模式（具体材料的引言和结论、正文中的材料顺序和过渡）可被清晰和持续地观察到，使得陈述的内容具有一致性	在陈述中，组织模式（具体材料的引言和结论、正文中的材料顺序和过渡）清晰和持续地观察到	在陈述中，组织模式（具体材料的引言和结论、正文中的材料顺序和过渡）断断续续地被观察到	在陈述中，组织模式（具体材料的引言和结论、正文中的材料顺序和过渡）无法被观察到
语言	语言选择富有想象力，令人难忘并有说服力，提高了演讲的有效性。演讲中的语言适合观众	语言选择是深思熟虑的，通常支持演讲的有效性。演讲中的语言适合观众	语言选择平常普通，部分支持演讲的有效性。演讲中的语言适合观众	语言选择不明确，对演讲的有效性的支持程度很低。演讲中的语言不适合观众
表达	表达技巧（姿势、手势、眼神交流和声音表达）使演讲有说服力，演讲者显得优雅而而自信	表达技巧（姿势、手势、眼神交流和声音表达）使演讲有趣，演讲者显得自信	表达技巧（姿势、手势、眼神交流和声音表达）使演讲易于理解，但演讲者显得不自信	表达技巧（姿势、手势、眼神交流和声音表达）降低了演讲的可理解性，演讲者显得不自信
支撑材料	多种类型的支撑材料（解释、实例、插图、统计数据、类比、引用相关权威）适当地参考信息或分析，显著地支持演讲或建立演讲者在该主题上的可信度/权威性	支撑材料（解释、实例、插图、统计数据、类比、引用相关权威）适当地参考信息或分析，通常支持演讲或建立演讲者在该主题上的可信度/权威性	支撑材料（解释、实例、插图、统计数据、类比、引用相关权威）部分地参考信息或分析，部分支持演讲或建立演讲者在该主题上的可信度/权威性	支撑材料（解释、实例、插图、统计数据、类比、参考的信息或分析）不足，相关权威只能最低限度地支持演讲或建立演讲者在该主题上的可信度/权威性
中心信息	中心信息令人信服（陈述准确、适当重复、令人难忘，并得到强有力的支持）	中心信息清晰且与支撑材料一致	中心信息基本上可以理解，但没有经常重复，也不易记住	中心信息可被推断出来，但在演讲中没有明确说明

十二、问题解决 VALUE 评估量规

定义：问题解决是筹划、评估和实施策略以回答式问题或实现预期目标的过程。

	顶点水平 4	里程碑目标 3	里程碑目标 2	基准水平 1
界定问题	展示了使用有相关背景证据，构建清晰明目的洞察的能力	展示出用最相关的背景因素证据陈述问题的能力，并目问题陈述足够详细	开始展示出用最相关的背景因素证据陈述问题的能力，但问题陈述肤浅	在确定问题陈述或相关背景因素方面的能力有限
确定策略	确定适用于特定情境的多种和问题解决方法	确定多种问题解决方法，其中只有部分方法适用于特定情境	仅确定一种确实适用于特定情境的问题解决方法	确定一种或多种问题解决方法，但都不适用于特定情境
提出潜在的解决方案/假设	提出一个或多个解决方案/假设，表明对问题有深刻的理解。解决方案/假设对背景因素和以下所有因素都很敏感：问题的道德、逻辑和文化维度	提出一个或多个解决方案/假设，表明对问题的理解。解决方案/假设对背景因素和以下因素之一敏感：问题的道德、逻辑和文化维度	提出一种"现成的"解决方案/假设，而非针对特定背景因素而单独设计	提出一个难以评估的解决方案/假设，因为它含糊不清或只是间接地针对问题陈述
评估潜在的解决方案/假设	对解决方案的评估是深入巧妙的（如包含透彻的有见地的解释），包括以下内容：考虑问题的历史、审查逻辑/推理、审查解决方案的可行性并衡方案的影响	对解决方案的评估是充分的（如包含透彻的解释），评估包括以下内容：考虑问题的历史、审查逻辑/推理、审查解决方案的可行性并衡方案的影响	对解决方案的评估是简短的（如解释缺乏深度），评估包括以下内容：审查逻辑/推理、审查解决方案的可行性对背景方案的影响	对解决方案的评估是肤浅的（如含含糊略、表层的解释），考虑问题的历史、审查逻辑/推理、审查解决方案的可行性并衡方案的影响
实施方案	以彻底深入地解决问题的多个背景因素的方式实施解决方案	以表面解决问题的多个背景因素的方式实施解决方案	以解决问题陈述但忽略相关背景因素的方式实施解决方案	以非直接处理问题陈述的方式实施解决方案
评估结果	审查与所界定的问题相关的结果，彻底、具体地考虑是否需要进一步的工作	审查与所界定的问题相关的结果，对是否需要进一步工作有一定的考虑	根据界定的问题对结果进行审查，很少考虑是否需要进一步的工作	根据界定的问题肤浅地审查工作的结果，不考虑是否需要

十三、定量分析素养 VALUE 评估量规

定义: 定量素养也称为定量推理,是处理数据时的"思维习惯",能力和自信。拥有强定量素养能力的个体能够推理并解决来自广泛的真实情境和日常生活情境中的定量问题。他们理解并能够提出定量证据支持的复杂论点,并且能以各种形式(合理使用文字、表格、图表、数学方程等)清楚地表达这些论点。

	顶点水平 4	里程碑目标 3	里程碑目标 2	基准水平 1
解释 [解释以数学形式(如方程、图形、表格、文字)呈现信息的能力]	对以数学形式呈现的信息提供准确的解释。基于该信息进行合理推断。例如,准确解释图表中显示的趋势数据,并根据数据合理预测未来事件	对以数学形式呈现的信息提供准确的解释。例如,准确解释图表中显示的趋势数据	对以数学形式呈现的信息提供较为准确的解释,但偶尔会犯相关的小错。例如,准确解释图表中显示的趋势数据,但可能会混淆趋势线的斜率	尝试解释以数学形式呈现的信息,但对信息的含义所作下结论有误。例如,试图解释图表中显示的趋势数据,但经常会误解该趋势的性质(混淆正向和负向趋势)
表征 [将相关信息转换为各种数学形式(如方程、图形、表格、文字)的能力]	以有助于进一步或更深入理解的方式巧妙地将相关信息转换为有见地的数学描述	能胜任将相关信息转换为适当且所需的数学描述	完成信息转换,但由此产生的数学描述仅部分恰当或准确	完成信息转换,但由此产生的数学描述不恰当或不准确
计算	尝试的计算基本上都是成功的并且足够完整解决问题。计算展示示优美(清晰、简洁等)	尝试的计算基本上都是成功的并且足够完整以解决问题	尝试的计算要么不成功,要么仅代表全面解决问题所需的计算的一部分	尝试进行计算,但不成功且不全面

（续上表）

	顶点水平		里程碑目标		基准水平
	4	3		2	1
应用 / 分析 （能够根据对数据的定量分析做出判断并得出适当的这种分析结论，同时认识到这种分析的局限性）	使用数据的定量分析作为深入且周全的判断的基础，从这项工作中得出有见地的、经过仔细审查的结论	使用数据的定量分析作为合格判断的基础，从这项工作中得出合理且适当的结论		使用数据的定量分析作为常规（没有灵感或探究细微差别、普通）判断的基础，从这项工作中得到可信的结论	使用数据的定量分析作为初步、基本判断工作的基础，但对从这项工作中得出结论感到犹豫或不确定
假设 （在估计、建模和数据分析中提出和评估重要假设的能力）	明确描述假设并提供令人信服的理由说明为什么每个假设是合适的。表明自身意识到最终假设准确性的限制	明确描述假设并提供令人信服的理由说明为什么假设是合适的		明确描述假设	尝试描述假设
表达 [展示定量证据以支持论点或工作目的（在使用什么证据以及证据的格式、呈现和情境化方面）]	使用与论点或工作目的相关的定量信息，以有效的形式呈现，对其进行高质量的解释	使用与论点或工作目的相关的定量信息，但数据的呈现方式可能不完全有效，或者某些部分的解释质量参差不齐		使用定量信息，但不能有效地将其与论点或工作目的联系起来	提出一个与定量证据相关的论点，但没有提供足够明确的数字支持（可能使用诸如"许多""很少""增加""小"等定量词代替实际数量）

十四、团队合作 VALUE 评估量规

定义：团队合作是指个体团队成员控制下的行为（他们为团队任务付出的努力，他们与团队中其他人互动的方式，以及他们对团队讨论所做贡献的数量和质量）。

	顶点水平 4	里程碑目标 3	里程碑目标 2	基准水平 1
对团队会议做出贡献	通过阐明替代明智的想法或建议的优点，帮助团队前进	提供基于他人想法的替代解决方案或采取行动方案	提供新的建议，以推进团队的工作	分享想法但没有推进团队的工作
促进团队成员的贡献	通过建设性地借鉴或综合其他团队成员的贡献，以及当注意到有人没有参与时，邀请他们参与以促进团队成员对会议的贡献	通过建设性地借鉴或综合其他团队成员的贡献，以促进他们对会议的贡献	通过重申其他团队成员的观点，并/或为了澄清而提出问题，以促进团队成员对会议的贡献	通过轮流发言，倾听他人，打断他人，以促进团队成员的参与
团队会议外的个人贡献	在截止日期前完成所有分配的任务；完成的工作是彻底的、全面的、促进了项目目的的发展。主动帮助其他团队成员完成所分配的任务，达到相似他们的卓越水平	在截止日期前完成所有分配的任务；完成的工作是彻底的、全面的，促进了项目目的发展	在截止日期前完成所有分配的任务；并完成的任务促进了项目目的发展	在截止日期前完成所有分配的任务
促进建设性的团队氛围	通过做以下所有项目支持建设性的团队氛围： • 在沟通中以礼貌和建设性的方式体现对团队成员的尊重 • 使用积极的语调或书面语气，面部表情和/或身体语言及其工作的积极态度	通过做以下任何三项支持建设性的团队氛围： • 在沟通中以礼貌和建设性的方式体现对团队成员的尊重 • 使用积极的语调或书面语气，面部表情和/或身体语言及其工作的积极态度	通过做以下任何两项支持建设性的团队氛围： • 在沟通中以礼貌和建设性的方式体现对团队成员的尊重 • 使用积极的语调或书面语气，面部表情和/或身体语言表达对团队及其工作的积极态度	通过做以下任何一项支持建设性的团队氛围： • 在沟通中以礼貌和建设性的方式体现对团队成员的尊重 • 使用积极的语调或书面语气，面部表情和/或身体语言表达对团队及其工作的积极态度

（续上表）

	顶点水平 4	里程碑目标 3	2	基准水平 1
	• 通过表达对任务重要性和团队完成任务的信心来激励团队队友 为团队成员提供帮助和/或鼓励	• 通过表达对任务重要性和团队完成任务的信心来激励团队队友 为团队成员提供帮助和/或鼓励	• 通过表达对任务重要性的信心和完成任务能力的信心来激励队友 为团队成员提供帮助和/或鼓励	• 通过表达对任务重要性和完成任务能力的信心来激励队友 为团队成员提供帮助和/或鼓励
应对冲突	直接和建设性地应对破坏性的冲突，以增强团队整体凝聚力和未来效能的方式帮助管理/解决冲突	发现并承认冲突，处理冲突	将注意力转向共同点，转向手头的任务（远离冲突）	被动地接受不同的观点/想法/意见

十五、书面交流 VALUE 评估量规

书面沟通是以书面形式发展和表达思想。书面沟通包括学习任务多种体裁和风格中工作。它包含运用不同的写作技术，整合文本、数据和图像。书面沟通的能力通过在贯穿整个课程的迭代过程的迭代经验而发展。

	顶点水平 4	里程碑目标 3	2	基准水平 1
写作背景和目的（包含对读者、目的和写作任务背景的考虑）	表现出对背景、读者和目的的透彻理解，回应所分配的任务，关注作品的所有要素	充分考虑背景、读者和目的，明确关注分配的任务（如任务与读者、目的和背景的一致）	表现出对背景、读者、目的的和分配的任务的认识（如开始认识到读者的看法和假设）	对背景、读者、目的和分配的任务表现出最低限度的关注（如老师期望或自己作为读者）

（续上表）

	顶点水平 4	里程碑目标 3	里程碑目标 2	基准水平 1
内容展开	使用适当、相关和有说服力的内容说明对主题的掌握，传达作者的理解，并塑造整个作品	在学科范围内，使用适当、相关和有说服力的内容探讨观点，塑造整个作品	作品的大部分使用适当和相关的内容，发展和探索相关的内容、想法	作品的某些部分使用适当和相关的内容，发展简单的想法
体裁和学科惯例（特定格式和／或学术领域的写作期望中固有的正式和非正式规则）	表现出对特定学科和／或写作任务的各种惯例的仔细关注和成功实施，包括组织、内容、表述、格式、格式和风格选择	表现出对特定学科和／或写作任务的重要惯例的一致性使用，包括组织、内容、表述、格式和风格选择	遵循适合特定学科和／或写作任务的一致的系统进行基本的组织和表述	尝试使用一致的系统进行基本的组织和表述
资料和证据	表现出熟练使用高质量、可靠和相关的信息来源，语合于学科和写作类型范围内的观点	表现出持续使用高质量、可靠和相关的信息来源，以支持特定学科和写作类型范围内的观点	表现出尝试使用可靠的／或相关的信息来源来支持适合于学科和写作类型的观点	在写作中尝试使用信息来源来支持观点
对语法和技巧的控制	使用优雅的语言，巧妙地将意义传达给读者，几乎无错误	使用简单易懂的语言向读者传达意义，作品中很少错误	使用的语言通常能清晰地向读者传达意义，尽管作品可能包含一些错误	因为使用错误，使用的语言有时会阻碍意义的表达

附录 2-2 研究两变量相关的作业
（Correlation Assignment）①

一、作业背景

1.描述

该作业是为发展精神病理学课程设计。因为该课程包括心理学专业（他们至少修了研究 I，可能还有统计学），以及非心理学专业（他们可能两门课都没有修），因此需要大量的脚手架。这包括提供教程以教导学生什么是相关、如何使用 SPSS 软件分析相关，以及如何分析相关的输出结果。

2.背景和情境

该作业计划对以下领域进行评估：解释、应用／分析、假设和沟通。该作业在 2013 年春季学期的发展心理病理学课程中使用，该课程面向心理学专业和非心理学专业，学生主要是大三和大四学生。该作业需在整个学期内完成，作业的实际 DQP 部分在学期结束前大约一个月上交，在学期末需提交基于 DQP 工作的论文。

因为该课程包括了非心理学专业学生，他们可能没有修过研究 I 和统计学，因此需要大量的脚手架。这包括提供教程以教导学生什么是相关、如何使用 SPSS 软件分析相关，以及如何分析相关的输出结果。多数学生能够掌握使用 SPSS 的窍门（经过一些最初的焦虑和抱怨）。

我认为该作业可用于任何社会科学或科学课程，这些课程要求学生根据有限的文献综述提出一个简单的假设，并使用给定数据检验该假设。例如，它可以用于社会学、政治学、犯罪学、商业或经济学课程。

---

① 引自：Alice Frye.Correlation Assignment,University of Massachusetts, Lowell，2014。

二、作业步骤与要求

第1步：选择主题 ＿＿＿＿＿＿＿前发电子邮件，占1%的成绩

（1）你需要聚焦于儿童精神病理学症状的某一方面，如自闭症症状、抑郁症状、多动症症状、焦虑症状等。选择你好奇或感兴趣的事物，因为这将成为你的分析和论文的基础。因此，请说明你感兴趣的症状领域。

（2）你需要选择与这些症状可能相关的另一个常见变量（年龄或性别除外），在你综述的研究中，该变量也应在定序或连续量表上进行测量。另一个变量可能是其他类型的症状（如自闭症和抑郁症状）、收入或社会经济地位的测量、压力生活事件的测量（也可能包括虐待史事件）、学业成就或其他常见变量。

（3）选择你感兴趣的年龄组，以及你是否对一种或另一种性别或两者都感兴趣。

第2步：8个摘要 ＿＿＿＿＿＿＿前发电子邮件，占1%的分数

对于你的论文，你需要综述4篇特别或重点关注你选择的两个变量的论文。因此，你首先应该找到8篇似乎满足这些标准的摘要。创建一个 Word 文档，将摘要复制并粘贴到其中（全部合并为一个文档，不能将摘要直接复制到电子邮件中），将文档通过电子邮件发送给我。这样我就可以查看你的摘要并确保你在正确的轨道上。

第3步：4篇论文评论 ＿＿＿＿＿＿＿前发电子邮件，占10%的分数

请注意，对于你评论的每篇论文，你的评论应该是大约2页且设置单倍行距。没有彻底和清楚地回答以下问题将导致在此作业中失分。

（1）检查你选择的4篇论文，它们都包含你为相关研究选择的两个变量。

（2）对于每篇论文，请注意：

　a. 样本量

　b. 样本类型（临床样本、社区—学校样本、其他类型的样本）

　c. 样本的多样性（种族、民族、性别）

（3）注意并描述每项研究如何测量你感兴趣的两个变量：

a. 它们使用什么量表测量 ADHD[①] 和双相障碍症状？

b. 量表的得分范围是多少？

c. 量表是如何评分的？

d. 是横断研究还是纵贯研究？

（4）每项研究是如何假设这两个变量之间的关系（相关性）的？

a. 为什么？（理论或解释）

b. 作者是否相信变量之间会相关？

c. 他们认为变量间相关的方向如何？

（5）每项研究实际发现的变量间的相关如何？

a. 相关的方向如何？

b. 相关的强度如何？

c. 相关是否显著？

（6）最后，在读完这四篇论文后，如果你有体现这些变量的数据，你会假设它们是如何联系的？

a. 你会假设变量之间的关系会因性别不同而不同吗？

b. 根据你阅读的内容，你是否假设这些变量与年龄相关？

第 4 步：分析、总结、反思　　　　　　前发电子邮件，占 10% 的分数

（1）使用提供给你的数据，在 SPSS 软件中运行你选的两个变量的相关。首先将相关关系绘图并解释该图，然后查看输出并解释相关。你可能需要查看有关运行和解释相关的文档，并理解相关以完成此作业。

（2）用完整的句子回答如下问题：相关有多强？相关的方向如何？显著吗？根据阅读的论文，这与你的假设一致吗？

（3）最后，用一页篇幅总结你详细评论的 4 篇论文的发现（你可能会发现参考你的原始评论会有所帮助），并根据你阅读的文献反思你的统计结果意味着什么。一定要反思你没有测量的额外变量，并推测这些变量会如何影响你研究的

---

① ADHD 是指注意缺陷与多动障碍（Attention deficit and hyperactivity disorder）。

相关，可在未来的研究中进一步探究。思考你阅读的论文中的样本与你的样本在年龄或性别上有何不同。假设你的分析样本是基于学校的社区样本。

如何在 SPSS 软件中绘制相关图形？

（1）在数据页面顶部的工具栏中找到 GRAPHS。

（2）点击 Chart Builder，将出现一个对话框，单击"确定"。

（3）会出现一个大对话框。在左侧的上半部分，你将看到变量；在左侧下半部分，你将看到图形类型选项。选择"散点 / 点"。在右侧下半部分，将出现几个图形选项，单击第一行中的第一个——"简单散点图"。然后在对话框的上半部分你会看到一个散点图。将相关变量之一拖到 x 轴，将另一个拖到 y 轴。然后，在下面单击"确定"，将出现一个图表。你可以（并且应该）将此图复制并粘贴到你的 Word 文档中以完成此作业。这是你解释研究结果所需的图，考虑图形是如何反映了用数字表示的相关系数的。同样地，你可能需要参考有关"理解相关"的幻灯片。

第 5 步：小论文 ＿＿＿＿＿＿前发电子邮件，占 13% 的分数

1. 标题页：你会收到一个模板，你可以在模板中填写你自己的信息。

2. 摘要：你会收到一个模板，你可以在模板中填写你自己的信息。

3. 引言：基于你的文献综述，写 3 或 4 段文字。

4. 方法：你可以使用非常简洁的模板进行填写。

5. 结果：填写你的结果——只是一个简短的段落。

6. 讨论：用 2 段或最多 3 段文字讨论你的发现、结果是否是预期的、它们与你阅读的文献有什么关系，以及未来的研究可以探究什么。

7. 参考文献：你参考的文献（APA 格式）。

8. 表格：你得到的相关（提供 APA 表格模板）。

三、反思

迄今为止，我已经使用过一次该作业。我发现它很有用，下次我使用它时，我可能会在讲课时更明确地说明作业的要求。亦即，与第一次使用该作业相比，

我可能会更频繁地提到相关这个主题，更频繁地将它与作业联系起来。

学生在作业中遇到的困难是他们必须选择两个变量来综述文献，并提出变量相关的假设。一个常见的问题是学生会选择一个称名变量或分类变量，因此不适用于提出相关假设，或者至少有一篇评论的文章将变量作为名义变量或分类变量进行操作——尽管问题不大。心理学和非心理学专业的学生都很难记得什么是连续或定序类型的变量。

一些学生通常难以掌握相关的细微差别。例如，如果他们阅读的文献表明两变量之间是强的正相关，而他们的数据得到的是中等的正相关，一些学生会下结论说他们的假设是错误的，而不理解相关的强度是可以变化的想法。

总体而言，学生的回答表明他们理解如何根据研究相似主题的论文，提出一个可检验的假设，他们知道如何评估论文是否呈现正相关或负相关数据。一些学生清楚地认识到，他们评论的文章中结果的差异与研究方法有关。

附录 3-1　调优的基本模型及其变式 [①]

图 8-1 以不同的形式呈现调优（Tuning）的基本模型。每个图试图描述基本模型的不同变式，但是每个图在试图模拟一个顺序时，都可能过度简化了隐含的过程。工作小组在调优的五个过程中发现了一种可变的方法，用于发展和实施一个学科核心（discipline core），但这种可变性可能导致会有一段时间的摸索，以找到最能推动工作的方法。作为一般的指导，这些模型可以构造一个更长远的顺序，以减少这种摸索。

每个图都建立在光明基金会提出的基本模型之上，该模型是 2009-2010 年在三个州开展试点的产物。虽然第一个变式保持了五个"步骤"的顺序，但后续的变式显示了对协商和修订的递归使用，以响应对五个过程的不同安排。所有的变式都包括一个持续沟通阶段，由右侧的长箭头表示。与同事、系主任、教务长或机构内其他伙伴的持续沟通，将有助于创造一个使核心学科和机构的独特性能够有效结合的环境。

调优工作组不妨在启动会议上讨论一般的小组程序，包括权衡这些变式中的哪一个可能最适合组织他们的工作。调优并不要求坚持任何一种变式，但对这些变式的讨论可以使工作组根据学科或专业领域的特点，为自己草拟出一种有意义的方法。无论讨论出什么方法，随着工作组对工作的进一步明确，这些方法都可能需要调整。

工作组可以考虑将任务分给各小组。例如，一个工作组可以集体起草能力（competencies），但可以分成两人一对起草每个能力下的可测量的学习成果。此外，工作组可以同时开展多个过程的工作。在工作组制定核心学科文件的初稿

---

① 来源：IEBC, 2012.Tuning American Higher Education:The Process. p.29-34.

时，个别教师可以研究学生采取的多种就业途径。同样，工作组在起草核心学科文档的同时，可以编写收集意见的咨询工具（调查或讨论的问题）。

无论工作组制定的顺序如何，设定明确的短期目标将有助于实现制定核心学科文档的长期目标，并使其在独特的机构环境和文化中内化。

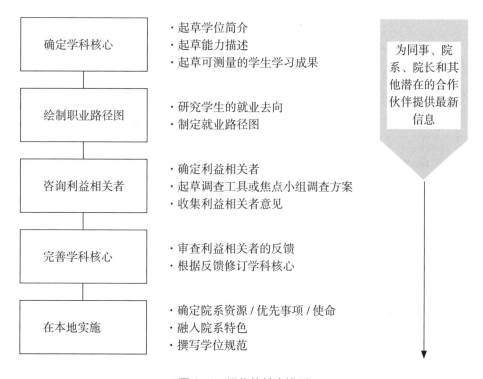

图 8-1　调优的基本模型

由于最初目标是开发核心学科（core discipline），基本模型从这里开始顺序，并允许通过考察就业路径和与利益相关者协商而对模型进行修订。定义学科核心可能涉及对话以明确对核心的共识，以及对现有文件的研究。这个顺序开启了审查核心学科文件的可能性和 / 或使更公开的咨询成为可能，为所做的任何修订提供信息。修订后的文件随后成为各系在自己的特定环境和实践中实施核心学科文档的基础。

图 8-2、图 8-3、图 8-4、图 8-5 是调优过程的 4 个变式。

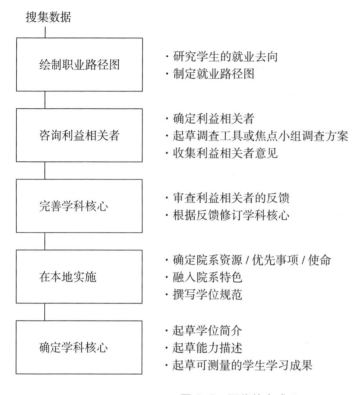

搜集数据

绘制职业路径图
· 研究学生的就业去向
· 制定就业路径图

咨询利益相关者
· 确定利益相关者
· 起草调查工具或焦点小组调查方案
· 收集利益相关者意见

完善学科核心
· 审查利益相关者的反馈
· 根据反馈修订学科核心

在本地实施
· 确定院系资源/优先事项/使命
· 融入院系特色
· 撰写学位规范

确定学科核心
· 起草学位简介
· 起草能力描述
· 起草可测量的学生学习成果

为同事、院系、院长和其他潜在的合作伙伴提供最新信息

图 8-2　调优的变式 1

变式 1 对基本模型进行了两处改动。首先，学科核心草案是根据对职业路径的研究和与利益相关者的协商而产生的。这种方法邀请同事通过分享哪些能力领域构成学科的意见来影响学科核心草案。它借鉴研究生项目，通过确定在高级研究中取得成功所需的专业技能和知识，来形成学科核心。它允许雇主通过分享看重的毕业生能力为学科核心做出贡献。其次，该变式逆转了学科核心的修订和实施过程。在开发了基于研究的学科核心后，邀请各系对其进行审查和实施，作为对文件的一种测试。实施核心的努力可以揭示在实践中学科核心还缺什么领域，或者包含的领域可能太过广泛。这些试验结果可以为学科核心的修订提供信息。

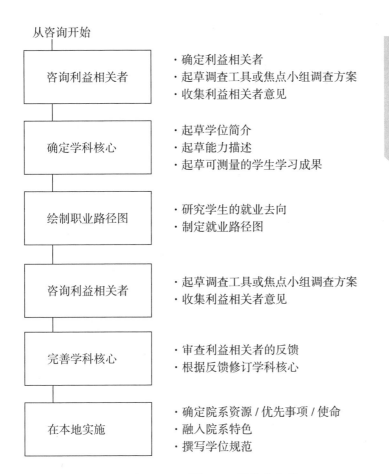

从咨询开始

咨询利益相关者
· 确定利益相关者
· 起草调查工具或焦点小组调查方案
· 收集利益相关者意见

确定学科核心
· 起草学位简介
· 起草能力描述
· 起草可测量的学生学习成果

绘制职业路径图
· 研究学生的就业去向
· 制定就业路径图

咨询利益相关者
· 起草调查工具或焦点小组调查方案
· 收集利益相关者意见

完善学科核心
· 审查利益相关者的反馈
· 根据反馈修订学科核心

在本地实施
· 确定院系资源 / 优先事项 / 使命
· 融入院系特色
· 撰写学位规范

为同事、院系、院长和其他潜在的合作伙伴的沟通提供最新信息

图 8-3　调优的变式 2

变式 2 虽然在基本模型中增加了一个"步骤"，但这种变式与基本模型的不同之处在于包含了两个咨询"步骤"。与变式 1 类似，它起始于与利益相关者协商，作为起草学科核心文件前收集意见的一种手段。然后它的后续步骤与基本模型一样。该变式的第二个咨询"步骤"可能仅用于审查核心文件，但是不必被降级到只为该目标。第二轮的磋商可以利用起草学科核心的过程中出现的新问题或新想法，使得修订后的文档尽可能完整和适当。

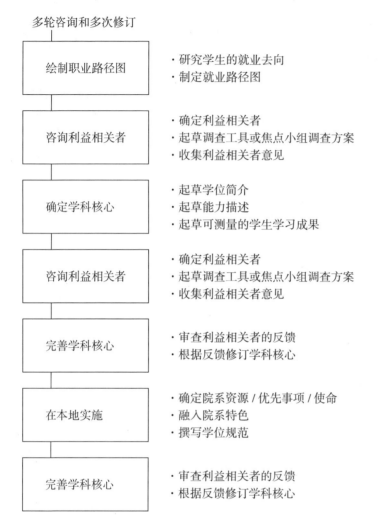

多轮咨询和多次修订

| 绘制职业路径图 | · 研究学生的就业去向
· 制定就业路径图 |

| 咨询利益相关者 | · 确定利益相关者
· 起草调查工具或焦点小组调查方案
· 收集利益相关者意见 |

| 确定学科核心 | · 起草学位简介
· 起草能力描述
· 起草可测量的学生学习成果 |

| 咨询利益相关者 | · 确定利益相关者
· 起草调查工具或焦点小组调查方案
· 收集利益相关者意见 |

| 完善学科核心 | · 审查利益相关者的反馈
· 根据反馈修订学科核心 |

| 在本地实施 | · 确定院系资源／优先事项／使命
· 融入院系特色
· 撰写学位规范 |

| 完善学科核心 | · 审查利益相关者的反馈
· 根据反馈修订学科核心 |

为同事、院系、院长和其他潜在的合作伙伴的沟通最新信息

图 8-4　调优的变式 3

变式 3 是一个更加递归的例子，该变式始于对职业路径的研究和对利益相关者的咨询。从职业路径开始工作能够为咨询确定潜在的利益相关者。与第一个变式一样，这两个"步骤"一起为起草学科核心提供了一个合理的起点。该变式还有另外两个变化。首先，它在起草学科核心后增加了咨询，作为审查文档或收集信息以回应新问题的一种手段。与基本模型一样，接着是修订。其次，实施之后是进一步修订，就像在第一个变式中一样，是特定系内化学科核心的努力所产生的反馈的产物。

提升系的作用

咨询利益相关者	·确定利益相关者 ·起草调查工具或焦点小组调查方案 ·收集利益相关者意见
确定学科核心	·起草学位简介 ·起草能力描述 ·起草可测量的学生学习成果
咨询利益相关者	·确定利益相关者 ·起草调查工具或焦点小组调查方案 ·收集利益相关者意见
在本地实施	·确定院系资源／优先事项／使命 ·融入院系特色 ·撰写学位规范
绘制职业路径图	·研究学生的就业去向 ·制定就业路径图
咨询利益相关者	·确定利益相关者 ·起草调查工具或焦点小组调查方案 ·收集利益相关者意见
完善学科核心	·审查利益相关者的反馈 ·根据反馈修订学科核心
在本地实施	·确定院系资源／优先事项／使命 ·融入院系特色 ·撰写学位规范
完善学科核心	·审查利益相关者的反馈 ·根据反馈修订学科核心

为同事、院系、院长和其他潜在的合作伙伴的沟通提供最新信息

图 8-5　调优的变式 4

变式 4 以更加递归的顺序合并了前面每个变式的要素，该序列持续评估在

利益相关者方面取得的进展，从他们那里收集持续的输入和反馈。经过咨询和系内的试验，多次修订学科核心。显著的差异在于特定系内首次实施的时间。在这个变式中，实施是作为第四步发生的。这种方法可以在系内实现更加个性化的流程。他们可以在处理学科核心草案的同时收集职业路径并咨询本地的利益相关者，以围绕学科核心草案进一步个性化他们的项目。该策略会产生一系列回应，工作小组可以综合这些回应来确定更具代表性的学科核心。这种变式中的修订是院系内化学科核心的多重努力的结果。

附录 3-2　调优—欧洲心理学学位项目的参考文档

一、心理学学科领域介绍

现代心理学作为一门实验科学是在 1879 年建立的，威廉·冯特（Wilhelm Wundt）在莱比锡的实验室通常被称为心理科学的第一个实验室。心理学作为一门学科的普及和发展的主要动力是由于其应用的发展。20 世纪初，心理学家开始将他们的学科应用于心理评估、人员选拔和心理工效学领域。在第二次世界大战和许多福利国家的兴起之后，临床心理学专业得到了牢固确立，是世界上目前最受欢迎的心理学应用之一。第一个心理学协会（美国心理学会）于 1892 年在美国成立，紧随其后的是法国心理学会和英国心理学会，均成立于 1901 年。

心理学是一门实证科学，旨在了解人们如何以及为何会有这样的行为，并将这些知识应用到各种情境中。心理学可定义为："心理学是对心理过程及其生物学基础的科学研究，以及它们在与环境相互作用时的行为表现，这些行为从根本上说是社会性的。"心理学的基础研究旨在发现能解释人们如何与他人以及物理和社会环境互动的一般理论。人类和其他动物行为的许多领域一直是基础研究的重点，从认知到情感过程、从心理生活的生物学基础到社会行为与个人行为之间的关系。心理学家经常创建"模型"，试图帮助我们理解现象，并应用与假设检验的科学方法。心理学的应用研究也起着非常重要的作用，因为它可以为提高个人、组织和整个社会的福祉和在危急情况下对他们进行干预提供方法。心理学研究已在许多领域得到有效应用，如临床和健康心理学（如心理干预的有效性）、神经心理学、学校和教育心理学（如评估扫盲计划）、组织和劳动心理学、人因心理学（如了解人类对复杂刺激的反应时）、社区心理学、法医心理学，以及营销和传播心理学（如探索年轻人对不同媒体表征的反应）。

职业心理学家将心理学和心理学的知识和理解应用于现实生活中的问题，以提高个体、群体和系统的福祉。目前，应用心理学专业中最常见的专业领域是临床与健康心理学（在卫生系统中工作）、教育心理学（在教育和学校系统中工作）以及工业与组织心理学（在组织和工业中工作）。临床心理学家经常在医院和诊所等医疗保健机构工作，从事诊断评估、包括心理治疗和咨询在内的一系列治疗干预工作。教育心理学家，有时也称为学校心理学家，通常在教育环境中从事评估和干预工作。工作与组织心理学专注于最广泛意义上的工作，帮助个体、群体和组织以最佳方式运作。职业心理学家的关键作用被定义为能够"以合乎道德和科学的方式开发和应用心理学原理、知识、模型和方法，以促进个体、群体、组织和社会的发展、幸福和效能"。

二、毕业生就业路径

欧洲的心理学专业教育通常分为三个周期：第一周期为学士阶段，第二周期为硕士阶段，第三周期为博士阶段。

第一周期：在大多数国家，第一周期的心理学学位使毕业生能够担任直接和人打交道的职位，包括在不同情境下提供咨询、辅导、指导、调解、建议、帮助，通常需要在督导下进行。毕业生还可以担任研究助理、职业培训师、一些社会和福利工作，或者在商业、咨询和行政部门担任广泛的职位。在心理学领域，三年大学教育（学士学位）被认为是提供了培训职业心理学家的基础水平，但不足以进行自主和独立的科学和专业活动。

第二周期：第二周期学位，加上一年的督导实践，使毕业生能够在专业环境（如工业和组织、临床和健康以及教育领域等）中担任职业心理学家。第二周期的毕业生还可以从事教学、研究和咨询工作，以及在他们选择的领域中担任更高级的职位。

第三周期：博士学位持有者通常有资格在大学和组织的各级教育中担任健康科学、社会科学和行为科学的学术、研究和教学职位，如不同专业领域的顾问/导师。专业博士学位持有者可以在国营、民营或咨询公司的专业职位上工作，也可以在其心理学专业领域做自由职业者。鉴于专业博士学位是持续专业发展（CPD）资格，心理学家通常会留在他们的职业岗位上，可能会获得更高的职位。

专家证书通常使心理学家有权在专业领域或在更高级的领域工作。

职业心理学家在越来越广泛的环境下工作，他们的目标是帮助他人理解行为、提升效能和幸福感，或减轻问题和痛苦。心理学家工作中的通用功能和任务包括：

（1）确定目标（goal specification）；

（2）心理评估（psychological assessment）；

（3）开发服务（development of services）；

（4）心理干预（psychological Intervention）；

（5）评价（evaluation）；

（6）交流（communication）。

三、能力

能力（competences）代表学生在学习期间建立和发展的知识、理解、技能和能力（abilities）的动态组合。培养能力是教育计划的目标。调优项目确定了两种类型的能力：通用能力，即任何学科领域的任何毕业生都应具备的能力（如学习能力、分析能力），是可迁移的并与灵活就业能力相关，以及学科特定能力，即与特定研究领域相关。EuroPsy① 心理学证书强调，为培养从事专业实践的心理学家的教育课程设计不仅应考虑学科的学术内容（"输入"的方法），还应考虑合格的专业表现所需的专业能力（"输出"的方法）。平衡输入和输出的方法，同时考虑都柏林指标，调优提出心理学家教育和督导实践应该发展如下四种能力。

1. 基本或通用能力

调优方法建立了一个包含 30 项通用能力的清单，这些能力可应用于不同的学科。它们被分为三类：工具性能力（如分析、综合、沟通、问题解决等）、人际能力（如批判能力、团队合作、道德承诺、在国际环境中工作的能力等）和系

---

① EuroPsy 是一种欧洲教育和培训标准，文件个体心理学系能够被认可为具有欧洲水平的心理学资格。

统性能力（如知识应用能力、研究技能、学习能力、主动性和创业精神等）。这些能力中的大多数被认为与心理学教育相关，与心理学家培养相关的五种通用能力如下：

（1）自我管理：目标设定；评估所需资源；活动计划；活动组织；监控自己的进展和表现。

（2）信息处理：从书籍和期刊中有效地收集信息；从文件中有效收集信息；从他人那里有效地收集信息；设计和进行访谈；设计和进行调查；保存文档。

（3）沟通：英语阅读与写作；进行视听展示；提供口头和书面报告；有效的双向沟通；解释人们的意图。

（4）团队合作。

（5）推理学术性逻辑推理能力；批判性思维；应用各种问题解决策略；评估新的发展。

2. 主要能力

指与专业实践过程的心理学内容相关的能力。根据其内容以及工作表现所需的知识和技能，心理学专业的主要能力是独一无二的。任何心理学家都应具备 20 项主要能力，这些能力可以被归为与专业角色相关的六类，分别是：目标说明、评估、开发、干预、评价、沟通（详见下表）。

心理学家专业实践的 20 项主要能力

主要能力	描　述
A. 目标说明	与来访者互动，确定将提供的干预或服务目标
1. 需求分析	通过适当的方法收集有关来访者需求的信息，阐明和分析需求，直至可以采取有意义的进一步行动。
2. 目标设定	提出目标并与来访者进行协商，设定可接受和可行的目标，确定目标实现的评估标准。
B. 评估	通过适当的方法确定个体、群体、组织和情境的相关特征
3. 个体评估	在与所需服务相关的环境中，借助对个体的访谈、测试和观察进行评估。

（续上表）

主要能力	描 述
4. 群体评估	在与所需服务相关的环境中，借助对群体的访谈、测试和观察进行评估。
5. 组织评估	在与所需服务相关的环境中，借助访谈、调查和其他适合于研究组织的方法和技术进行评估。
6. 情境评估	在与所需服务相关的环境中，借助访谈、调查和其他适合于研究情境的方法和技术进行评估。
C. 开发	基于心理学理论和方法，开发供客户或心理学家使用的服务或产品。
7. 服务或产品定义与需求分析	确定服务或产品的目的，确定相关的利益相关者，分析需求和制约因素，制定产品或服务规范，考虑到使用该服务或产品的环境。
8. 服务或产品设计	根据要求和制约因素设计或调整服务或产品，同时考虑服务或产品的使用环境。
9. 服务或产品测试	测试服务或产品，评估其可行性、可靠性、有效性和其他特性，同时考虑服务或产品的使用环境。
10. 服务或产品评估	评估服务或产品的效用、客户满意度、用户友好性、成本和其他与服务或产品使用环境相关的方面。
D. 干预	利用评估和开发活动的结果，确定、准备和实施适合实现既定目标的干预措施。
11. 干预计划	制定适于在与所需服务相关的环境中实现既定目标的干预计划。
12. 以人为导向的直接干预	在与所需服务相关的环境中，根据干预计划，将干预方法应用于直接影响一个或多个个体。
13. 以情境为导向的直接干预	在与所需服务相关的环境中，根据干预计划，将干预方法应用于直接影响选定的情境方面。
14. 间接干预	应用干预方法，使个体、群体或组织在与所需服务相关的环境中，能够学习并根据自己的利益做出决定。
15. 服务或产品实施	介绍服务或产品并促进客户或其他心理学家正确使用它们。
E. 评价	根据遵守干预计划和实现既定目标的情况，确定干预措施的充分性。
16. 评价计划	在与所需服务相关的环境中，设计对干预的评估计划，评估标准来自干预计划和既定目标。

（续上表）

主要能力	描　述
17. 评价测量	在与所需服务相关的环境中，选择和应用适用于实现评估计划的测量技术。
18. 评价分析	在与所需服务相关的环境中，根据评价计划进行分析，就干预措施的有效性得出结论。
F. 沟通	以足以满足客户需求和期望的方式向客户提供信息。
19. 提供反馈	在与所需服务相关的环境中，使用适当的口头和／或视听方式向客户提供反馈。
20. 撰写报告	在与所需服务相关的环境中，撰写报告以告知客户关于评估、服务或产品开发、干预和／或评价的结果。

心理学家应该获得适用于特定专业背景的上述每一种能力。为了获得EuroPsy心理学资格，心理学家必须能够以适当的方式独立地履行六个主要角色中的每一个。

3. 专业实践的赋能能力

指使从业者能够有效地提供服务的能力。通常，其他职业和服务提供者也需要赋能能力。有九项赋能能力与一般的职业活动有关，执业心理学家应展示其赋能能力。心理学家应获得满足特定职业情境所需的每一项赋能能力，以便有资格获得EuroPsy心理学证书。

赋能能力	定　义
1. 专业策略	根据对专业情境和自己主要能力的反思，选择适当的策略来处理出现的问题。
2. 持续的专业发展	根据该领域的变化以及心理学专业、国家和欧洲法规的标准和要求，更新和发展个人的主要能力和赋能能力、知识和技能。
3. 专业关系	与其他专业人士及相关组织建立并维持关系。
4. 研究与开发	开发新的产品和服务，具有满足当前或未来客户需求并创造新业务的潜力。

（续上表）

赋能能力	定　义
5. 市场销售	使现有的和新的产品和服务引起实际或潜在客户的注意，联系客户，提供商业报价、销售服务和售后服务。
6. 客户管理	建立和维护与（潜在）客户的关系，监控客户的需求和满意度，找到扩大业务的机会。
7. 实务管理	设计和管理提供服务的实践，无论是作为小型企业还是作为大型私人或公共组织的一部分，包括财务、人事和运营方面，为员工提供领导力。
8. 质量保证	建立和维护整个实践的质量保证体系。
9. 自我反思	对自己的实践和能力进行批判性的自我反思是专业能力的一个关键特征。

4. 研究能力

这些是开展研究项目所需的能力。有一个共识，即旨在成为专业实践人士的心理学家应该具备研究者的能力，至少在基本水平上，并且应该进行一项研究（硕士论文或同系水平的论文）作为实践这些能力的一种方式并证明已获得这些能力。心理学作为一种职业意味着科学家—从业者模型，心理学家的专家力量建立在严谨且经过检验的理论模型，以及研究产生的实证或实验证据之上。

四、学习成果

欧洲心理学教育三个层次毕业生的学习成果如下。

第一层（学士）心理学毕业生应该能够：

（1）将多种视角应用于心理学问题，认识到心理学涉及一系列研究方法、理论、证据和应用；

（2）识别和评估行为、心理功能和专长的一般模式；

（3）提出和探索假设和研究问题；

（4）开展包括多种数据收集方法的实证研究；

（5）应用心理学领域及其主要分支专业的基础知识，如神经心理学、认知心理学、精神病理学；

（6）使用基于证据的推理并检查与使用不同方法相关的实践、理论和道德问题。

此外，他们还应具备以下通用技能：

（1）沟通技能；

（2）电脑技能；

（3）基本的计算能力；

（4）人际关系和团队合作能力；

（5）元认知技能。

这些毕业生将：

（1）具备收集和解释相关科学数据并做出判断的技能，包括对相关科学和伦理问题的反思。

（2）有能力向有学识的受众传达有关心理现象的信息、观点、问题和解决方案；

（3）有能力让自己在一般工作场所的入门级的毕业生就业中，担任心理学知识可能有帮助的职位（如公务员）；

（4）具备从事进一步自主研究所需的学习技能。

第二层（硕士）心理学毕业生应当：

（1）拥有建立在心理学学士学位基础之上的知识和理解，并为在研究情境下提出和应用新思想提供基础；

（2）在督导实践后，有能力让自己成为职业心理学家；

（3）具备基本的研究技能；

（4）已达到知识和能力标准，这将使他们能够进入第三层（博士）的学位项目。

这些毕业生将：

（1）有能力将他们的知识和理解以及问题解决能力，应用于新的或不熟悉的环境；

（2）具有整合知识和处理复杂问题的能力，能够在信息不完整或信息有限的情况下做出判断，能够反思应用知识和技能的伦理责任；

（3）有能力将他们的结论以及支持结论的知识和理由，清楚明确地传达给专家和普通观众；

（4）具备使他们能够继续以自主或自我指导方式学习的技能，并为自己的专业发展负责；

（5）已经认识到自己的伦理责任和承诺通过持续专业发展保持自己的能力。

心理学第三层（博士）博士学位授予以下学生：

（1）已展示出对科学和/或心理学实践主题的系统理解，并掌握了与此类主题相关的技能和方法或研究和/或干预；

（2）通过开展大量的工作，已展示出构思、设计、实施和开发重要的心理学研究和/或干预过程的能力，其中一些工作值得国家或国际评审出版；

（3）具有在心理学和相关（如健康）部门的高级职位担任职业心理学家的能力，或具有从事学术研究职业的能力。

这些毕业生将：

（1）能够对新的和复杂的观点进行批判性分析、评估和综合；

（2）可以与同龄人、更广泛的学术团体以及整个社会就他们的专业领域进行交流；

（3）可以预期在学术和专业情境下，促进科学和专业进步；

（4）能够开发和应用方法来解决新问题，确定解决该问题的策略和行动计划。

五、教学、学习和评估方法

调优框架和 EuroPsy 能力框架意味着需要新的教学、学习和评估形式。鉴于课程从以教师为中心转向更以学生为中心的方法，以及对学习成果的更加透明的规范，心理学系已经关注不同形式的教学、学习和评估。教学的传统讲授形式、学习的背诵形式和作为评估模式的笔试，越来越多地让位给一系列不同的方法。许多大学已开发出基于问题的学习（PBL）方法来进行心理学家的教育和培训，

PBL法从项目开始就组织了理论—方法—应用循环的综合模块。该模型假设从这些项目毕业的学生获得了同等的知识、技能和能力，而新型教学法是专业形成的一个受欢迎的特征。在这些方法中，学生心理学家将从课程开始（第一年）就遇到心理学问题，学习将会根据心理学的主题、理论和理解类型围绕问题进行组织。其他大学的项目强调将理论与实践学习结合的重要性，所有的心理学系都通过实践活动将实验室学习纳入学位课程。教学与学习显然与评估方法相关，它们相互影响、相互作用。虽然传统上侧重于总结性评估，但是现在对使用形成性评估和"促进学习的评估"的兴趣越来越浓。

1. 教学方法与评估

心理学系使用各种教学方法。学士学位的最初几年因学生人数很多，大量使用讲授法。然而，讲授法通过研讨会（seminars）和工作坊（workshops）以及实验课（laboratory classes）来补充。此外，心理学课程在教学中使用模拟（simulations）和角色扮演（role plays）来培养学生对心理学的理解（如社会心理学），并通过短期实习帮助巩固学生的学习。在大多数大学，心理学课程使用广泛的教学方法包括：

＊研讨会	＊工作坊
＊辅导	＊基于问题的研讨
＊实验课	＊基于工作的实践
＊实习	＊示范课
＊在线学习	＊视频观察与反馈
＊实地考察	＊角色扮演

这些教学和学习方法意味着主动学习的重要性，以及让学生思考自己的学习和发展元认知技能的重要性。虽然这些方法在第一周期和第二周期课程中都有使用，但第二周期课程使希望获得职业心理学家资格的心理学家能够通过实习和随后的督导实践，成熟并发展专业能力。心理学课程使用广泛的评估方法，包括笔试、论文型作业、学位论文、能力评估、实际工作评估、短测验，以及使用在线评估和视频评估。许多大学也将学生纳入对自己的评估中，强调自我评价和自我

评估作为发展元认知策略的手段的重要性。

2. 能力发展

能力发展是所有心理学家教育的重要特征，是通过发展知识和理解与在现场实践能力的结合来实现的。习得能力需要首先识别和定义能力，以便心理学学习者知道学习的目标（或学习成果）。以访谈技能的发展为例进行说明。有关访谈的文献，无论是研究性访谈还是临床访谈，重要的是能力的发展以知识和理解为基础。课堂上的角色扮演（三人一组，访谈者、受访者、观察者）经常被用于培养该能力，使用反馈、讨论，有时用视频回放。这使学生能够培养能力和信心，并在讨论和练习该能力的环境中尝试活动。最后，学生可能会在实习或受督导的实践中观察有经验的心理学家做的访谈，从而通过"模仿"来学习；接着，学生心理学家（student psychologist）可能有机会在被观察的情况下进行访谈，获得反馈并参与对活动的讨论，最终"在现实生活中"进行访谈。整个学习期间的形成性反馈是学习过程的一个重要和核心的方面。可以通过对视频记录的微观分析、口头考试和角色扮演来评估该能力。

3. 督导实习

督导实习是能力发展的一个重要方面，也是心理学家职业资格的重要组成部分。EuroPsy 框架将那些正在完成 EuroPsy 督导实习部分的人员称为培训中的从业者。他们将在真实的环境中与真实的客户一起工作，但在合格的从业者的督导下进行。培训中的从业者既可以在大学院系管理的综合项目中完成他们的职业培训，也可以在有执照或注册的心理学家督导下的工作环境中工作。在任何一种情况下，都必须由具有适当资格的人员担任培训中的从业者的督导。督导是指在过去三年内至少有两年全职工作的心理学家，或具有在专业背景下作为独立从业者的同等经验，督导负责获得和评估在该专业情境下培训中的从业者的专业能力。督导负责在日常基础上评估培训中的从业者的能力，根据情况和她／他的能力，鼓励她／他尽可能独立行事。督导将根据特定职业和／或国家背景的规则和传统，对心理学家的成就进行形成性和总结性评估。建议在评估对以下能力水平进行区分。（见下表）

1	2	3	4
具备基本的知识、技能和态度，但能力尚未发展	完成任务的能力得到部分发展，需要指导和督导	在没有指导或督导的情况下，具有执行基本任务的能力	在没有指导或督导的情况下，具有执行复杂任务的能力

评估者需要做出最重要的区分是第 2 级和第 3 级能力水平。在督导实践期结束时，个体应具备第 3 级或第 4 级的足够的能力，以便能在一种或多种情况下对一个或多个客户群体独立实践。EuroPsy 资格的授予取决于对从业者将知识、技能和能力整合到为客户提供专业服务的单一过程的能力的最终综合评估，同时考虑伦理原则。在最终评估中，督导应总结可用信息，并指出根据可用证据，候选人是否可以充分和独立地履行由 20 项能力组合成的 6 个主要角色。督导的判断应表述为"称职"或"尚不称职"。此外，督导还应根据此人"称职"或"尚不称职"，对其赋能能力进行总的评价。候选人应提供证据，使督导对其 6 项主要能力和总的赋能能力感到满意。评估结果以表格形式总结，如下表所示。

能力	职业情境			
	临床与健康	教育	工作与组织	其他（说明）
A. 目标说明	√			
B. 评估	√	√	√	√
C. 开发	√			
D. 干预	√			
E. 评价	√		√	
F. 沟通	√		√	
总的赋能能力	√		√	

该心理学家的能力主要体现在健康与临床心理学领域，并且他的能力已得到督导的证实。这意味着他有能力在临床心理学的职业背景下进行实践。然而，他也具备在教育、工作和组织专业领域中的评估能力，也具有在工作和组织的专业领域中的一些额外的能力。后者可以为以后在更广泛的专业实践领域的整体能力做出贡献。建议督导人员在督导实践期间和结束时使用标准评级类别对培训中的从业者的能力进行评估。

附录 3-3　Tuning EU-China 项目通用能力问卷 ①

本问卷列出了一系列通用技能和能力，对个人在职业和社会上取得成功可能很重要。请回答所有问题，这对于改进未来学生的课程规划非常有价值。请对每一问题选择你认为最恰当的选项。

对于下面列出的每项能力，请判断：

（1）如果你是毕业生或在校学生，该项能力对你现在或未来的工作重要程度如何？如果你是学者和雇主，该项能力对你的学生或雇员重要程度如何？

（2）大学学位项目对每项能力的培养成效如何？

问卷空白行可用于补充你认为重要但未出现在列表中的技能或能力。

请使用以下量尺评估每项能力的重要程度：

1 = 不重要；2 = 重要；3 = 很重要；4 = 非常重要

请使用以下量尺评估大学培养该项能力的成效：

1 = 没有成效；2 = 有点成效；3 = 较有成效；4 = 非常有成效

通用能力描述	重要程度				培养成效			
1. 分析和综合能力	1	2	3	4	1	2	3	4
2. 实践中应用知识的能力	1	2	3	4	1	2	3	4
3. 制订计划和管理时间的能力	1	2	3	4	1	2	3	4
4. 熟知所学领域基础知识的能力	1	2	3	4	1	2	3	4
5. 在实践中应用专业基础知识的能力	1	2	3	4	1	2	3	4
6. 用母语进行口头和书面表达的能力	1	2	3	4	1	2	3	4
7. 用外语进行交流的能力	1	2	3	4	1	2	3	4

---

① 本问卷适用于毕业生、雇主、学者和在校学生。

（续上表）

通用能力描述	重要程度				培养成效			
8. 计算技能	1	2	3	4	1	2	3	4
9. 研究能力	1	2	3	4	1	2	3	4
10. 自主学习能力	1	2	3	4	1	2	3	4
11. 信息管理能力	1	2	3	4	1	2	3	4
12. 批评和自我批评能力	1	2	3	4	1	2	3	4
13. 适应新环境能力	1	2	3	4	1	2	3	4
14. 提出新见解的能力	1	2	3	4	1	2	3	4
15. 解决问题能力	1	2	3	4	1	2	3	4
16. 决策能力	1	2	3	4	1	2	3	4
17. 团队工作能力	1	2	3	4	1	2	3	4
18. 人际交往能力	1	2	3	4	1	2	3	4
19. 领导力	1	2	3	4	1	2	3	4
20. 在跨学科团队中工作的能力	1	2	3	4	1	2	3	4
21. 与非专业人士交流的能力	1	2	3	4	1	2	3	4
22. 对文化多样性的尊重和理解	1	2	3	4	1	2	3	4
23. 在国际化环境中工作的能力	1	2	3	4	1	2	3	4
24. 关注健康和安全	1	2	3	4	1	2	3	4
25. 主动工作能力	1	2	3	4	1	2	3	4
26. 项目设计和管理能力	1	2	3	4	1	2	3	4
27. 创新和创业精神	1	2	3	4	1	2	3	4
28. 遵循社会伦理和职业操守	1	2	3	4	1	2	3	4
29. 社会责任和公民意识	1	2	3	4	1	2	3	4
30. 质量意识	1	2	3	4	1	2	3	4
31. 追求成功的意愿	1	2	3	4	1	2	3	4

（续上表）

通用能力描述	重要程度				培养成效			
32. 环保意识和关注可持续发展	1	2	3	4	1	2	3	4
33. 自我管理能力	1	2	3	4	1	2	3	4
可补充	1	2	3	4	1	2	3	4

请选择你认为最重要的五项能力，并将能力序号填写在下面方框内。在第一个方框填写你认为最重要的能力序号，第二个框为第二重要，以此类推。

1. 项目编号 ☐☐☐

2. 项目编号 ☐☐☐

3. 项目编号 ☐☐☐

4. 项目编号 ☐☐☐

5. 项目编号 ☐☐☐

非常感谢你的合作！

学科特定能力问卷在调查形式上与通用能力问卷相同，区别在第一列为学科特定能力描述。学科特定能力通常由学科组专家提出。

附录 5-1　本科课程通用学习目标

该目标体系共包括 13 项通用课程学习目标，来自 IDEA 开发的学生评教工具（SRI），适用于各类本科课程，聚焦于 21 世纪用人单位对大学毕业生素质的期望，不仅包括了具体课程技能，也包括了通用生活技能。它与美国 AAC&U 提出的 21 世纪大学学习的重要学习成果、大学生学习投入调查（NSSE）的学习投入指标，以及多个大学认证组织对大学学习成果的认证标准具有较高的一致性。

---

13 项本科课程学习目标

1. 对本科目的知识有基本的理解（如事实性知识、方法、原理、原则、理论）。

2. 增加对不同视角、全球意识或其他文化的知识和理解。

3. 学会将课程材料应用于提高思维能力、问题解决能力和决策能力。

4. 形成与本课程最相关的领域的专业人员所需的特定的技能、能力和视角。

4. 形成与本课程最相关的领域的专业人员所需的特定的技能、能力和视角

5. 作为团队成员，掌握与他人合作的技能

6. 提高创新能力（如发明、设计、写作、艺术、音乐、戏剧表演等）。

7. 获得对智力/文化活动（如音乐、科学、文学等）的更广泛的理解和鉴赏力。

8. 提高口头或书面自我表达的技能。

9. 学会如何找到、评价与使用资源以深入探索一个问题。

10. 提高道德推理或道德决策能力（即对人类行为的是与非的推理或决策）。

11. 学会分析与批判性的评价思想、论据和观点。

12. 学会将知识和技能应用于帮助他人或社会公益

13. 学会用适当的方法搜集、分析和解释数字信息

附录 5-2　本科课程教学评价问卷（学生版）

同学，你好！

本调查旨在了解你对某一具体课程教学的实际感受，调查数据仅作科学研究之用，不会对你和你的老师产生任何影响，请放心作答。

1. 课程名称（以下问题均针对该门课程的教学）：_____

2. 任课教师姓名：_____

3. 在这门课程的教学中，该教师使用以下教学活动的频次如何？

教学活动	几乎从不	偶尔	有时	经常	几乎总是
1. 讲授	□1	□2	□3	□4	□5
2. 讨论	□1	□2	□3	□4	□5
3. 案例研究	□1	□2	□3	□4	□5
4. 学术论文写作	□1	□2	□3	□4	□5
5. 实验室/工作室	□1	□2	□3	□4	□5
6. 小组作业	□1	□2	□3	□4	□5
7. 复习/答疑课	□1	□2	□3	□4	□5
8. 公开评议（公开评价学生的作业表现）	□1	□2	□3	□4	□5
9. 服务学习（让学生有机会在真实情景中应用他们的学科知识去帮助别人）	□1	□2	□3	□4	□5
10. 独立的学生项目	□1	□2	□3	□4	□5

4. 在这门课程的教学中，该教师使用以下教学策略的频次如何？

教学策略	几乎从不	偶尔	有时	经常	几乎总是
1. 帮助学生解答他们自己的问题	□1	□2	□3	□4	□5
2. 帮助学生从多种角度解释课程内容（如不同的文化、宗教信仰、性别、政治观点）	□1	□2	□3	□4	□5

（续上表）

教学策略	几乎从不	偶尔	有时	经常	几乎总是
3. 鼓励学生反思并自我评估他们学到了什么	☐ 1	☐ 2	☐ 3	☐ 4	☐ 5
4. 说明课程内容的重要性和意义	☐ 1	☐ 2	☐ 3	☐ 4	☐ 5
5. 组建小组以促进学习	☐ 1	☐ 2	☐ 3	☐ 4	☐ 5
6. 讲清楚每个章节如何与课程相符	☐ 1	☐ 2	☐ 3	☐ 4	☐ 5
7. 为学生的学业表现提供有意义的反馈	☐ 1	☐ 2	☐ 3	☐ 4	☐ 5
8. 激励学生付出超过大部分课程所要求的努力	☐ 1	☐ 2	☐ 3	☐ 4	☐ 5
9. 鼓励学生使用多种资源（如互联网、图书馆、其他专家）以加深理解	☐ 1	☐ 2	☐ 3	☐ 4	☐ 5
10. 清晰而简明地解释课程材料	☐ 1	☐ 2	☐ 3	☐ 4	☐ 5
11. 将课程材料与现实生活联系起来	☐ 1	☐ 2	☐ 3	☐ 4	☐ 5
12. 为学生在课外应用课程内容创造机会	☐ 1	☐ 2	☐ 3	☐ 4	☐ 5
13. 介绍关于本课程的具有启发意义的观点	☐ 1	☐ 2	☐ 3	☐ 4	☐ 5
14. 让学生参与实践项目，例如调查研究、个案研究，或现实活动	☐ 1	☐ 2	☐ 3	☐ 4	☐ 5
15. 鼓励学生设定并实现对他们具有真正挑战性的目标	☐ 1	☐ 2	☐ 3	☐ 4	☐ 5
16. 让学生与背景和观点不同的人分享他们的想法和经验	☐ 1	☐ 2	☐ 3	☐ 4	☐ 5
17. 让学生相互帮助以理解观点或概念	☐ 1	☐ 2	☐ 3	☐ 4	☐ 5
18. 布置需要创造性思维的项目、测验或作业	☐ 1	☐ 2	☐ 3	☐ 4	☐ 5
19. 鼓励课外的师生互动（如办公室会见、电话、电子邮件等）	☐ 1	☐ 2	☐ 3	☐ 4	☐ 5

5. 这门课程的考核强调以下内容的程度如何？

课程考核	非常多	很多	一些	极少
1. 记住课程材料	☐ 1	☐ 2	☐ 3	☐ 4

（续上表）

2. 阅读中文或外文文献，并作课堂报告	☐ 1	☐ 2	☐ 3	☐ 4
3. 将事实、理论或方法应用于现实问题或新情境	☐ 1	☐ 2	☐ 3	☐ 4
4. 通过检查构成成分，深度分析一个观点、经验或推理逻辑	☐ 1	☐ 2	☐ 3	☐ 4
5. 评价一个观点、决策或信息来源	☐ 1	☐ 2	☐ 3	☐ 4
6. 从各种不同的信息形成一个新观点或理解	☐ 1	☐ 2	☐ 3	☐ 4

6. 通过修读本课程，你在以下学习目标上的进步程度如何？

学习目标	无明显进步	略微的进步	中等的进步	实质的进步	非凡的进步
1. 对本科目的知识有基本的理解（如事实性知识、方法、原理、原则、理论）	☐ 1	☐ 2	☐ 3	☐ 4	☐ 5
2. 增加对不同视角、全球意识或其他文化的知识和理解	☐ 1	☐ 2	☐ 3	☐ 4	☐ 5
3. 学会将课程材料应用于提高思维能力、问题解决能力和决策能力	☐ 1	☐ 2	☐ 3	☐ 4	☐ 5
4. 形成与本课程最相关的领域的专业人员所需的特定的技能、能力和视角	☐ 1	☐ 2	☐ 3	☐ 4	☐ 5
5. 作为团队成员，掌握与他人合作的技能	☐ 1	☐ 2	☐ 3	☐ 4	☐ 5
6. 提高创新能力（如发明、设计、写作、艺术、音乐、戏剧表演等）	☐ 1	☐ 2	☐ 3	☐ 4	☐ 5
7. 获得对智力/文化活动（如音乐、科学、文学等）的更广泛的理解和鉴赏力	☐ 1	☐ 2	☐ 3	☐ 4	☐ 5
8. 提高口头或书面自我表达的技能	☐ 1	☐ 2	☐ 3	☐ 4	☐ 5
9. 学会如何找到、评价与使用资源以深入探索一个问题	☐ 1	☐ 2	☐ 3	☐ 4	☐ 5
10. 提高道德推理或道德决策能力（即对人类行为的是与非的推理或决策）	☐ 1	☐ 2	☐ 3	☐ 4	☐ 5

（续上表）

学习目标	无明显进步	略微的进步	中等的进步	实质的进步	非凡的进步
11. 学会分析与批判性的评价思想、论据和观点	□ 1	□ 2	□ 3	□ 4	□ 5
12. 学会将知识和技能应用于帮助他人或社会公益	□ 1	□ 2	□ 3	□ 4	□ 5
13. 学会用适当的方法搜集、分析和解释数字信息	□ 1	□ 2	□ 3	□ 4	□ 5

7. 根据本课程的教学实际，选择符合你判断的选项：

题 目	非常不符合	不符合	较不符合	不确定	较符合	符合	非常符合
1. 在课程开始时，老师清楚地向我们说明了学习目标，即在课程结束时，我们应该获得的知识和技能	□ 1	□ 2	□ 3	□ 4	□ 5	□ 6	□ 7
2. 本课程的教学活动与学习目标是一致的，能有效促进学习目标的实现	□ 1	□ 2	□ 3	□ 4	□ 5	□ 6	□ 7
3. 本课程的考核方式与学习目标是一致的，能有效测量到学习目标实现的程度	□ 1	□ 2	□ 3	□ 4	□ 5	□ 6	□ 7
4. 本课程的教学活动与学业考核是一致的，能有效帮助学生参加学业考核	□ 1	□ 2	□ 3	□ 4	□ 5	□ 6	□ 7

8. 对下面的两个问题，请将本课程与你在本校修读的其他课程进行比较：

题 目	远低于大部分课程	低于大部分课程	处于平均水平	高于大部分课程	远高于大部分课程
1. 本课程的作业量	□ 1	□ 2	□ 3	□ 4	□ 5
2. 本课程内容的难度	□ 1	□ 2	□ 3	□ 4	□ 5

9.对以下问题，选择符合你判断的选项：

题　目	绝对错误	较错误	处于对错中间	较正确	绝对正确
1.我在学业上通常比其他同学更努力	□1	□2	□3	□4	□5
2.不管谁教，我都真的想学这门课	□1	□2	□3	□4	□5
3.当课程开始时，我相信我能掌握这门课的内容	□1	□2	□3	□4	□5
4.我的知识背景满足这门课程的要求	□1	□2	□3	□4	□5
5.总的来说，我认为该教师是一位优秀的教师	□1	□2	□3	□4	□5
6.总的来说，我认为这是一门优秀的课程	□1	□2	□3	□4	□5

10.你所在的校区：＿＿＿＿＿＿＿＿＿＿＿

11.你修读的专业名称：＿＿＿＿＿＿＿＿＿

12.性别：□1男　□2女

13.年级：□1大一　□2大二　□3大三　□4大四　□5大五

附录 5-3 本科课程教学信息问卷（教师版）

老师，您好！

本调查旨在了解您所教课程的信息，如教学方法、学习成果目标等，调查数据仅作科学研究之用，不会对您产生任何影响，请放心作答。

1. 课程名称：＿＿＿＿＿＿＿＿＿＿＿＿＿＿＿

2. 课程所属一级学科：＿＿＿＿＿＿＿＿＿＿＿＿＿＿＿

3. 请确定以下每个目标与本课程的相关程度（重要目标与本质目标合计在 3~5 个之间）。

学习目标	次要目标	重要目标	本质目标
1. 对本科目的知识有基本的理解（如事实性知识、方法、原理、原则、理论）	□ 0	□ 1	□ 2
2. 增加对不同视角、全球意识或其他文化的知识和理解	□ 0	□ 1	□ 2
3. 学会将课程材料应用于提高思维能力、问题解决能力和决策能力	□ 0	□ 1	□ 2
4. 形成与本课程最相关的领域的专业人员所需的特定的技能、能力和视角	□ 0	□ 1	□ 2
5. 作为团队成员，掌握与他人合作的技能	□ 0	□ 1	□ 2
6. 提高创新能力（如发明、设计、写作、艺术、音乐、戏剧表演等）	□ 0	□ 1	□ 2
7. 获得对智力 / 文化活动（如音乐、科学、文学等）的更广泛的理解和鉴赏力	□ 0	□ 1	□ 2
8. 提高口头或书面自我表达的技能	□ 0	□ 1	□ 2
9. 学会如何找到、评价与使用资源以深入探索一个问题	□ 0	□ 1	□ 2
10. 提高道德推理或道德决策能力（即对人类行为的是与非的推理或决策）	□ 0	□ 1	□ 2
11. 学会分析与批判性的评价思想、论据和观点	□ 0	□ 1	□ 2

（续上表）

学习目标	次要目标	重要目标	本质目标
12. 学会将知识和技能应用于帮助他人或社会公益	☐ 0	☐ 1	☐ 2
13. 学会用适当的方法搜集、分析和解释数字信息	☐ 0	☐ 1	☐ 2

4. 以下教学活动在本课程中使用的频次如何？

教学活动	几乎从不	偶尔	有时	经常	几乎总是
1. 讲授	☐ 1	☐ 2	☐ 3	☐ 4	☐ 5
2. 讨论	☐ 1	☐ 2	☐ 3	☐ 4	☐ 5
3. 案例研究	☐ 1	☐ 2	☐ 3	☐ 4	☐ 5
4. 学术论文写作	☐ 1	☐ 2	☐ 3	☐ 4	☐ 5
5. 实验室 / 工作室	☐ 1	☐ 2	☐ 3	☐ 4	☐ 5
6. 小组作业	☐ 1	☐ 2	☐ 3	☐ 4	☐ 5
7. 复习 / 答疑课	☐ 1	☐ 2	☐ 3	☐ 4	☐ 5
8. 公开评议（公开评价学生的作业表现）	☐ 1	☐ 2	☐ 3	☐ 4	☐ 5
9. 服务学习（让学生有机会在真实情景中应用他们的学科知识去帮助别人）	☐ 1	☐ 2	☐ 3	☐ 4	☐ 5
10. 独立的学生项目	☐ 1	☐ 2	☐ 3	☐ 4	☐ 5

5. 这门课程的考核强调以下内容的程度如何？

课程考核	非常多	很多	一些	极少
1. 记住课程材料	☐ 1	☐ 2	☐ 3	☐ 4
2. 阅读中文或外文文献，并作课堂报告	☐ 1	☐ 2	☐ 3	☐ 4

（续上表）

课程考核	非常多	很多	一些	极少
3. 将事实、理论或方法应用于现实问题或新情境	☐ 1	☐ 2	☐ 3	☐ 4
4. 通过检查构成成分，深度分析一个观点，经验或推理逻辑	☐ 1	☐ 2	☐ 3	☐ 4
5. 评价一个观点、决策或信息来源	☐ 1	☐ 2	☐ 3	☐ 4
6. 从各种不同的信息形成一个新观点或理解	☐ 1	☐ 2	☐ 3	☐ 4

6. 请根据本课程的教学实际，选择符合您判断的选项：

"学教评一致性"题目	非常不符合	不符合	较不符合	不确定	较符合	符合	非常符合
1. 在课程开始时，我清楚地向学生说明了学习目标，即在课程结束时，学生应该获得的知识和技能	☐ 1	☐ 2	☐ 3	☐ 4	☐ 5	☐ 6	☐ 7
2. 本课程的教学活动与学习目标是一致的，能有效促进学习目标的实现	☐ 1	☐ 2	☐ 3	☐ 4	☐ 5	☐ 6	☐ 7
3. 本课程的考核方式与学习目标是一致的，能有效测量到学习目标实现的程度	☐ 1	☐ 2	☐ 3	☐ 4	☐ 5	☐ 6	☐ 7
4. 本课程的教学活动与学业考核是一致的，能有效帮助学生参加学业考核	☐ 1	☐ 2	☐ 3	☐ 4	☐ 5	☐ 6	☐ 7

7. 您所在的校区：＿＿＿＿＿＿＿＿＿

8. 您所在的学院或学系（填写学院名称或直属学系名称）：

＿＿＿＿＿＿＿＿＿＿＿＿＿＿＿＿＿＿＿＿＿＿＿＿

9. 本课程与您的研究领域一致吗？ ☐ 1 是　 ☐ 2 否

10. 上课时间：□ 1 上午　□ 2 下午　□ 3 晚上

11. 选课人数：_____

12. 性别：□ 1 男　□ 2 女

13. 年龄：_____

14. 职称：□ 1 教授 / 研究员　□ 2 副教授 / 副研究员

　　　　□ 3 讲师 / 助理研究员

15. 您从事本科教学有多少年？_____

附录 7-1 普通高等学校本科教育教学审核评估指标体系（试行）

第一类审核评估

一级指标	二级指标	审核重点
1. 党的领导	1.1 党的全面领导和社会主义办学方向	1.1.1 学校坚持党的全面领导，依法治教、依法办学、依法治校，围绕国家重大战略需求培养担当民族复兴大任的时代新人情况
		1.1.2 学校坚持社会主义办学方向、贯彻落实立德树人根本任务、把立德树人成效作为检验学校一切工作的根本标准情况
2. 质量保障能力	2.1 质保理念	2.1.1 质量保障理念及其先进性
		2.1.2 质量保障理念在质量保障体系建立与运行以及质量文化形成中的作用
	2.2 质量标准	2.2.1 依据国家相关标准，符合国家、社会及学生等利益相关者诉求的一流质量标准建设情况
		2.2.2 各教学环节质量标准落实情况
	2.3 质保机制	2.3.1 质量监控部门及其职责，质量监控队伍的数量、结构和人员素质情况
		2.3.2 自我评价机制、评价结果反馈机制、质量改进机制的建立与运行情况
	2.4 质量文化	2.4.1 自觉、自省、自律、自查、自纠的质量文化建设情况
		2.4.2 将质量价值观落实到教育教学各环节、将质量要求内化为全校师生的共同价值追求和行为情况
	2.5 质保效果	2.5.1 培养目标的达成度
		2.5.2 社会需求的适应度
		2.5.3 师资和条件的保障度
		2.5.4 质量保障运行的有效度
		2.5.5 学生和用人单位的满意度

一级指标	二级指标	审核重点
3. 教育教学水平	3.1 思政教育	3.1.1 落实意识形态工作责任制，思想政治工作体系建设和"三全育人"工作格局建立情况
		3.1.2 加强思想政治理论课教师队伍和思政课程建设情况，按要求开设"习近平总书记关于教育的重要论述研究"课程情况 【必选】思政课专任教师与折合在校生比例≥1∶350 【必选】生均思政工作和党务工作队伍建设专项经费≥20 元 【必选】专职党务工作人员和思想政治工作人员总数与全校师生人数比例≥1∶100 【必选】生均网络思政工作专项经费≥40 元
		3.1.3 推动"课程思政"建设的创新举措与实施成效，课程思政示范课程、课程思政教学研究示范中心以及课程思政教学名师和团队的建设及选树情况
		3.1.4 学校对教师、学生出现思想政治、道德品质等负面问题能否及时发现和妥当处置情况
	3.2 本科地位	3.2.1 坚持"以本为本"、推进"四个回归"情况；党委重视、校长主抓、院长落实一流本科教育的举措与实施成效
		3.2.2 学校在教师引进、职称评聘、绩效考核等制度设计中突出本科教育的具体举措与实施成效
	3.3 教师队伍	3.3.1 落实师德师风是评价教师第一标准的情况，落实师德考核贯穿于教育教学全过程等方面的情况
		3.3.2 教师教学能力满足一流人才培养需求情况，引导高水平教师投入教育教学、推动教授全员为本科生上课、上好课的政策、举措与实施成效 【必选】生师比 【必选】具有博士学位教师占专任教师比例 【必选】主讲本科课程教授占教授总数的比例 【必选】教授主讲本科课程人均学时数

一级指标	二级指标	审核重点
3. 教育教学水平	3.3 教师队伍	3.3.3 重视教师培训与职业发展，把习近平总书记关于教育的重要论述作为核心培训课程，把《习近平总书记教育重要论述讲义》作为核心培训教材，加强思政与党务工作队伍建设的举措与成效
		3.3.4 加强教师教学发展中心、基层教学组织建设的举措与成效
	3.4 学生发展与支持	3.4.1 面向农村和贫困地区、民族地区等以及"强基计划"的招生、培养举措与实施成效
		3.4.2 促进学生德智体美劳全面发展，建立系统化的学生发展和学业指导体系，探索学生成长增值评价，重视学生学习体验、自我发展能力和职业发展能力的具体措施及实施成效 【必选】专职辅导员岗位与在校生比例 ≥ 1∶200 【必选】专职从事心理健康教育教师与在校生比例 ≥ 1∶4000 且至少 2 名 【必选】专职就业指导教师和专职就业工作人员与应届毕业生比例 ≥ 1∶500 【必选】学生毕业必须修满公共艺术课程学分数 ≥ 2 学分 【必选】劳动教育必修课或必修课程中劳动教育模块学时总数 ≥ 32 学时 【必选】实践教学学分占总学分（学时）比例（人文社科类专业 ≥ 15%，理工农医类专业 ≥ 25%） 【必选】以实验、实习、工程实践和社会调查等实践性工作为基础的毕业论文（设计）比例 ≥ 50% 【必选】本科生体质测试达标率 【可选】本科生在国内外文艺、体育、艺术等大赛中的获奖数
		3.4.3 近五年专业领域的优秀毕业生十个典型案例及培养经验
	3.5 卓越教学	3.5.1 实施"六卓越一拔尖"人才培养计划 2.0、新工科、新农科、新医科、新文科建设以及一流专业"双万计划"、一流课程"双万计划"建设等举措及实施成效，围绕"培育高水平教学成果"开展教研教改项目建设的举措及实施成效
		3.5.2 推动"以学为中心、以教为主导"的课堂教学改革，推进信息技术与教学过程融合，加强线上教学资源建设，提高课程高阶性、创新性和挑战度的举措与实施成效 【必选】本科生生均课程门数 【可选】开出任选课和课程总数比例 【可选】小班授课比例 【可选】入选来华留学品牌课程数

一级指标	二级指标	审核重点
3. 教育教学水平	3.5 卓越教学	3.5.3 学校党委高度重视教材建设与管理工作，相关工作机构、工作制度健全，教材审核选用标准和程序明确有效；对教材选用工作出现负面问题的处理情况 【必选】使用"马工程"重点教材课程数量与学校应使用"马工程"重点教材课程数量的比例 【可选】近五年公开出版的教材数
		3.5.4 资源建设，特别是优质的学科资源、科研资源转化应用于本科教育教学的情况 【必选】生均年教学日常运行支出 ≥ 1200 元 【必选】教学日常运行支出占经常性预算内教育事业费拨款（205 类教育拨款扣除专项拨款）与学费收入之和的比例 ≥ 13% 【必选】年新增教学科研仪器设备所占比例 【必选】生均教学科研仪器设备值 【可选】国家级教学育人基地（平台、中心）数
		3.5.5 推动招生与培养联动改革的举措及成效
		3.5.6 推动人才培养国际化的具体举措与成效 【可选】专任教师中具有一年以上国（境）外经历的教师比例 【可选】在学期间赴国（境）外高校访学的学生数占在校生数的比例 【可选】国（境）外高校本科生来校访学学生数
	3.6 就业与创新创业教育	3.6.1 将创新创业教育贯穿于人才培养全过程、融入专业教育的举措及成效 【可选】产学合作协同育人项目数 【可选】本科生参加各级各类创新创业实践活动人数及比例 【可选】"互联网+"大学生创新创业大赛获奖数
		3.6.2 以高水平的科学研究提高学生创新创业能力的情况 【可选】本科生以第一作者/通讯作者在核心期刊发表的论文数及以第一作者获批国家发明专利数
		3.6.3 开展大学生职业生涯规划教育的举措及成效
教育教学综合改革		学校系统性、整体性、前瞻性、协同性的本科教育教学综合改革与创新实践，且在国际上具有一定代表性

参考文献

[1] 窦现金，2014. 优化教学过程的理论与探索——中欧调优联合研究报告. 北京：高等教育出版社.

[2] 冯建军，2020. 构建德智体美劳全面培养的教育体系：理据与策略. 西北师大学报（社会科学版），（3）：5-14.

[3] 冯建军，2021. "培养什么人、怎样培养人、为谁培养人"的中国答案. 教育研究与实验，（4）：1-10.

[4] 高德毅、宗爱东，2017. 从思政课程到课程思政：从战略高度构建高校思想政治教育课程体系. 中国高等教育，（1）：43-46.

[5] 教育部，2013. 教育部关于开展普通高等学校本科教学工作审核评估的通知，http://www.moe.gov.cn/publicfiles/business/htmlfiles/moe/s7168/201312/160919.html.

[6] 教育部，2018.《普通高等学校本科专业类教学质量国家标准》有关情况介绍.http://www.gov.cn/xinwen/2018-01/30/content_5262462.htm#1.

[7] 教育部，2018. 教育部办公厅关于公布首批"三全育人"综合改革试点单位名单的通知.http://www.moe.gov.cn/srcsite/A12/moe_1407/s253/201810/t20181026_352849.html.

[8] 教育部，2019. 创新创业教育汇聚中国新动能.http://www.moe.gov.cn/fbh/live/2019/51300/sfcl/201910/t20191010_402406.html.

[9] 教育部，2021. 教育部关于公布课程思政示范项目名单的通知.http://www.moe.gov.cn/srcsite/A08/s7056/202106/t20210610_537281.html.

[10] 教育部，2021. 教育部关于印发《普通高等学校本科教育教学审核评估实施方案（2021—2025 年）》的通知.http://www.moe.gov.cn/srcsite/A11/s7057/202102/t20210205_512709.html.

[11] 教育部高等学校教学指导委员会，2018. 普通高等学校本科专业类教学质量国家标准. 高等教育出版社.

[12] 夸美纽斯，2006. 大教学论·教学法解析. 北京：人民教育出版社.

[13] 拉尔夫·泰勒，2021. 课程与教学的基本原理. 北京：中国轻工业出版社.

[14] 林崇德，2017. 中国学生核心素养研究. 心理与行为研究，15（2）：145-154.

[15] 洛林·W. 安德森 等，2009. 布卢姆教育目标分类学：分类学视野下的学与教及其测评. 北京：外语教学与研究出版社.

[16] 骆郁廷、郭莉，2013. "立德树人"的实现路径及有效机制. 思想教育研究，（7）：45-49.

[17] 彭湃，2017. 从专业走向课程——本科教学质量国家标准之建设路径. 高等教育研究，38（9）：65-70.

[18] 人民日报.《中国学生发展核心素养》发布. 2016-9-14.

[19] 石中英，2019. "培养什么人"问题的 70 年探索. 中国教育学刊，（1）：51-57.

[20] 斯莱文，2016. 教育心理学：10 版. 北京：人民邮电出版社.

［21］ 王国轩, 2016.中小学传统文化必读经典丛书.大学·中庸.北京：中华书局.

［22］ 中共中国人民大学委员会, 2020.培养什么人、怎样培养人、为谁培养人.求是,（17）.

［23］ AAC&U. College Learning for the New Global Century. https://www.aacu.org/leap/essential-learning-outcomes.

［24］ AAC&U. VALUE（Valid Assessment of Learning in Undergraduate）Rubrics. https://www.aacu.org/value-rubrics.

［25］ Anderson L W, Krathwohl D R, 2001.A Taxonomy for Learning, Teaching, and Assessing: A Revision of Bloom's Taxonomy of Educational Objectives. New York: Longman.

［26］ APUS. Institutional Learning Outcomes. https://www.apus.edu/academic-community-archived/learning-outcomes-assessment/institutional-learning-outcomes.

［27］ Astin A W, Vogelgesang L J, Ikeda E K, et al, 2000. How service-learning affects students. Los Angeles: Higher Education Research Institute.

［28］ Bahrick H P, Hall L K, 2005. The importance of retrieval failures to long-term retention: A metacognitive explanation of the spacing effect. Journal of Memory and Language, 52: 566–577.

［29］ Bednall T C, Kehoe E J, 2011. Effects of self-regulatory instructional aids on self-directed study. Instructional Science, 39: 205–226.

［30］ Biggs J, Tang C, 2011. Teaching for quality learning at university, 4th ed.Maidenead: Open University Press.

［31］ Bretzing B H, Kulhavy R W, 1979. Notetaking and depth of processing. Contemporary Educational Psychology,4: 145–153.

［32］ Bromage B K, Mayer R E, 1986. Quantitative and qualitative effects of repetition on learning from technical text. Journal of Educational Psychology, 78: 271–278.

［33］ Carpenter S K ,2019. Cue strength as a moderator of the testing effect: The benefits of elaborative retrieval. Journal of Experimental Psychology: Learning, Memory, and Cognition, 35: 1563–1569.

［34］ Cashin W E. Effective Lecturing. IDEA PAPER #46. The IDEA Center. Manhattan, Kansas. https://ideacontent.blob.core.windows.net/content/sites/2/2020/01/IDEA_Paper_46.pdf.

［35］ Cashin W E. Effective Classroom Discussions. IDEA PAPER #49. The IDEA Center. Manhattan, Kansas. https://ideacontent.blob.core.windows.net/content/sites/2/2020/01/IDEA_Paper_49.pdf.

［36］ CCSSO（Council of Chief State School Officers）, 2002. Models for alignment analysis and assistance to states. https://curriculumanalysis.org/Reference/AlignmentModelsforStateAssist02.pdf.

［37］ CMU Eberly Center, 2016. How to Assess Student Learning at the Program-level. https://www.cmu.edu/teaching/assessment/assessprogram/index.html.

［38］ Cullen R, Harris M, 2009. Assessing learner-centredness through course syllabi. Assessment & Evaluation in Higher Education,34（1）: 115–125.

［39］ Curriculum mapping tool. https://cmu.edu/teaching/assessment/assessprogram/tools/Curriculum%20mapping%20tool-07312016-1856.xlsx.

［40］ Cuseo J B, 1998. Objectives and benefits of senior year programs. //J N Gardner, G. Van der Veer, & Associates（Eds.）. The senior year experience: Facilitating integration, reflection, closure, and transition. San Francisco : Jossey-Bass:21-36.

［41］ Dan Li, Stephen L. Benton, Ron Brown, Patricia Sullivan ,et al. IDEA Technical Report No. 19. Analysis of IDEA Student Ratings of Instruction System 2015 Pilot Data. https://ideacontent.blob.core.windows.net/content/sites/2/2020/01/IDEA_Technical_Report_No_19.pdf.

［42］ De Beni R, Moè A, 2003. Presentation modality effects in studying passages. Are mental images always effective? Applied Cognitive Psychology,17: 309–324.

［43］ Dunlosky J, Rawson K A, Marsh E J, et al, 2013. Improving Students, Learning With Effective Learning Techniques: Promising Directions From Cognitive and Educational Psychology. Psychological Science in the Public Interest, 14（1）:4-58.

［44］ Eberly Center. Align Assessments with Objectives. https://www.cmu.edu/teaching/designteach/design/assessments.html.

［45］ EFPA. EuroPsy – the European Certificate in Psychology. https://www.europsy.eu/_webdata/europsy_regulations_july_2019_moscow.pdf.

［46］ Fowler R L, Barker A S, 1974. Effectiveness of highlighting for retention of text material. Journal of Applied Psychology, 59: 358–364.

［47］ FSSE, 2016. http://fsse.indiana.edu/html/survey_instruments.cfm.

［49］ Grimes, Matthew W, 2019. The Continuous Case Study: Designing a Unique Assessment of Student Learning. International Journal of Teaching and Learning in Higher Education, 31（1）:139-146.

［50］ Harden R M, 2001. AMEE Guide No. 21, Curriculum mapping: a tool for transparent and authentic teaching and learning. Medical Teacher, 23（2）: 123–137.

［51］ Hartwig M K, Dunlosky J, 2012. Study strategies of college students: Are self-testing and scheduling related to achievement? Psychonomic Bulletin & Review, 19: 126–134.

［52］ Healy M, Jenkins A,2009. Developing undergraduate research and inquiry. https// www.heacademy.ac.uk/assets/documents/resources/ publications/ DevelopingUndergraduate_Final.pdf.

［53］ Holycross J, 2006. Curriculum Mapping – An essential tool for curriculum development. The Journal of Physician Assistant Education, 17（4）: 61–64.

［54］ Hunt R R, 2006. The concept of distinctiveness in memory research. // R R Hunt , J B

Worthen（Eds.），Distinctiveness and memory. New York: Oxford University Press, 3–25.

［55］ IDEA Center, 2016. Accreditation and Professional Standards Support. https://www.ideaedu. org/accreditation-and-professional-standards-support/.

［56］ IDEA SRI. http://www.ideaedu.org/Services/Services-to-Improve-Teaching-and-Learning/ Student-Ratings-of-Instruction.

［57］ Identify Appropriate Instructional Strategies. https://www.cmu.edu/teaching/designteach/ design/instructionalstrategies/index.html.

［58］ IEBC, 2012. Tuning American Higher Education: The Process. https://learningoutcomeassessment. org/documents/TuningAmerica.pdf.

［59］ Jane L N, John Dantzler , April N C, 2015. Science in Action: How Middle School Students Are Changing Their World Through STEM Service-Learning Projects, Theory Into Practice, 54（1）: 47–54.

［60］ Jankowski N A, Timmer J D, Kinzie J, et al. Assessment that matters: Trending toward practices that document authentic student learning. Urbana, IL: University of Illinois and Indiana University, National Institute for Learning Outcomes Assessment（NILOA）. ［2018–01］.https://learningoutcomeassessment.org/documents/TuningAmerica.pdf.

［61］ John Biggs, 1993. From Theory to Practice: A Cognitive Systems Approach, Higher Education Research & Development, 12（1）: 73-85.

［62］ Kardash C M, 2000. Evaluation of an undergraduate research experience: Perceptions of undergraduate interns and their faculty mentors. Journal of Educational Psychology, 92（1）: 191–201.

［63］ Kuh G D, 2008. High-Impact Educational Practices: What They Are, Who Has Access to Them, and Why They Matter.

［64］ Leutner D, Leopold C, Sumfleth E, 2009. Cognitive load and science text comprehension: Effects of drawing and mentally imagining text content. Computers in Human Behavior, 25: 284–289.

［65］ Lopatto D, 2003. The essential features of undergraduate research. Council on Undergraduate Research Quarterly, 24: 139–142.

［66］ Lopatto D, 2004. Survey of undergraduate research experiences（SURE）: First findings. Cell Biology Education, 3（4）: 270–277.

［67］ Lumina Foundation for Education, 2014. The Degree Qualifications Profile: A Learning-Centered Framework for What College Graduates Should Know and Be Able to Do to Earn the Associate, Bachelor's or Master's Degree.

［68］ Malika Tukibayeva, Robert M, 2014. Gonyea. High-Impact Practices and the First-Year Student //New Directions for Institutional Research, Wiley:Jossey-Bass（160）.

［69］ Marzano R J, 2013. Using Common Core Standards to Enhance Classroom Instruction &

assessment. Marzano Research Laboratory.

［70］ Martone A , Sireci S G, 2009. Evaluating Alignment between Curriculum, Assessment, and Instruction. Review of Educational Research,79（4）:1332–1361.

［71］ McTighe Jay , Wiggins Grant, 2011. The Understanding by Design Guide to Creating High-Quality Units. ASCD. Alexandria: Virginia.

［72］ National Survey of Student Engagement, 2011. Fostering student engagement campus-wide—Annual results 2011. Bloomington, IN: Indiana University Center for Postsecondary Research.

［73］ Nilson L B, 2010. Teaching at its best: A research-based resource for college instructors. San Francisco : Jossey-Bass.

［74］ NSSE Engagement Indicators. https://nsse.indiana.edu/nsse/survey-instruments/engagement-indicators.html.

［75］ NSSE Survey Instruments, 2013. https://nsse.indiana.edu/nsse/survey-instruments/engagement-indicators.html.

［76］ Ramsden P, 1992. Learning to Teach in Higher Education. London: Routledge.

［77］ NSSE's Conceptual Framework. https://nsse.indiana.edu/nsse/about-nsse/conceptual-framework/index.html.

［78］ Office of Academic Planning and Accountability. Assessment handbook. https://assessment.fiu.edu/resources/assessment-handbook-and-guide/_assets/fiu-assessment-handbook.pdf.

［79］ Ornstein A C, Hunkins F P, 2018.Curriculum: Foundations, Principles, and issues .3rd ed. Pearson Education Limited.

［80］ Peter D. Hart Research Associates, 2006. How Should Colleges Prepare Students To Succeed In Today's Global Economy?.

［81］ Peter D. Hart Research Associates, 2008. How Should Colleges Assess And Improve Student Learning?.

［82］ Porter A C, 2002. Measuring the Content of Instruction: Uses in Research and Practice. Educational Researcher, 31（7）: 3–14.

［83］ Porter A C, Smithson J L, 2001. Are content standards being implemented in the classroom? A methodology and some tentative answers. In S. Fuhrman (Eds.), From the Capitol to the classroom: Standards-based reform in the states. One Hundredth Yearbook of the National Society for the Study of Education , pp. 60–80. Chicago: University of Chicago Press.

［84］ Pyc M A, Rawson K A, 2010. Why testing improves memory: Mediator effectiveness hypothesis. Science, 330, 335.

［85］ Rawson K A, Kintsch W, 2005. Rereading effects depend upon the time of test. Journal of Educational Psychology,97: 70–80.

［86］ Richmond A S, 2016. Constructing a Learner-Centered Syllabus: One Professor's Journey.

https://files.eric.ed.gov/fulltext/ED573642.pdf.

［87］ Rickards J P, August G J, 1975. Generative underlining strategies in prose recall. Journal of Educational Psychology, 67: 860–865.

［88］ Roach A T, Niebling B C, Kurz A, 2008. Evaluating the Alignment Among Curriculum, Instruction, and Assessments: Implications and Applications for Research and Practice. Psychology in the Schools, 45（2）: 158-176.

［89］ Robert Wagenaar, Arlene Gilpin , Pablo Beneitone. An EU-China Feasibility Study into the Modernisation of Higher Education. http://tuningchina.org/wp-content/uploads/2015/07/Tuning-in-China-DIG.pdf.

［90］ Rohrer D, Taylor K, 2007. The shuffling of mathematics problems improves learning. Instructional Science, 35: 481–498.

［91］ Rothkopf E Z, 1968. Textual constraint as a function of repeated inspection. Journal of Educational Psychology, 59: 20–25.

［92］ Seymour E, Hunter A, Laursen S, et al, 2003. Establishing the benefits of research experiences for undergraduates: First findings from a three-year study. Science Education:88:493–534.

［93］ Webb N L，1997. Criteria for alignment of expectations and assessments in mathematics and science education (Research Monograph No. 6). Washington, DC: Council of Chief State School Officers.

［94］ Webb N L, 1999. Alignment of Science and Mathematics Standards and Assessments in Four States Best Copy Available. Research Monograph, 18.

［95］ Willoughby T, Wood E, 1994. Elaborative interrogation examined at encoding and retrieval. Learning and Instruction, 4:139–149.

［96］ Wulf G, Shea C H, 2002. Principles derived from the study of simple skills do not generalize to complex skill learning. Psychonomic Bulletin & Review,9:185–211.

［97］ Tuning-EuroPsy: Reference Points for the Design and Delivery of Degree Programmes in Psychology. http://unideusto.org/tuningeu/images/stories/Summary_of_outcomes_TN/Psychology_reference_points.pdf .